KB216766

증여는 Smart하게
상속은 아름답게

준비되지 않은 베이비부머의 大상속시대

증여는 Smart 하게
상속은
아름답게

『매년 개정되는 세법과 새로운 행정해석 등으로 인하여, 본 책자에 담긴 저자의 설명과 사례해설에 따른 적용결과의 완전성이 보장되지 않습니다. 반드시 상속·증여세 계획 수립 및 신고 절차 전반에 대한 전문가의 상담을 거쳐 향후 발생할 수 있는 리스크에 대한 준비를 하시길 바랍니다.』

추천사

메멘토 모리Memento Mori라는 말이 있습니다. 라틴어로 '죽음을 기억하라'는 뜻입니다. 옛날 로마에서 개선장군 옆에서 노예들이 외쳤던 이 경구를 오늘날까지 많은 사람이 기억하고 수없이 되뇌는 것은 그 안에 담긴 삶의 지혜와 철학 때문일 것입니다. 죽음을 기억하는 것은 죽음과 맞닿아 있는 삶의 의미를 기억하고 가치 있는 삶을 살아낸다는 징표입니다. 지혜의 왕인 솔로몬도 '지혜로운 사람의 마음은 초상집에 있다'고 하였습니다.

'상속相續'이란 단어는 무척 낯설고 때론 금기시되기까지 합니다. 그 안에 '죽음'이란 단어가 포함되어 있기 때문일 것입니다. 내가 상속을 해주는 경우는 물론이고 상속을 받는 경우도 그러합니다. 그렇기에 상속을 준비하고 계획한다는 것은 보통 사람들에게는 쉽게 생각할 수 없는 일입니다. 그런데 저자는 이 책에서 상속을 계획하고 준비하라고 합니다. 그 내용을 찬찬히 살펴보면, 메멘토 모리Memento Mori의 경구에 담긴 삶의 지혜와 철학이 이 책에 오롯이 담겨 있음을 알게 됩니다. 상속을 준비한다는 것은 삶의 지도를 그리는 일입니다. 나의 삶을 알차고 지혜롭게 살아갈 플랜을 짜는 일입니다. 나와 내가 사랑하는 사람들을 더욱 행복하게 하고 풍요롭게 만드는 일입니다. 한강의 기적을 만들어 낸 세대들이 차례로 1선에서 물러나고 초고령사회로 접어드는 현재 상황에서 상속을 지혜롭게 준비할 필요성은 점점 커지고 있습니다.

상속과 상속세를 둘러싼 철학적인 논의가 다양하게 전개되고 있고, 조세제도로서 상속세의 설계에 관하여도 여러 의견들이 제시되고 있습니다. 가령 '결과의 평등은 아니더라도 최소한 출발은 평등해야 한다'는 당위에 입각한 상속세 찬성 의견이 있는가 하면 '상속세는 이미 소득세를 낸 재산에 대해 세금을 물리는 것이기 때문에 불합리하다'는 등의 논거에 입각한 상속세 폐지론도 있습니다. 우리 헌법은 국가에 적정한 소득의 분배를 유지할 의무를 지우고 있고 상속세도 그 연장선에 있기 때문에 당장 상속세를 폐지하기는 어렵다는 것이 조세전문가들의 중론입니다. 오히려 우리나라 상속세 부담은 OECD 국가 중에서 사실상 최고 수준이라고 평가되고 있습니다.

이런 상황에서 상속, 그리고 상속과 짝을 이루는 증여를 어떻게 준비할지 고민이 될 수밖에 없습니다. 저자는 이 책에서 상속 증여의 구체적인 방안을 다양한 사례와 함께 제시하여 그 고민을 풀어주고 있습니다. 저자는 15년 가까이 VIP 상속증여 설계 업무를 하면서 축적한 상속증여의 노하우를 이 책에서 가감 없이 풀어내고 있습니다. 현장에서 부딪혀 보지 않고서는 도저히 습득할 수 없는 그의 소중한 경험들이 글자 하나하나에 정성스레 녹아 있습니다. 죽음을 눈앞에 둔 분이 저자 앞에서 모

증여는 Smart하게 상속은 아름답게

든 것을 내려놓고 한 말들, 서로 다른 처지의 상속인들이 허심탄회하게, 때로는 거칠게 상담한 내용들을 일목요연하게 정리하여 담담하게 서술했습니다. 활자에서 묻어 나는 생생한 현장감에 감탄했고, 자신의 노하우를 보란 듯이 당당히 공개하는 저자의 자신감에 놀랐으며, 지난번 저서 출판 후 불과 2년밖에 지나지 않은 시점에 또 이처럼 사랑스러운 작품을 뿜어낸 저자의 전문가적 품격에 경외를 느꼈습니다.

법원에서 조세 전문 법관으로 17년간, 이후 조세 전문 변호사로 8년간 경험을 쌓아온 저로서도 상속증여에 관한 그 어떤 책이나 논문보다도 생생한 삶의 현장 이야기를 들려주고 스마트한 방안까지 제시해 주는 이 책을 지근거리에 꽂아 두어 그 모든 내용을 언제든 곱씹을 수 있도록 끼고 살 생각입니다.

당장 상속과 증여가 현실이 된 독자들, 그리고 장차 현실이 될 독자들 모두 이 책의 마지막 책장을 덮고 나면 누구나 적어도 소중한 우리 가정의 재산을 현명하게 지킬 수 있는 파수꾼이 될 수 있으리라 믿어 의심치 않습니다.

2025년 3월

법무법인 유한 화우 파트너 변호사, 전 서울남부지방법원 부장판사

박정수

상속인들이 상속세가 예상보다 너무 많이 나와서 큰 걱정이라고 얘기하면 주변 사람들은 대부분 "물려받는 재산이 많으니 세금이 많은 것 아니냐"라고 대수롭지 않게 말합니다. 전혀 틀린 말은 아니지만 실제로 상속을 겪어보지 않은 사람은 그 고통이 얼마나 큰지 아마 잘 알지 못할 것입니다.

문제는 상속재산이 많다고 해서 반드시 상속세 재원을 쉽게 마련할 수 있는 것이 아니라는 점입니다. 우리나라에서는 피상속인이 가족에게 물려주는 재산의 대부분이 집아파트, 건물, 땅 등 부동산인데 부동산은 환금성이 떨어지기 때문에 상속세를 마련하기 위해 빨리 매도하고 싶어도 쉽게 팔리지 않습니다. 현 시세는 물론이고 시세의 반값으로도 팔리지 않는 경우가 많습니다. 답답한 마음에 대출을 받기 위해 은행 문을 두들겨도 원하는 날짜에 원하는 만큼의 돈을 대출받기가 쉽지 않습니다. 설사 어렵사리 대출을 받아 상속세를 내더라도 그 후에는 이자 내는 것이 큰 고통으로 다가옵니다.

최근 이와 유사한 상속문제로 큰 고통을 겪은 상속인인 제 아내와 배우자인 저로서는 이 책의 저자 허선민 이사님을 만난 것이 정말 큰 행운이었습니다. 상속이 개시된 후 전체 상속액을 신고하고 그에 따른 상속세를 우선 납부한 후 수개월에 걸쳐 세무조사를 받아 마침내 상속세를 완납하고 상속을 마무리 짓기까지 허선민 이사님의 탁월한 업무수행과 시의적절한 조언이 없었다면 아마도 지금의 해피엔딩은 없었을 것입니다.

태어나서 처음으로 이러한 큰 경험을 하면서 가장 절실하게 느낀 점은 "상속과 증여는 미리미리 준비해야 한다"는 것이었습니다. 미리미리 상속 및 증여에 대한 대비를 하지 않으면 결국 국가가 상속인보다 훨씬 많은 재산을 가져가게 됩니다.

국세청에 따르면 2023년 상속세 과세대상 피상속인_{사망자}은 약 2만 명으로 전체 사망자의 5.7%라고 합니다. 언뜻 보기에 나와는 상관없는 일 같지만 실제로 수도권에 아파트 한 채만 갖고 있어도 상속세를 피할 수 없는 시대가 되었습니다. 내가 미리미리 준비하여 대비하지 않으면 나의 사랑하는 가족이 세금폭탄을 맞을 수 있습니다. 평생 근검절약해서 모은 재산을 국가가 아닌 사랑하는 나의 가족에게 되도록 많이 물려주고 싶다면 이 책을 꼼꼼히 읽어보길 바랍니다. 그 방법이 보일 것입니다.

저자는 이 책에서 상속과 증여에 대한 모든 궁금증을 명쾌하게 또한 알기 쉽게 설명해 줍니다. 따라서 독자들이 이 책을 읽고 나면 평소 미처 생각하지 못했던 상속과 증여에 대한 진실과 문제의 심각성을 깨닫게 될 것이며, 적절한 대처 방법도 알게 될 것입니다.

평소 우애가 깊었던 형제들도 막상 상속과 맞닥뜨리면 단돈 100만 원 가지고도 서로 싸우고 심지어 소송까지 한다고 합니다. 사랑하는 자녀 한테 이런 일이 일어나지 않고 상속 후에도 우애 깊게 살기 원하는 사람에게도 이 책을 추천합니다. 다양한 사례와 함께 그 해결책을 명쾌하게 제시해 줍니다.

이 이외에도 이 책에는 상속세의 변천사와 현재 국회 계류 중인 상속세 개정법안의 문제점을 비롯하여 상속과 증여에 관한 다양한 사례와 문제점이 자세하게 기술되어 있기 때문에 누구나 이 책을 한번 읽고 나면 상속과 증여에 대한 전반적인 개념을 이해할 수 있을 것입니다.

끝으로 허선민 이사님의 두 번째 저서 출간을 진심으로 축하드리며, 앞으로도 상속과 증여에 대한 다양한 경험을 바탕으로 독자들에게 실질적으로 큰 도움이 될 수 있는 주옥같은 내용이 담긴 책을 자주 집필해 주실 것을 부탁드리겠습니다.

2025년 3월

순천향대학교서울병원 병리과 교수

김동원

증여는 Smart하게 상속은 아름답게

당신에게 보내는 편지

　최근 미국의 월스트리트 저널에 따르면 향후 수십 년 동안 현대 역사상 가장 큰 규모의 '부富의 이동'이 일어날 것이라고 합니다. 그 규모는 무려 4경이 넘을 것으로 추정됩니다.

　여기서 말하는 부富의 이동은 나의 재산이 사랑하는 가족에게 넘어가는 것을 말하며, 이는 곧 향후 수십 년 동안 상속 또는 증여가 우리 삶의 일부가 된다는 것을 의미합니다.

　국내 굴지의 금융경영연구소에 따르면 2023년 이후 한국 베이비붐세대의 적극적 자산 이전이 이뤄질 것이며, 이에 따라 향후 "상속 시장 확대에 대비해 상속자산 관리, 사전증여, 신탁, 상속컨설팅 등 관련 상품을 갖춰 체계적인 접근이 필요하다"라고 진단했습니다.

　2025년 현재, 65세 이상의 노령인구가 14% 이상으로 이미 초고령사회에 진입한 대한민국, 수많은 중소기업 대표이사의 고령화가 사회적 문제로 대두되고 있는 상황에서 막대한 조세부담49.6%, 정부지원 부족 29.6%, 후계자 경영교육 부재24.8% 등 수많은 문제들이 원활한 가업승계를 가로막고 있습니다.

결국에는 고령의 중소기업 대표이사들은 직계자녀에 한해 가업승계를 진행할 수밖에 없기에 자녀가 해외에 있거나 승계를 거부한다면 더이상 사업을 확장하지 않거나 기업 매각밖에는 답이 없다는 절망적인 생각을 하게 됩니다.

　실제로 대표이사의 갑작스러운 사망으로 인한 상속세 및 부채를 감당하지 못하거나 시시각각 변화하는 기업환경에 대응하지 못하고 폐업하는 사례들을 현장에서 직접 경험하면서 아무리 부의 재분배를 위해서라지만 해도 너무한다는 생각이 듭니다. 이처럼 유례없는 세계적인 부富의 이동이 진행되는 과정에서 여러분은 아무런 대책을 세우지 않아도, 아무런 착각 없이, 여러분의 재산을 온전히 다음 세대에 물려줄 수 있을까요? 결국 국가가 상속받는 이 악순환은 계속 반복될 것입니다.

　앞으로 다가올 다사多死 사회를 반드시 대비해야 하는 이유입니다.

　상속 및 증여세 최고세율 50%인 대한민국….
　상속세의 또 다른 이름은 사망세, 'Death Tax'라고도 합니다.
　이처럼 상속세는 죽음과 함께 찾아오는 인생의 마지막 세금이라 할 수 있습니다.

증여는 Smart하게 상속은 아름답게

물론 처음부터 좋은 결정만 할 수는 없습니다. 상속과 증여설계 단계에서 너무 방대한 계획을 세우는 것보다는 우선순위를 정하고 하나씩 집중하는 게 효율적입니다. 기대를 조금 내려놓고 실수 또한 내 인생의 한 페이지라는 생각으로 당신만의 길을 가야 합니다.

어떻게 그림을 그려야 할지 모르겠다면 일단 물감을 아무렇게나 쏟아보세요. 혹시 아나요? 우연한 계기로 멋진 그림이 탄생하기도 합니다.

내 인생이 한 페이지가 될지, 한 권의 명작이 될지는 매일의 결정과 삶을 바라보는 태도에 달려있습니다. 모든 성공은 작은 성공들과 실패가 모여 만들어 낸 결과니까요. 어떤 경우에는 역경을 피하는 것보다 정면 돌파가 방법이 될 수 있습니다. 정말 중요한 일, 하고 싶은 일이 있다면 망설이지 말고 시작하는 것이 성공을 위한 길입니다.

어제가 곧 오늘이고 오늘이 곧 내일이라는 말처럼 상속과 증여에 있어서 어느 하나 소중하지 않은 순간이 없듯이 지금 이 순간에 집중해야 합니다. 성공과 실패의 차이는 결국 실행 여부에 달려있듯이 아무리 멋진 계획이라 하더라도 행하지 않으면 안 한 것과도 같기 때문입니다.

준비되지 않은 상속과 증여로 인해 사랑하는 가족이 어느 날 갑자기 마주치게 될 고통과 시련은 당신이 소홀히 보낸 어느 순간에 대한 보복일지도 모릅니다.

살다 보면 살아지는 게 인생이라고 하지만 가끔은 길잡이가 필요합니다. 복잡하고 어려운 상속ㆍ증여세법에서는 더욱 그렇습니다.

변호사도, 세무사도 아닌 제가 이 책을 쓴 이유는 지난 15년간 현장실무전문가로서 증여 최초설계 단계부터 실제 상속이 개시된 이후 재산분할과정과 신고 및 납부 그리고 세무조사 대응 단계까지 모든 과정을 참여하면서 실세 상속과 증여 실무에서는 전문가들이 처리하지 못하는 사각지대가 존재함을 깨달았습니다. 이로 인한 상속인들의 고통과 절실함은 말로 표현이 안 될 정도입니다. 이에 단순히 상속과 증여가 필요하다는 원론적인 수준을 넘어 제가 Tax Adviser로 활동하며 현장 실무에서 배운 지식과 경험을 담은 이 책을 통해 당신이 무엇을 준비하고 어떻게 대비해야 하는지를 알려드리고자 합니다.

증여는 Smart하게 상속은 아름답게

기회는 쉽게 찾아오지 않습니다. 그리고 말에는 힘이 있습니다. 그러니 실패의 가능성을 입에 담지 마세요. 아무리 위대한 명작도 점 하나, 글자 하나에서 시작되는 것입니다. 완벽주의는 버리고 일단 시작해 보세요. 시작해야 시작됩니다.

끝으로 이 책을 집필하는 데 있어 끝까지 격려해 주고 응원해 준 가족, 그리고 동료 및 지인 등 모든 분께 감사드립니다.

당신이 반드시 알아야 할 베이비붐세대의 상속과 증여에 대한 모든 것. 지금 시작합니다.

2025년 3월
허선민

"The hardest thing to understand in the world is the income tax."
"세상에서 가장 이해하기 어려운 것은 소득세이다."

우리에게 천재로 알려진 아인슈타인은 스스로 세금을 계산 못 해 해마다 세금 납부 시기가 되면 한 해 동안 모은 각종 영수증과 서류들을 큰 자루에 담아 PWC 회계법인으로 가지고 왔다고 합니다.

그래서 이 회사의 직원들은 아인슈타인의 세무관리를 서로 맡지 않으려고 했습니다.

알렉스의 상사가 처음 입사했을 때 회사 선배들은 새내기라는 핑계로 아인슈타인의 세무 정리를 그에게 맡겼다고 합니다.

그는 무척 감동을 받아 아인슈타인에게 정중히 인사하면서 경의를 표했습니다. 그러자 아인슈타인은 오히려 그에게 깍듯이 인사를 하며

"난 당신들이 어떻게 세무를 정리하는지 이해할 수 없습니다"라고 말했다는 것입니다.

그는 놀라며 "아니 당신처럼 위대한 과학자가 간단한 세무를 이해할 수 없다니요. 조금만 공부를 한다면 쉽게 할 수 있지 않을까요?"라고 반문했다고 합니다.

그러자 아인슈타인은

"아닙니다. 세무는 전 우주에서 가장 복잡한 것들 가운데 하나입니다"라고 대답하더라는 것입니다.

증여는 Smart하게 상속은 아름답게

알렉스의 상사는 아인슈타인의 사진을 들고 와 방금 자신에게 들려준 말을 그 위에 적어 달라고 부탁했고 그 때문에 PWC회계법인 입구에는 아직도 '세무는 전 우주에게 가장 복잡한 것들 가운데 하나이다'라는 아인슈타인의 자필이 적힌 아인슈타인 사진이 걸려있다고 합니다.

출처: 조승연의 『생각 기술』 中

"The hardest thing to understand in the world is the income tax."

Albert Einstein

CONTENTS

2장 이 세상에서 죽음과 세금만큼 확실한 것은 없다

준비되지 않은 베이비부머의 大상속시대 ··········

증여는
Smart 하게
상속은
아름답게

제1장
증여는 스마트하게,
상속은 아름답게 시작하라

아는 만큼 보이는 절세전략,
증여에 SMART를 더하다

내일은 어떻게 되겠지 하고 생각한다면 이미 늦은 것이다.

현명한 사람은 이미 어제 다 끝낸 일이다.

-찰스 호튼 클리-

01
슬기로운 증여,
유대인의 바르 미츠바를 벤치마킹하라

"전체 노벨상의 40%와 억만장자의 30%는 세계 인구의 0.2% 수준인 유대인이다. 그들은 살아남기 위해 엄청난 교육열과 성인식 바르 미츠바(Bar Mitzvah)를 통해 후대를 강성하게 키워낼 수 있었다."

✦ 재산과 관리능력을 함께 증여하는
유대인의 바르 미츠바

최근 젊은 부모들 사이에서 유대인의 교육법과 부(富)의 이전 등에 대한 전문 서적이 불티나게 팔리고 이를 벤치마킹한 교육 프로그램이 유행하고 있다.

유대인들이 재산을 증여하면서 그것을 불리는 능력도 함께 키워주는 교육법인 바르 미츠바를 이용해 소수이지만 전 세계에서 가장 강력한 민족으로 자리 잡게 되었다는 것을 깨달았기 때문이다.

이처럼 유대인들이 자녀의 교육에 엄청난 노력을 쏟아붓는 것은 종교적 신념 외에도 생존에 필요한 것이 무엇인지를 경험을 통해 잘 알고 있었기 때문이다.

유대인들은 남자아이가 13살, 여자아이가 12살 때 성인식인 바르 미츠바Bar Mitzvah를 한다. 성인식이 거행되면 가족, 친지, 지인 등이 모여 나중에 사회에 나가서 사용할 수 있도록 축하금을 선물로 준다. 이 돈은 부모와 자녀가 함께 관리하며 그들이 사회에 첫발을 내딛는 시점에 겪게 될 실물경제에 종잣돈으로 사용된다.

영토도, 힘도, 가진 것이 없고 핍박받던 유대인들은 교육과 유대인의 성인식 '바르 미츠바'를 통해 자녀 세대가 살아남는 힘을 주었다. 즉, 지식과 기술 그리고 재산을 물려주는 것, 그것이 바로 그들이 생각하는 진정한 증여의 의미라고 할 수 있다.

✦ 유대인들의 경제교육방식을 벤치마킹하는 젊은 세대

사실 코로나19 팬데믹 이후 세상의 많은 것에 큰 변화가 생겼고 그 속도는 더욱 빨라지고 있다.

특히 필자가 긍정적인 변화로 생각한 계기는 팬데믹 초기 글로벌 증시의 폭락과 가상화폐 등의 등장으로 부자들의 전유물로 인식되던 증여가 점점 대중화되는 것이었다.

기존 부모 세대로부터 증여받지 못했던 자녀들이 성장해 또다시 부모가 되면서 자녀가 어리기 때문에 주면 안 되는 것이 아니라 그래서 더 빨리, 더 많이 주고 그것을 관리할 능력을 키워줘야 자녀 세대의 부富가 강성해질 수 있음을 절실하게 느끼게 되었다.

이런 분위기라면 부富의 대물림 방식이 상속에서 증여로 변화되는 데 그리 오래 걸리지 않을 것이란 희망도 생겼다.

증여는 Smart하게 상속은 아름답게

최근의 예를 들어보면 2023년 기준 직계비속 간 증여는 164,230건으로 그 총액은 27.3조에 이를 정도이며 건물이 가장 많고 그다음으로 금융자산, 토지 순이다.

　　이는 우리나라도 사전증여를 통해 부富의 대물림을 미리 계획하고 실행하는 사람들이 늘어나고 있음을 의미한다.

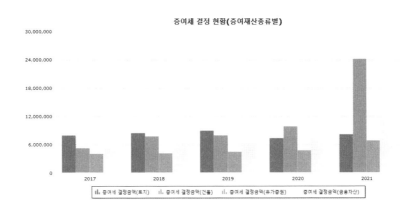

구분	2019	2020	2021	2022	2023
증여세 결정금액(토지)	8,973,107	7,456,116	8,167,303	8,040,236	6,697,017
증여세 결정금액(건물)	8,016,712	9,872,886	24,220,447	15,004,856	11,118,308
증여세 결정금액 (유가증권)	4,527,522	4,837,109	6,896,250	7,049,584	5,895,322
증여세 결정금액 (금융자산)	6,373,298	7,282,214	11,295,892	11,309,903	8,657,233

출처: 국세통계 6-4-4

이처럼 사전증여를 하게 되면 주는 사람_{증여자}의 입장에서는 상속재산이 줄어 세부담이 감소하고 받는 사람_{수증자}의 입장에서는 증여받은 재산을 활용해 생활자금 용도로 활용하거나 재산을 증식할 수 있는 등의 장점이 있다.

① 미리 현금이나 부동산을 증여하고 10년_{상속인 외 5년}이 지나면 상속재산에 합산되지 않는다.

② 여러 차례에 나누어 실시한 사전증여가 상속보다 전체적인 세부담에서 유리할 수 있다.

③ 증여재산의 가치 상승과 임대료 등의 수익이 자녀에게 귀속되어 장기적으로 재산을 증식시킬 수 있다.

④ 증여받은 재산은 향후 소득 증빙이 되는 자금조달원천으로 사용된다.

⑤ 상속인 간의 재산분배 갈등을 최소화할 수 있다.

⑥ 증여재산을 활용해 미리 상속세 재원을 준비할 수 있다.

⑦ 상속은 불확실한 발생 시기와 불분명한 재산 파악으로 인해 세금의 규모가 예측이 불가하지만, 증여는 사전에 예측할 수 있다.

✦ 최근 가격이 하락하는 아파트, 이럴 때 증여하자

"세금 때문에 못 팔 거라면 차라리 증여를 하겠다."

2025년 1월 기준 서울부동산정보광장 자료에 따르면 서울 아파트 평균 매매가격은 9억 8,711만 원으로 2022년 4월_{11억 5,041만 원} 처음으로 10

증여는 Smart하게 상속은 아름답게

억을 돌파한 이후 3년 만에 10억 원 선이 무너지면서 하락세로 전환되고 있다.

과거에는 정부의 각종 세금규제와 거액의 양도소득세 부담 등으로 매매를 하지 못하던 다주택자들이 자녀에 대한 사전증여를 선택했다면 최근에는 부동산 가격의 하락으로 인한 증여가 늘어나고 있다.

이는 지금 당장 증여세를 납부한다 하더라도 향후 증여재산의 가치 상승과 임대, 이자, 배당 등의 투자수익을 자녀에게 귀속시킴으로써 자녀가 합법적인 자산을 형성하는 효과와 '부동산은 반드시 오른다.'라는 기대심리가 같이 작용했기 때문으로 판단된다.

최근 미국 트럼프 대통령의 당선과 관세정책, 그리고 유례없는 대한민국의 계엄령 선포로 인한 대내외 경제전망의 불확실성이 대두되면서 부동산 시장의 상승세가 하락세로 전환되었고 이에 따라 정부는 부동산 시장 활성화를 위해 각종 규제를 완화하고 있다. 부동산 가격의 하락은 즉각적인 증여재산가액 감소 효과로 이어지게 되어 부동산에 대한 증여는 앞으로도 지속적으로 증가할 것으로 예상된다.

이처럼 증여는 언제 주느냐가 절세의 포인트이기도 하다.

그럼에도 불구하고 아직도 나의 자녀에게 증여하기에는 때가 아니라는 당신에게 묻고 싶다.

자녀가 어려서 문제라는 게 아니라 주기 싫은 것은 아닌지 말이다.

부의 대물림을 할 수 있는 방법, 즉 부모의 재산을 다음 세대로 이전하는 방법은 상속과 증여뿐이다.

수많은 한국의 청년들이 사회에 진출하여 종잣돈을 만들기 위한 노력을 할 때 사전증여를 통해 이미 종잣돈이 만들어져 있는 유대인 청년들을 보면 우리 청년들의 미래가 걱정된다.

이미 사회생활의 출발부터 너무 다르기 때문이다.

돈은 버는 것이 아니라 불리는 것이다.

어릴 때부터 부모로부터 처음 증여받은 재산은 자녀가 성인이 되어 사회로 나아가야 할 때 첫발을 훨씬 수월하게 내딛도록 도와준다. 자녀가 어렸을 때부터 사전증여받은 재산을 부모님과 함께 의논해 나가면서 직접 관리하는 능력을 키워주면 성인이 되었을 때 자연스럽게 경제와 금융에 관심을 가질 수밖에 없고 자산을 어떤 방식으로 운용해야 할지에 대한 판단능력이 생기게 된다.

이렇듯 사전증여는 자녀들이 부모로부터 독립하여 사회에 진출하기 전에 종잣돈을 만들어 주고 경제교육과 자산관리 능력을 키워줄 수 있다. 이것이 우리가 유대인의 바르 미츠바Bar Mitzvah를 벤치마킹해야 되는 진짜 이유다.

안되는 이유를 찾으면 결국 안되게 된다는 말처럼 증여를 미루는 것이 아닌 효과적인 증여의 방법을 찾고 실행하는 것, 그것이 당신 자녀의 미래를 바꾸어 줄 것이다.

증여는 Smart하게 상속은 아름답게

02
증여할 재산에도 순서가 있다

일반적으로 증여를 할 재산과 시기를 결정하는 데 있어 '주는 사람증여자'과 '받는 사람수증자'의 상황과 니즈에 부합하는 것을 우선적으로 판단하게 된다.

예를 들어 금융재산은 결혼이나 주택구매목적으로 증여가 이루어지고, 부동산 재산은 생활비나 여유자금의 활용과 향후 가치 상승 등의 이유로 증여가 이루어지며, 사업의 승계목적으로 증여가 이루어지기도 한다.

결국, 이 모든 과정은 상속이 아닌 증여로 재산의 세대 이전을 통해 부富의 대물림을 하기 위한 것이라 볼 수 있다.

그러나 실무에서는 이러한 상황이나 니즈에 부합되지 않은 재산의 증여가 이루어지는 것을 심심치 않게 볼 수 있다. 예를 들어 자산의 가치에 대한 평가도 없이 나중에 오를 것이라는 기대심리만으로 개발제한구역 내에 있는 맹지나 산 같은 부동산들의 증여가 바로 대표적인 사례이다.

이와 같은 경우 대부분 재산의 가치 상승효과도 없을 뿐만 아니라 10년 내 1번뿐인 증여공제 한도도 소진되고 증여세와 취득세도 발생된다.

결국, '받는 사람수증자'은 자산의 운용수익 및 가치 상승효과도 보지 못하고 세금만 부담하는 악영향을 불러올 수 있다. 그러므로 증여할 재산을 결정함에 있어서 다음과 같이 향후 가치 상승이 가능하고 임대소득이나 운용수익이 발생 가능한 재산부터 우선 고려되는 것이 중요하다.

✦ 가치가 있는 것을 최우선으로 증여하라

증여재산 중 저평가된 금융재산이나 토지, 상가 등의 재산 중에서 향후 가치 상승이 예상되는 것을 최우선으로 선별하여 증여하는 것이 중요하다.

또한, 증여를 통해 '주는 사람_{증여자}'이 재산을 보유하는 동안 발생되는 종합부동산세나 처분 시에 발생하는 양도소득세의 절세효과와 더불어 '받는 사람_{수증자}'이 증여세를 낼 수 있는지 등이 반드시 고려되어야 할 사항이다.

일반적으로 개인이 금융재산이나 부동산의 미래가치 상승에 대한 막연한 기대심리만으로 증여하는 것은 매우 위험할 수 있다. 그러므로 증여하고자 하는 재산에 따라 계획을 수립하여야 성공적인 증여를 할 수 있다.

금융재산의 경우 현금, 펀드, 주식, 보험 등 무엇을 증여하느냐에 따라 평가 방법과 기대 운용수익이 다르고, 이에 따른 절세효과에도 영향을 미치기 때문에 반드시 금융전문가의 도움을 받아 증여할 재산의 항목과 시기를 정하는 것이 좋다.

부동산도 마찬가지이다. 앞에서 여러 번에 걸쳐 설명했듯이 여러 증여재산 중 선택이 가능하다면 절세효과가 가장 큰 것과 미래에 가치 상승이 가능한 부동산 중 어떤 재산을 증여하는 것이 좋을지 부동산 및 세무전문가와의 충분한 상담을 통하여 판단하여야 한다.

더불어 '받는 사람_{수증자}의 현재 상황을 고려하여 증여하는 것이 합리적인 증여를 결정하는 데 도움이 될 수 있다. 예를 들어 자녀에게 주택을 증여할 때, 자녀가 이미 유주택자라면 다주택자 중과세 규정과 취득세, 1가구 1주택 비과세 여부를 따져야 하며, 농지나 비사업용토지의 경우 비사업용토지 중과세와 농지법상 취득이 가능한지도 따져봐야 한다.

✦ 소득이 발생하는 재산으로 증여세를 납부하라

이처럼 우여곡절 끝에 증여할 재산이 결정되었다 해서 모두 완료되는 것이 아니다. 증여할 재산이 결정되었다는 것은 증여재산공제금액을 제외한 실제 증여세와 취득세 등 세금의 규모가 어느 정도인지 비교적 정확히 예측되어 '주는 사람증여자'과 '받는 사람수증자' 앞에 납세고지서가 놓인다는 의미이기도 하다.

바로 이 단계가 수많은 증여계획이 실행되지 않고 포기해 버리는 마의 구간이라 할 수 있다.

우리나라의 증여세는 개인이 증여받은 재산에 대해 '받는 사람수증자'이 납세의무를 갖게 되는데 증여세를 낼 수 있는 능력이 부족하거나 아예 없는 경우가 대부분을 차지한다.

이 때문에 '주는 사람증여자'이 증여세까지 증여해 주면서 증여과세가액에 합산되고 이에 대한 높은 증여세율이 함께 적용되기도 하며, 대납해 준 증여세에 또다시 증여세가 원 단위까지 무한 반복되어 부과되는 결과도 초래한다.

그러므로 현실적으로 '받는 사람수증자'이 증여세와 취득세를 납부할 능력이 있는지, 없다면 세금은 어떻게 처리해야 하는지에 대한 계획까지 미리 수립되어야 하며, 만약 세금에 대한 납부 능력이 없다면 다음과 같은 방법을 고려해야 한다.

① 본인의 재산 또는 증여받은 재산으로 증여세를 직접 납부토록 하거나,

② 증여자와 동일그룹이 아닌 다른 가족이 증여세를 증여해 주거나,

③ 임대소득이 발생하는 부동산을 증여하고 그 소득으로 증여세를 분납토록 하여 증여세를 절세해야 한다.

그렇다면 임대소득이 발생하는 부동산을 증여하고 증여세를 분납하는 것은 가능한 걸까?

당연히 증여세도 상속세와 마찬가지로 분납과 연부연납이 가능하다. 증여세 분납은 납부세액이 1천만 원을 초과할 경우 2개월 이내에 분납이 가능하며 납부세액이 2천만 원 이하인 경우 1천만 원을 초과하는 금액에 대해서만 분납이 가능하다.

연부연납은 납부세액이 2천만 원을 초과하는 경우 5년 이내에 분납이 가능하며, 각각의 분납세액이 1천만 원을 초과해야 한다. 다만 연부연납 시 가산이자가 붙는다.

그러나 '주는 사람_{증여자}'이 증여세를 대납해 주는 것보다 이자를 내더라도 2024년 기준 연 3.5% 수준이며, 발생하는 임대소득으로 연부연납을 통해 증여세를 직접 납부하는 것이 절세 측면에서 훨씬 유리하다.

다만, 자녀에게 매월 임대소득이 발생함에 따라 종합소득세와 이를 반영한 건강보험료부과대상이 될 수는 있으나 '주는 사람_{증여자}'의 재산이 감소한 만큼의 절세효과를 비교한다면 훨씬 유리한 방법인 것이다.

그러므로 소득이 발생하는 부동산을 우선 증여하고, 세무전문가와 상의하여 증여세를 분납하도록 하는 절세계획까지 함께 수립하도록 하는 것이 좋다.

증여는 Smart하게 상속은 아름답게

03
똑똑한 증여, 최고의 상속세 절세전략이다

일단 상속이 개시되면 각종 공제를 적용해도 그 한도와 규제가 엄격하게 적용되고 있기 때문에 상속인들이 선택할 방법은 거의 없다고 봐도 무방하다. 그러므로 지속적으로 사전증여를 통한 상속재산을 줄이는 전략을 사용해야 한다.

✦ 증여로 상속세를 줄일 수 있다면 배우자와 자녀에게
  어떤 방식으로, 얼마나 증여하면 좋을까?

수많은 전문가들은 똑똑한 증여만이 상속세 절세의 핵심이라며 "10년 주기로 장기적인 증여계획을 수립하여 상속세를 줄여나가는 것이 좋다."라고 추천한다.

왜 증여가 상속세 절세의 가장 핵심이란 것일까?

상속과 증여는 세율이 동일하지만 둘 중 무엇으로 주느냐에 따라 세금의 차이가 크게 발생한다. 이는 과세방식의 차이가 있기 때문이다.

증여는 상속에 비해 증여 시점과 증여재산을 언제, 어떻게 줄 것인지 예측이 가능하고, 그 시기와 방법에 따라 상속세의 절세를 여러 단계에 거쳐 계획하고 실행할 기회를 제공한다.

그중 가장 중요한 절세 포인트는 피상속인이 가지고 있는 재산의 처분, 사전증여 등을 통해 상속재산의 규모를 줄여 최대한 낮은 상속세율을 적용받는 것이라 할 수 있다.

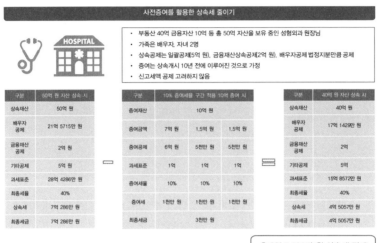

그렇다면 어떤 방식의 증여를 활용해 상속세를 줄일 수 있을까?
전문가가 추천하는 대표적인 증여방법은 다음과 같다.

① 배우자와 증여공제를 적극적으로 활용하라

10년마다 배우자의 경우 6억 원, 성인 자녀 5천만 원, 미성년자 2천만 원, 기타 친족 1천만 원의 증여재산 공제가 가능하다. 따라서 사전증여는 출생 시부터 시작하여 10년 주기로 하는 것이 좋으며, 상속될 재산이 많아 30% 이상의 고율과세가 예상된다면 면세점을 기준으로 삼지 말고 최저 10% 이상의 증여세율이 적용되더라도 과감한 증여를 하는 것이 유리하다.

2024년 1월 1일 이후 증여분부터 혼인 및 출산에 관한 증여공제가 1

증여는 Smart하게 상속은 아름답게

억 원이 추가되었다.

다만 혼인과 출산 시 각각 한도를 적용하는 것이 아니니 주의해야 한다.

또한, 배우자에게 부동산을 증여하는 경우 종합부동산세와 양도소득세 등을 절세하는 효과가 있다.

양도차익이 많이 발생할 것으로 예상되는 재산을 배우자배우자공제 6억원에게 증여하면 최초 취득가액이 아닌 증여 당시 취득가격으로 재계산되어 향후 양도소득세를 절세할 수 있다.

다만, 증여받은 시점으로부터 10년 이내2022.12.31. 이전 5년 매도하면 증여받은 시점이 아닌 최초증여자의 취득가액을 기준으로 하여 양도소득세가 재계산됨을 주의하여야 한다.

② 어여쁜 손주에게는 세대생략증여를 하라

조부모와 외조부모, 그리고 부모 모두가 생존하고 있는 경우 손주에게까지 최대 6회에 걸쳐 상속이 이루어진다. 그렇기 때문에 조부모와 외조부모, 그리고 부모로부터 상속받을 재산이 많다면 세대생략증여를 하는 것이 유리하다.

이때 손주는 조부모와 외조부모의 상속인이 아니기 때문에 증여 후 5년이 지나면 상속재산에 합산되지 않는다.

고령의 조부모와 외조부모의 상속재산에 대한 절세플랜을 계획할 때 반드시 고려되어야 할 사안이며 실제 많은 사람이 실행하고 있는 절세방법이다.

③ 재산을 줄 때 부채도 같이 증여하라

부채와 함께 증여하는 것은 부담부증여라 하는데 증여할 재산에 대출이나 보증금 등의 채무가 있는 경우 이를 승계하여 증여받는 것으로서 재산가액에서 채무 금액만큼을 차감한 가액에 대해서 증여세가 과세되고, 증여자에게는 채무액에 해당되는 양도소득세를 부담하는 구조이다.

'받는 사람'이 증여세를 납부할 능력이 부족한 경우로서 향후 가치 상승이 예상되는 재산을 증여할 때 활용하는 것이 좋다.

다만 부담부증여를 통해 채무를 승계하는 경우 국세청에서 수시로 채무상환에 대한 모니터링을 하고, 부채 상환 시 자금출처 증빙 요구를 하는 등의 사후관리가 다른 증여에 비해 까다롭다.

④ 금융자산 중 보장성보험과 납입재원을 증여하라

금융자산 증여 시 가장 선호하는 펀드와 주식의 경우 상속세를 납부하는 시점에 매도하면 수익률이 저조하여 이에 따른 손실이 발생되는 경우가 많다. 본인 명의로 계약된 사망보험금이 발생하는 종신보험을 자녀에게 증여하거나 배우자공제를 활용하여 증여하면 본인의 상속재산도 감소하며, 동시에 상속인들에게 필요한 상속세 납부 재원까지 만들어 줄 수 있다.

이는 어떤 방식으로 증여하느냐에 따라 여러 가지 효과를 기대할 수 있다. 본인 명의 보험계약의 계약자와 수익자를 배우자 또는 자녀에게 변경 및 증여하고 향후 피보험자의 사망이 발생하면 사망보험금을 통한 재산상속이 가능해진다.

만약 보험계약자를 배우자로 변경하여 증여하였는데 만약 배우자가

증여는 Smart하게 상속은 아름답게

먼저 사망하는 경우에는 상속인인 자녀가 이 보험계약을 승계토록 하여, 2차 상속 발생 시 상속세 재원으로 활용토록 하면 배우자공제에 버금가는 효과를 볼 수 있다.

단, 증여 이전 납입분에 대해서는 과세될 수 있음을 주의해야 한다.

⑤ 받는 사람이 많을수록 증여세는 줄어든다

자녀와 배우자사위, 며느리, 그리고 손주에게 분산하여 증여하는 경우 증여재산가액이 분산되어 낮은 증여세율을 적용받을 수 있고 증여재산 공제도 사람별로 각각 받을 수 있다.

특히 '주는 사람증여자의 갑작스러운 상속이 개시되는 경우 자녀의 배우자와 손주는 상속인이 아니므로 증여받은 지 5년이 경과했다면 상속재산에 합산되지 않아 상속세가 감소하는 효과가 발생한다.

⑥ 증여 후 가치 상승이 예상되거나, 소득이 발생하는 재산을 증여하라

만약 증여하고자 하는 재산이 향후 가치가 상승할 것이라 예상된다면 현금을 증여하는 것보다 더 나은 방법이 될 수 있다. 만약, 임대소득이 발생하는 부동산의 경우 '받는 사람'에게 그 임대소득도 귀속되므로 자금출처 증빙에 매우 용이하고, 이 소득으로 증여세를 분납토록 하여 증여세 일시납에 대한 부담도 완화할 수 있는 장점이 있다.

다만, 소득이 없는 비주거용 부동산은 증여재산가액을 공시지가로 평가할 수 있어 선호되었으나, 2020년부터 시행된 국세청의 감정평가사업으로 인해 증여재산가액이 높아질 수 있어 평가에 유의하여야 한다.

✦ 상속재산이 10억 이하라면
굳이 증여할 필요까지는 없다

부모님 중 한 분이 먼저 돌아가시는 경우 최소한 10억 원을 공제해 주며, 나머지 한 분이 생존해 계시다가 사망한 경우에도 5억을 공제해 준다. 이때 돌아가신 분이 부담해야 할 부채나 공과금 등이 있으면 이 또한 공제해 준다.

그렇기 때문에 보통 10억 이내의 상속이 개시되는 경우 대부분의 사람들에게는 상속세가 발생하지 않아 걱정할 필요가 없지만 만약 10억을 초과하거나 10년 이내에 사전증여를 받은 경우 또는 상속인 이외에 자가 상속받는 경우에는 세무전문가와 상의하는 것이 좋다.

그 이유는 만약 사전증여 이후 10년 이내에 사망 시 사전증여 재산은 상속재산에 다시 합산되는데, 사전증여재산에 대해서 상속공제를 적용받지 못해 의도치 않은 상속세를 내야 할 수도 있기 때문이다.

증여는 Smart하게 상속은 아름답게

04
헷갈리는 증여공제제도, 쉽게 이해하기

우리나라의 증여세는 배우자, 직계 존·비속 또는 친족으로부터 증여를 받는 경우 기본적으로 공제되는 금액이 있다. 배우자공제는 6억, 성인 자녀의 공제는 10년간 5천만 원, 미성년자인 경우 2천만 원, 기타 친족은 1천만 원까지 증여재산에서 기본 공제되며 2024.1.1. 이후부터 혼인 및 출산공제 1억 원이 신설되었다.

증여 절세의 방법 중 증여재산공제가 매우 중요한데 의외로 사람들이 몰라서 헷갈리는 경우가 많아 다음과 같이 유형별로 정리해 보았다.

✦ 증여재산공제는 동일그룹으로 구분된다

사람들이 가장 많이 혼동하는 것 중의 하나가 바로 이 부분이다. 실제 동일그룹으로 묶이는 것을 모르고 증여 이후 합산되어 재차 증여세와 가산세를 내는 경우가 흔하게 발생한다.

직계존속의 경우 아버지와 어머니, 친할아버지와 할머니, 외할아버지와 외할머니 각각이 아닌 같은 직계존속의 동일그룹으로 구분되어 공제가 10년간 5천만 원까지만 적용되는 것을 주의하여야 한다.

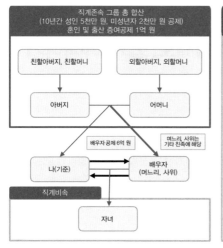

　그 밖에 기타 친족이 증여하는 경우에도 고모, 삼촌 각각 1천만 원씩 공제되는 것으로 많이 알고 있다.

　이 또한, 기타 친족의 동일그룹으로 보고 10년간 1천만 원까지 공제를 적용하며 이를 초과할 경우 증여세를 부과한다.

① 친할아버지가 손주에게 증여하고, 10년 이내에 외할머니가 증여하는 경우, 동일 직계존속그룹으로 보지 않아 합산하여 증여세를 부과하지 않는다. 다만, 공제는 동일그룹 내 한도만큼 10년에 1회만 공제되며 동시에 증여하는 경우에는 공제금액을 각각 나누어 공제한다.

② 할아버지가 증여하고 10년 이내에 아버지가 증여하는 경우, 동일 직계존속그룹으로 보지 않아 증여재산에 합산되지 않으나 공제금액은 동일하게 10년에 1회만 공제된다.

③ 남편이 증여하고 10년 이내에 시어머니가 증여하는 경우, 동일그룹으로 보지 않아 증여재산은 합산되지 않으며 공제금액도 각각 적용받는다.

증여는 Smart하게 상속은 아름답게

증여자	증여자	증여재산 합산여부	공제한도
아버지	어머니	합산	합산
친할아버지	친할머니	합산	합산
외할아버지	외할머니	합산	합산
친할아버지	외할아버지	**비합산**	합산
친할머니	외할머니	**비합산**	합산
외삼촌	이모	**비합산**	합산
삼촌	고모	**비합산**	합산
친할아버지	아버지	**비합산**	합산
어머니	이모	**비합산**	**비합산**
아버지	삼촌	**비합산**	**비합산**
남편	시어머니	**비합산**	**비합산**

그렇다면 시어머니가 며느리에게 증여할 때도 5천만 원을 공제해 줄까? 마치 세법에서조차 딸 같은 며느리와 아들 같은 사위의 존재를 부정이나 하듯이 애석하게도 답은 '아니오'이다.

며느리와 사위는 기타 친족으로 분류되어 1천만 원만 기본 공제받는다. 다만 증여재산은 다른 동일그룹 내에서 동시에 증여하는 경우 합산되지 않는 각각의 증여재산으로 보며 공제도 각각 적용한다. 즉 배우자의 부모는 기타 친족이기 때문에 며느리에게 시아버지와 시어머니가 동시에 증여할 경우 증여재산가액에 합산되지 않는다. 이는 장인, 장모가 사위에게 증여할 때도 동일하게 적용된다.

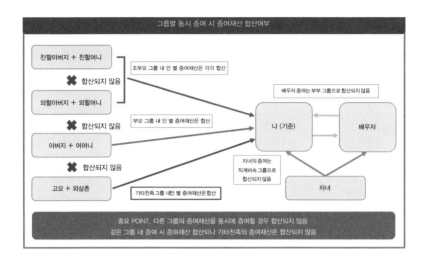

✦ 비거주자는 증여공제를 받지 못한다

중요한 것은 거주자만 증여공제를 받을 수 있다는 점이다.

'주는 사람_{증여자}의 거주 여부는 상관없으나 '받는 사람_{수증자}의 국내 거주자인지 비거주자로 구분되는지가 중요하다.

그러나 증여공제는 받지 못하지만 '받는 사람_{수증자}이 비거주자인 경우 증여세의 납세의무는 '주는 사람_{증여자}에게 있다.

즉, '주는 사람'이 증여세를 대신 내주어도 재차 증여로 합산되지 않는다는 장점이 있다.

그러므로 어떤 방식의 재산 이전이 더 이익인지 잘 따져보고 증여를 결정해야 한다.

05
증여세가 없는 비과세 항목이 있다?

✦ 혼인·출산 증여공제

2023년 4분기 평균 출산율이 0.65명으로 초저출생시대로 진입한 대한민국… 이에 정부는 출산을 장려하기 위한 다양한 정책들을 시행 중이다. 이 중 하나가 혼인 및 출산을 하는 경우 1억 원까지 추가로 공제해 주는 '혼인·출산 증여공제제도'다.

결혼하는 자녀를 지원하기 위해 증여하는 경우 1억 원까지는 증여세를 매기지 않는다. 부모로부터 10년간 증여받는 5,000만 원 이하의 증여에 대해서도 증여세를 매기지 않는데 이 둘을 합치면 총 1억 5,000만 원까지는 증여세 없이 부모로부터 지원받을 수 있다.

혼인신고일 이전에 증여를 받았다면 증여일로부터 2년 이내에 혼인신고를 하여야 한다. 만약 2년 내에 혼인신고를 하지 않거나 소송으로 인한 혼인의 무효가 된 경우에는 수정신고를 해야 한다. 이를 놓치면 증여세뿐 아니라 가산세까지 물게 될 수도 있다.

혼인·출산 증여로 주는 자금은 반드시 현금으로만 받아야 하는 것은 아니다. 현금 이외에 주식이나 부동산 또는 다른 자산으로도 증여가 가능하다. 또 혼인자금으로 현금을 받았더라도 그 자금을 반드시 혼인자금으로 사용하지 않고 부동산이나 주식 등을 취득하거나 소비해도 증여세가 과세되지 않는다. 다만 보험증여이익, 부동산 무상사용이익, 금전 대차상환방식 등 법에서 정한 재산으로는 증여받을 수 없다.

혼인 · 출산 증여의 대상은 직계존속이다. 따라서 부모, 조부모, 외조부모 중 누구로부터 받더라도 증여세가 비과세된다. 조부모나 외조부모가 경제적으로 지원해 줄 수 있다면 혼인증여는 부모보다는 조부모로부터 증여를 받은 것이 유리하다. 조부모나 외조부모로부터 증여를 받게되면 30% 할증과세되기 때문이다. 일반적으로 증여재산공제는 10년 한도의 공제금액을 적용하지만, 혼인 · 출산증여공제는 수증자를 기준으로 평생 적용받을 수 있는 한도가 1억이다.

CASE	공제 한도 : 1억 원				공제 가능 여부
	혼인공제 : 1억 원		출산공제 : 1억 원		
	초혼	재혼	첫째	둘째	
1	*	*	5,000만 원	5,000만 원	○
2	5,000만 원	3,000만 원	2,000만 원	*	○
3	8,000만 원	*	2,000만 원	*	○
4	1억 원	*	*	*	○
5	*	*	1억 원	*	○

쉽게 말해 혼인증여와 출산증여는 각각 1억 원이 아니라 결혼 횟수나 자녀 수와 상관 없이 총액의 합 1억 원 한도적용을 받는다.

하지만 다음과 같은 경우 최대 3억 4천만 원까지 증여세 없이 증여할 수 있다.

각각의 부모로부터 1.5억씩 혼인증여를 받고 배우자의 부모로부터 기타 친인척공제 1,000만 원씩 받으면 3억 2천만 원까지 증여세 없이 받

증여는 Smart하게 상속은 아름답게

을 수 있다. 여기에 더불어 자녀의 출생 시 미성년자 증여공제를 받으면 최대 3억 4천만 원까지는 증여세 없이 받을 수 있다.

✦ 축의금과 혼수

"자녀의 결혼식에 제 하객들이 많이 올 것으로 예상됩니다. 제가 받은 축의금은 자녀에게 입금해 주려고 하는데 증여세가 부과되나요?"

우리가 살아가는 동안 전혀 예상치 못하고 행동하는 것 중 의도치 않게 증여가 되는 경우가 많다.

축의금은 하객들이 결혼 당사자에게 직접 주는 경우_{신랑·신부의 친구, 직장 동료 등의 축의금}와 혼주인 부모의 부담을 덜어주기 위해 부모에게 들어오는 경우로 나뉘는 것이 일반적이다.

현행 상속세 및 증여세법은 사회 통념상 인정되는 범위 내의 축의금 등에 대해서는 증여세를 부과하지 않도록 규정하고 있다. 그렇다면 사회 통념상 적정한 금액이라는 것은 얼마를 얘기하는 것일까?

그것은 정해져 있지 않다. 사람마다 사회적 지위와 소득수준이 상이하기 때문이다.

예를 들어 10만 원씩 100명의 하객에게 축의금을 받은 경우와 1명의 하객에게 1,000만 원의 축의금을 받았다고 가정하자.

일반적으로 1,000만 원의 축의금을 전달할 수 있는 사람이 누구일까? 대부분 조부모나 친인척일 것이다. 결국 얼마를 받았느냐보다 누구에게 받았는가가 사회통념상에서 증여 여부를 판단하는 관점이라 할 수 있다.

일반적으로 사회통념상의 금액은 내 가족이 아닌 제3자에게 내가 지급하는 금액 한도, 즉 누가 봐도 과하지 않은 금액 정도를 생각하면 쉽게 이해가 된다.

그렇다면 혼수는 어떨까? 이 또한 마찬가지로 일상생활에 필요한 가구나 전자제품 또는 생활용품에 한하여 비과세를 적용하고 있다. 다만 호화 사치용품이나 주택 또는 차량 등은 비과세되지 않는다. 다만, 사람마다 생활 수준이 다르기 때문에 어디까지가 호화사치품에 해당되는지에 대한 명확한 기준이 없어 실제 세무조사 과정에서도 논란이 계속되고 있다.

✦ 교육비, 생활비

실무적으로 중요한 것은 생활비와 교육비, 그리고 어디까지가 증여로 볼 것인지 그 범위를 정하는 것이다. 일반적으로 과세되지 않는 교육비와 생활비는 필요할 때마다 직접 지출되는 경비를 말한다. 그러므로 부모 또는 조부모로부터 지원을 받았다 하더라도 저축이나 주식, 부동산 매입 등에 사용하는 경우와 지원하는 부모의 소득이 있는데도 생활비나 교육비를 지원받았다면 비과세되는 생활비나 교육비에서 제외됨을 유의해야 한다.

물론 증여추정의 배제기준을 두고 모두 다 세무조사 대상으로 정하진 않지만, 이는 당장 증여로 보지 않겠다는 뜻이지 기준 내 금액이라도 증여로 밝혀지면 과세하겠다는 걸 잘 알아야 한다.

증여는 Smart하게 상속은 아름답게

06

내가 주고 싶은 대로 줄 수 있는
종신보험신탁

✦ 상속과 증여에 금융을 더하다

최근 고령화, 국민 재산 축적 등으로 가계 재산을 종합적으로 관리하는 수단으로서 신탁을 활용하는 생애종합자산관리가 눈앞의 현실로 다가왔다.

이미 미국, 일본 등 선진국에서는 보험금을 포함해 다양한 재산을 상속하는데 신탁이 활용되고 있으나 우리나라의 경우 보험금청구권 신탁에 대한 규정이 없어 신탁회사은행·보험·증권사들이 보험금청구권 신탁을 출시하지 못했다.

이에 금융위원회와 법무부는 보험금청구권 신탁 도입을 골자로 하는 자본시장법 시행령 개정안에 대한 협의를 거쳐 보험금청구권도 일정 요건을 갖추면 신탁이 가능하도록 제도 개선을 추진했다.

생명보험금청구권 신탁은 보험사고로 지급되는 '생명보험금'을 신탁재산으로 보관할 뿐 아니라 지정 수익자를 위해 생애주기별로 관리까지 가능한 상품을 말한다. 생명보험금에 계약자의 의도를 녹인 '사후 재산관리' 기능이 탑재돼 효과적인 자산 보전과 이전이 가능한 것이 핵심이다.

사망보험금을 금융회사에 맡겨 운용한 후 사전에 지정한 방식으로 가족에게 지급하는 보험금청구권 신탁이 가능해진 것이다. 신탁은 재산을 관리하는 수탁자가 수익자를 위해 재산을 관리하고 처분하는 것을 말한다. 보험금청구권 신탁 도입으로 보험금을 포함한 상속재산을 보다 안전하고 체계적으로 관리 · 운영할 필요가 높은 경우, 특히 재산관리의 경험이나 능력이 부족한 미성년자 또는 장애인 등 유가족의 복지 향상에 기여할 것으로 기대된다.

그동안 신탁업은 부동산, 퇴직연금 등 실물자산을 중심으로 이뤄지다가 이번 제도 개편으로 보험금에 대해서도 허용됐다.

보험금청구권 신탁은 생명보험에 가입한 계약자에게 사고 시 지급되는 사망보험금을 대상으로 한다. 일반사망 보험금 3,000만 원 이상인 종신보험 및 정기보험이 대상이다. 재해 · 질병사망에 대한 보험금은 신탁 대상이 아니다. 보험계약자와 피보험자, 위탁자가 모두 동일인이어야 하고 수익자는 직계존비속과 배우자로 제한된다. 신탁 계약 시 보험계약대출약관대출은 없어야 한다.

구분	요건
보장대상	3천만 원 이상 일반사망* 보장에 한정
계약특성	보험계약 대출 불가
계약구조	보험계약자 = 피보험자 = 위탁자가 동일인인 경우
수익자	직계존비속 · 배우자로 제한
보험의 종류	종신보험 또는 정기보험
* 일반사망: 재해사망만 보장하는 보험, 질병사망만 보장하는 보험의 경우 신탁 불가	

보험금청구권 신탁을 활용하면 사망 전에 미리 계획한 대로 보험금을 지급할 수 있다. 자녀의 생애주기에 맞춰 사망보험금을 분할 지급하는 방식이 대표적으로 거론된다. 예를 들어 자녀가 성인이 되기 전까지는 매월 일정액을 교육비와 생활비 명목으로 분할 지급하고, 대학에 입학할 때 목돈으로 받을 수 있도록 설계하는 것이다. 실제로 보험신탁 1호 계약 사례자는 미성년 자녀를 둔 50대였다. 자녀가 30~40대가 되기 전까지는 운용 이자만 지급하다가 이후에 목돈을 지급하는 방식으로 설계됐다.

뜻밖의 상황에 대비해 내 의지대로 재산이 쓰이도록 설계하고 상속 분쟁도 미연에 방지할 수 있다. 예컨대 사망보험금을 양육의무를 저버린 배우자가 아닌 자녀에게 온전히 남길 수 있다. 경제관념이 없는 자녀에게 재산을 한 번에 상속하지 않고 매년 기념일마다 나눠 지급하도록 할 수도 있다.

신탁 계약의 내용은 정해진 틀이 없고, 고객의 필요에 따라 맞춤형으로 만들 수 있다. 예를 들어 사업을 하며 수백억 원대의 자산을 일군 K 대표에게 변변한 직업도 없이 호화로운 사치 생활을 즐기고 있는 자녀가 있다고 가정하자. K 대표는 경제관념이 전혀 없는 자녀에게는 유산을 상속해 주고 싶지 않지만, 귀여운 손녀가 여유로운 환경에서 자랐으

면 하는 바람은 있다. 이런 고민을 보험금 신탁으로 해결할 수 있다. K 대표의 사망보험금에서 아내에게 매달 생활비를 주며 손녀를 위해 사용하게 하다가 아내도 사망하면 나머지를 손녀에게 물려주는 것이다. 사망보험금 액수가 큰 경우, 보험금의 일부는 사망 후 한 번에 지급해 상속세 납부에 쓰도록 하고 잔액은 매년 일정 금액씩 지급하는 방식도 가능하다.

신규 보험계약뿐만 아니라 기존에 가입된 계약도 신탁설정이 가능하다.

다만, 보험금청구권 신탁은 상법 보험편 및 보험업법이 적용되는 동시에 금전채권신탁과 이를 규율하는 신탁법 및 자본기장법이 적용되는 영역이고 상황에 따라 많은 관계인들의 이해관계가 얽히게 된다. 경우에 따라서는 민법상의 상속문제가 발생될 수 있고 보험료 납입 연체나 위탁자 사망 시 통지의 주체 및 방법 그리고 신탁수익자의 상속결격사유가 발생한 경우 등 다양한 이슈가 문제될 수 있다.

이처럼 앞으로도 해결해 나가야 할 문제들이 다양하고 이에 따른 후속조치와 제도적인 보완이 지속적으로 필요하겠지만 이번 보험금청구권신탁제도의 도입으로 신탁은 이제 자산가들만의 영역이 아닌 일반화 그리고 대중화의 기틀을 닦았다고 판단한다.

현재 국내 보험사 중 보험금청구권 신탁을 받을 수 있는 곳은 종합재산신탁업 자격을 취득한 미래 · 한화 · 교보 · 흥국 · 삼성생명 등 5개사다.

07
3대의 재산 이전,
세대생략상속과 보장성 보험 활용전략

부(富)를 대물림하기 위한 방법으로는 대표적으로 상속과 증여 그리고 양도가 있다.

일반적으로 우리가 가족에게 부를 이전하는 방법으로는 제3자와 거래하는 대표적인 방식인 양도를 제외하면 증여와 상속뿐이다.

이러한 재산의 이전 방식은 그 형태에 따라 각각 세금이 다르게 부과된다.

이 중 증여와 상속을 적절히 활용하면 생각보다 절세효과가 큰 방법들을 만들어 낼 수 있는데 만약 10년 이내에 자녀와 손주에게 증여한 재산이 있어서 합산되는 것을 원치 않는 경우 보장성 보험을 활용하여 부를 이전해 주는 것이 가능하다.

✦ 할아버지를 계약자로, 부모를 피보험자로, 손주를 수익자로

할아버지의 재산으로 부모를 피보험자로 하는 보장성 보험에 가입하고 수익자를 손주로 지정하는 경우 할아버지의 유고로 인한 상속이 개시된다 하더라도 피보험자가 사망한 것이 아니기 때문에 납입한 보험료와 이자상당액에 대해서만 상속세가 부과된다.

어차피 할아버지 명의의 현금재산이 원래 은행에 예치되어 있었더라도 상속세는 발생되는 것이었으니 현금자산에서 보험납입금으로 형태만 변경되는 것뿐 달라지는 것은 이 단계에선 없다.

그러나 계약자인 할아버지가 사망하게 되면 이 계약은 손주가 승계토록 하여 향후 피보험자인 부모가 사망하는 경우 사망보험금을 수령하도록 하면 어떻게 될까?

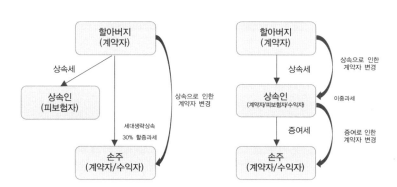

세대생략상속을 활용한 3대 부(富)의 이전

이때 손주가 계약자 변경을 통해 상속받는다 하더라도 상속인은 손주의 부모이므로 상속세를 대납하면 된다. 부모가 대납하는 상속세는 증여로 보지 않으므로 단 한 번의 상속세만 납부하면 증여세는 부과되지 않는다는 뜻이다.

쉽게 말해 손주에게 부모의 사망보험금을 단 한 번의 상속세만 납부하고 증여세 없이 보험계약을 증여해 줄 수 있다.

물론 세대생략상속을 받았기 때문에 해당 보장성 보험료 대한 상속세에 30%가 가산은 되겠지만 향후 부모의 상속이 개시되는 경우 손주는 사망보험금에 대한 상속세가 발생하지 않으므로 엄청난 절세효과를 누릴 수 있다.

어차피 부모의 상속세를 준비해야 하는 손주는 할아버지가 만들어 준 보장성 보험으로 부모 유고 시 상속세 재원으로 활용하면 되고, 불필요한 비용을 줄일 수 있다.

먼 훗날 일이라 생각하고 미룰 일이 아니다.

지금 당장 자녀를 피보험자로 가입한 보험이 있는지 찾아보고 없다면 전문가와 상의하여 자녀를 피보험자로 하는 보장성 보험에 가입하고 반드시 상속인은 손주로 지정하자. 이것이 절세다.

08

장애인신탁과 생명보험을 결합하면
최강의 절세플랜이 만들어진다

✦ 장애를 가진 아이보다 단 하루만 더 살고 싶다

만약, 가족 중 누군가가 안타깝게도 장애를 갖고 있는 경우 한 번쯤은 이런 생각을 해본 적이 있을 것이다. 실제 상담을 하다 보면 장애를 갖고 있는 가족의 안전한 노후와 믿을만한 후견인 지정 등을 고민하는 경우가 대부분을 차지한다.

예전에는 사회적 편견과 인식의 부족으로 가족 중 누군가에게 장애가 있다는 것을 다른 사람들에게 노출하는 것을 극도로 꺼리는 경향이 강했지만, 다행히 최근 들어 장애인의 활동을 거들고 정부에 적극적인 정책 수정을 요구하는 등 장애인의 인권 신장에 대한 표현의 방식이 변하고 있음을 느낄 수 있다.

특히, 자녀가 장애를 가지고 있는 경우 장애인 관련 제도를 알아보다가 2019년 12월 31일 '상속세 및 증여세법'제52조 2이 개정되면서 장애인의 자산관리에 관심을 갖고 상담을 요청하는 경우가 점점 늘어나고 있다.

대부분 국민기초생활 수급권이나 장애인연금에 대해서는 많이 알고 있지만, 장애인신탁이나 보험금 비과세 부분은 잘 알지 못해 널리 활용되지 못하고 있다.

'상속세 및 증여세법'^{제52조2} 장애인 신탁의 경우 5억 한도로 증여세를 비과세하며, '상속세 및 증여세법'^{제46조8} 장애인을 보험금 수익자로 하는 보험의 경우 연간 4천만 원 한도 내에서 수령하는 보험금은 비과세를 적용하고 있다.

> 세제 혜택의 대상이 되는 장애인은 장애인복지법에 의한 장애인 또는 장애아동복지지원법에 따라 발달재활서비스를 받는 사람, 국가유공자 관련 법률에 따른 상이자뿐 아니라 항시 치료를 요하는 중증환자 등이다. 항시 치료를 요하는 중증환자란 지병에 의해 평상시 치료를 요하고 취학·취업이 곤란한 상태에 있는 사람으로 병원에서 장애인증명서를 발급받아 제출하면 된다.

그렇다면 일반 증여가 아닌 장애인신탁이나 보험금으로 세제 혜택을 주는 이유는 뭘까?

쉽게 말해 장애인들은 가족의 상속이 개시된다면 본인이 상속받은 재산을 지켜내기가 어려울 수 있고, 비장애인인 상속인들과 재산분할 협의가 결코 쉽지 않기 때문에 손해를 보는 경우가 많다.

그러므로 장애인의 경우 부모가 생전에 재산을 미리 배분해 신탁과 보험 등으로 강제성을 부여하여 증여하면 장애인의 재산도 지켜내고 자립도 도울 수 있기 때문에 세제혜택을 주는 것이다.

상증세법 시행령 제35조 【비과세되는 증여재산의 범위 등】

⑥ 법 제46조 제8호에서 "대통령령으로 정하는 보험의 보험금"이란 「소득세법 시행령」 제107조 제1항 각호의 어느 하나에 해당하는 자를 수익자로 한 보험의 보험금을 말한다. 이 경우 비과세되는 보험금은 연간 4천만 원을 한도로 한다.

단, 신탁이 종료되거나 해지된 경우 1개월 이내에 재신탁을 하지 않는 경우 증여세가 부과되는 점을 유의하여야 한다.

✦ 장애인신탁과 연금보험을 결합하면 얼마나 증여할 수 있을까?

장애인신탁으로 비과세가 가능한 금액인 5억 원과 매년 4,000만 원까지 수령하는 연금보험을 결합하면 생각보다 놀라운 일이 발생한다.

일반적으로 종신형 연금개시는 50세부터 신청이 가능하기 때문에 만약 85세까지 생존 시 35년, 즉 연간 4,000만 원씩 35년간 수령한다고 가정하면 14억 원을 증여할 수 있다는 계산이 나온다.

장애인신탁 5억 원은 사망 시까지의 주거용 주택을 신탁하는 부동산신탁을 체결하고, 나머지 현금자산은 생활비 목적으로 사용토록 연금보험에 예치하여 사용토록 하면 19억까지는 증여세 없이 증여해 줄 수 있다.

특히, 상증세법 제13조 제3항에 따라 장애인 보험금, 신탁증여 시 비과세된 증여재산은 증여 후 10년 이내에 증여자가 사망한 경우에도 상속세 과세가액에 합산되지 않아 상당한 절세가 가능하다.

2022.12.31 법, 2023.02.28 시행령, 2023.03.20 시행규칙을 반영.

□ 증여세
　□ 증여세 과세가액 불산입
　　□ 장애인이 증여받은 재산의 증여세 과세가액 불산입
상속세 합산과세 제외
　②

상속세및증여세법 제52조의 2 제1항에 따라 장애인이 증여받은 재산으로서 증여세 과세가액 불산입된 재산의 가액은 해당 증여 후 10년 이내에 증여자가 사망한 경우에도 상속세 과세가액에 산입하지 아니한다(상증법 §13 ③).

　　　　　증여는 Smart하게 상속은 아름답게

09

자녀에게 증여세를 덜 내면서 증여해 주는 정기금증여

✦ 일시금보다 증여와 상속세에서 유리한 정기금증여

증여는 일시금으로 할 수도 있지만 일정한 금액을 정기적으로 증여할 수도 있다. 자녀 명의로 적금을 들어주는 경우가 대표적인 예인데, 이런 방식의 증여를 정기금증여라고 한다.

증여신고를 하지 않고 적금을 들어주는 건 정기금증여가 아닌 무신고 증여다.

한 번에 목돈으로 증여를 할 수 없는 일반인들에게 주로 권유하기도 하지만 최근 자산가들도 많이 사용하는 절세전략이 되었다.

> 제62조(정기금을 받을 권리의 평가)
> 법 제65조제1항에 따른 정기금을 받을 권리의 가액은 다음 각 호의 어느 하나에 따라 평가한 가액에 의한다. 다만, 평가기준일 현재 계약의 철회, 해지, 취소 등을 통해 받을 수 있는 일시금이 다음 각 호에 따라 평가한 가액보다 큰 경우에는 그 일시금의 가액에 의한다. 〈개정 2003.12.30, 2008.2.29, 2010.12.30, 2016.2.5, 2019.2.12., 2021.1.5〉

1. 유기정기금: 잔존기간에 각 연도에 받을 정기금액을 기준으로 다음 계산식에 따라 계산한 금액의 합계액. 다만, 1년분 정기금액의 20배를 초과할 수 없다.
2. 무기정기금: 1년분 정기금액의 20배에 상당하는 금액
3. 종신정기금: 정기금을 받을 권리가 있는 자의 「통계법」 제18조에 따라 통계청장이 승인하여 고시하는 통계표에 따른 성별·연령별 기대여명의 연수(소수점 이하는 버린다)까지의 기간 중 각 연도에 받을 정기금액을 기준으로 제1호의 계산식에 따라 계산한 금액의 합계액

현재 정기금 평가 방식에 적용되는 이자율은 연 3%다.

일반적으로 우리가 생각하는 이자가 아닌 미래의 화폐가치 하락을 반영한 할인율이라 생각하면 된다.

예를 들어 자녀의 명의로 적금이나 적립식 펀드를 개설하고 매월 50만 원을 10년간 자녀 계좌에 부모가 자동이체하기로 가정하는 경우 유기정기금으로 평가하고 이 할인율을 적용하여 계산한다. 매월 50만 원을 10년간 증여하는 총액은 6,000만 원이지만 정기금 계산 방식에 의한 증여재산 가액은 5,271만 원이다. 미성년자의 경우 매월 18만 원을 10년간 증여받으면 1,897만 원이다. 만약 유기정기금 평가를 안 한 경우 216만 원 × 10년 = 2,160만 원이 된다.

일시금증여 vs 정기금증여 비교표

구분	증여재산가액	증여공제액	과세표준	결정세액
일시금증여	6,000만 원	5,000만 원	1,000만 원	97만 원
월 50만 원 증여	5,271만 원		271만 원	27만 원

일시금증여	1억 2,000만 원	5,000만 원	7,000만 원	679만 원
월 100만 원 증여	1억 543만 원		5,543만 원	552만 원
일시금증여	1억 8,000만 원	5,000만 원	1억 3,000만 원	1,552만 원
월 150만 원 증여	1억 5,715만 원		1억 715만 원	1,108만 원
일시금증여	2억 4,000만 원	5,000만 원	1억 9,000만 원	2,716만 원
월 200만 원 증여	2억 1,087만 원		1억 6,087만 원	2,150만 원
일시금증여	6억	5,000만 원	5억 5,000만 원	1억 185만 원
월 500만 원 증여	5억 2,717만 원		4억 7,717만 원	8,287만 원

　배우자에게 증여하는 경우 정기금증여를 활용하면 최대 6억 8,000만 원까지 증여세 없이 증여가 가능하다. 이처럼 목돈이 없다면 매월 조금씩 분산해서 증여하는 것이 매우 유리한 것을 알 수 있다.

✦ 노후준비와 상속·증여세 절세까지 가능하다.

　정기금증여는 본인과 자녀 세대의 노후설계를 동시에 하면서 증여세나 상속세를 절세할 수 있는 방법이다.

　예를 들어 계약자는 부모님, 피보험자는 자녀, 수익자는 부모님으로 하는 종신형 연금보험에 10억 원을 가입 후 연금을 수령한다고 해보자. 이럴 경우 자녀의 나이 기준으로 피보험자가 생존하는 동안 연금 지급은 계속된다.

계약자: 부모님 / 피보험자: 자녀 / 수익자: 부모님 / 종신형 연금일시납 10억 원

증여세 과표
구간 제외

부모님이 매월 300만 원 연금수령   자녀가 매월 300만 원 연금수령

종신형 연금 개시   증여   85세

연금개시 이후 계약자와
수익자를 자녀로 변경

연금 지급 개시 후 수익자인 부모님이 수령하는 연금액은 계약자인 본인이 납입한 돈으로 연금을 수령하는 형태이기 때문에 당연히 납부해야 할 증여세가 없다. 단, 부모 본인이 연금을 수령하다가 사망하면 잔여 연금에 대해서는 상속세가 발생할 수 있다. 이때 상속재산 가액계산 또한 정기금 평가 방식에 따른다. 상속세 계산 시 종신지급형 즉시연금의 정기금 평가는 '최저보증기간'과 '피보험자의 잔여 기대수명'을 비교하여 결정한다.

> '최저보증기간'이 '피보험자의 잔여 기대수명'보다 길면 유기정기금 평가 방식으로 계산한다. 반대로 '최저보증기간'이 '피보험자의 잔여 기대수명'보다 짧으면 종신정기금 평가 방식으로 계산한다.

그러나 같은 정기금 평가 방식이라 하더라도 모든 재산이 합산되어 평가되는 상속보다 사전증여가 유리하다.

예를 들어 부모가 연금을 수령하지 않고 자녀에게 곧바로 증여를 하는 경우를 가정해 보자.

종신형 연금보험에 이미 납입된 10억 원의 자금은 3%의 할인율 적용 시 대략 7.7억 원으로 평가되어 증여재산 가액이 낮아지게 된다. 현금 10억 원을 증여했을 때보다 무려 6,700만 원의 증여세를 절세할 수 있다. 또한 만약 기대여명을 초과하여 생존연금을 수령한다 하더라도 유기정기금은 세법상 1년 정기금3,600만 원의 20배를 초과하여 과세하지 못하므로 자녀가 평균여명 이상 생존하는 경우 그 효과는 더욱 늘어난다.

이처럼 종신형 연금보험을 활용하면 연금보험의 정기금 평가로 세액을 절약할 수 있을 뿐만 아니라 안정적으로 부의 이전을 할 수 있다.

계약자: 자녀/피보험자: 자녀/수익자: 자녀/종신형 연금 일시납 10억 원

증여 / 자녀가 매월 300만 원 연금수령 / 증여세 과표 구간 제외

종신형 연금 개시 / 85세

35년간 연금 수령액 매월 300만 원/연 3,600만 원 수령
첫 달 연금 수령 시 미래의 연금을 모두 수령한 것으로 간주하고 현재 돈의 가치가 하락되기에 3%의 할인율을 적용함.

$$\frac{3,600만 원}{(1+3\%)^1} + \frac{3,600만 원}{(1+3\%)^1} + \frac{3,600만 원}{(1+3\%)^1} + \cdots + \frac{3,600만 원}{(1+3\%)^n} = 773,539,300원 \quad 226,460,700원 감소$$

이때 증여세는 정기금 평가금액으로 신고

773,539,000 X 증여세율(30%) − 6,000만 원(누진공제) = 157,061,970원

1,000,000,000 X 증여세율(30%) − 6,000만 원(누진공제) = 225,000,000원

67,938,030 절세

만약 기대여명을 초과하여 생존연금을 수령한다 하더라도 유기정기금은 세법상 1년 정지금(3,600만 원)의 20배를 초과하여 과세하지 못하므로 장기 생존할수록 유리함

단, 주의할 부분은 모든 연금보험이 정기금 평가에 따른 절세효과가 있는 것은 아니라는 점이다. 연금의 수령 방법은 다양한 형태로 나타날 수 있는데 그중 원금과 이자를 평생 나누어 받으며, 중도해지가 불가능한 종신형 연금에 대해서만 정기금 평가를 허용하고 있다.

또한 연금 개시 10년 이후^{비상속인 5년} 상속 발생 시 상속재산에서 합산 배제되고 10년 이내에 발생된다 하더라도 정기금 평가를 통한 상속세 감소효과를 볼 수 있다.

아직도 은행에 10억을 예치해 두고 매월 노후생활에 필요한 자금으로 활용하고 있는 부모님이 계신다면 종신형 연금을 활용하는 것을 적극 추천한다.

증여는 Smart하게 상속은 아름답게

10

부모와 자식 간 아파트 맞교환, 차액 3억 이하면 증여세 '0원?'

✦ 조금이라도 내 자녀의 부담을 줄여주고 싶은 부모의 마음

사람의 생애주기별로 주택에 대한 수요는 달라진다.

이제 막 독립을 한 20~30대는 직장과 인접한 지역을, 40~60대는 자녀의 교육에 적합한 지역을 선택하고자 한다. 은퇴를 하는 60대 이후에는 번잡한 도시를 떠나 여유 있는 삶을 살아가고자 전원주택으로의 이주를 꿈꾼다.

최근 몇 년간 집값이 급등하면서 자녀에게 집을 증여하는 사례가 많다. 이때 고액의 증여세를 무는 경우가 많아 부담이 크다. 하지만 자녀에게도 집이 한 채 있다면 세금 부담은 크게 줄어든다. 상속세 및 증여세법 제31조에 따르면 가족 간 집을 교환할 때 차액의 3억 원, 혹은 시가의 30% 중 적은 금액은 증여세 과세 대상에서 제외하기 때문이다.

특수관계인으로부터 저가 양수		
구분	과세요건	증여재산가액
저가양수	(시가 – 대가)≥ 시가의 30% 또는 3억 원	(시가 – 대가)–Min[시가의 30%, 3억 원]

물론 국세청에서는 이를 달갑게 보지 않는다. 가족 간의 주택 저가 교환은 정상적인 거래로 보지 않아 증여로 추정한다. 그러나 정상적인 거래방식을 거치고 실질적인 대가를 지급한다면 인정받을 수 있다.

이에 '가족 간 주택 저가 교환'이 새로운 대안으로 떠오르고 있다. 은퇴한 부모가 자력으로 도심의 부동산을 취득하기 어려운 30~40대의 자녀에게 비교적 저렴하게 물려줄 수 있는 것이 장점이다.

도심에 있는 시가 12억 원 상당의 아파트에 거주 중인 부모가 자녀가 거주하고 있는 수도권에 있는 시가 7억 5,000만 원 아파트랑 '가족 간 주택 저가 교환'을 한다고 가정하자.

만약 부모가 보유한 아파트를 자녀에게 일반 증여했다면, 자녀는 증여세로 2억 5,000만 원을 내야 했었다.

그러나 위 사례와 같이 12억 원 아파트와 7억 5,000만 원 아파트 소유권을 맞바꾸면 이 차액인 4억 5,000만 원이 증여재산에 해당하나, 현행 세법상 시가의 30%를 기준으로 최대 3억 원까지는 저가로 양도해도 정상적인 거래로 간주해 증여세를 부과하지 않는다.

따라서, 위 사례의 경우 차액 4억 5,000만 원 중 3억 원이 빠져 실제 증여세 과세액은 1억 5,000만 원이 된다.

증여세 과세가액 1억 5,000만 원에 직계존속 증여공제 5,000만 원을 적용하면 자녀가 부담해야 하는 증여세는 대략 970만 원이다.

만약, 해당 자녀에게 결혼·출산 증여공제 1억 원까지 동시 적용된다면 결국 증여세 과세액은 0원이 되기 때문에 증여세를 내지 않아도 된다.

물론 양도소득세와 취득세는 부모와 자녀 모두 각각 내야 하기 때문에 이 점을 염두에 둬야 하지만 각각 1가구 1주택자로 2년 이상 거주해 비과세 요건을 채웠다면 양도가액도 모두 12억 원 이하라 양도세는 내지 않는다.

증여는 Smart하게 상속은 아름답게

그러나 가족 간 거래는 '부당행위계산 부인'이 적용될 수 있어 주의가 필요하다. 사실, 가족이 아니라면 3억이나 손해를 보면서 부동산 거래를 할 이유가 없다.

부당행위계산 부인이란 세금을 부당하게 적게 내기 위한 특수관계인 간 거래에 대해선 국세청이 이를 인정하지 않는 것을 말한다.

그러므로 집을 맞바꿀 때는 현재 주택의 가치가 얼마인지 제대로 따져보는 것도 중요하다.

앞선 사례로 보면 부모는 12억 원의 집을 7억 5,000만 원에 받고 매각했으니 양도세가 매겨지는 액수도 7억 5,000만 원이라고 생각할 수 있으나, 부당행위계산 부인이 적용되면 양도세는 시가의 5%를 기준으로 3억 원 내 금액에서 거래할 경우에만 인정해 주기 때문에 시가12억 원를 양도가액으로 판단해 세금을 매긴다. 그러나 시가 12억 원 이하인 주택을 맞교환하는 경우엔 부당행위계산 부인이 적용돼도 내야 할 양도세가 없어 상당한 절세효과를 누릴 수 있다.

특수관계인으로부터 저가 양수 시 양도소득세 과세문제		
구분	양도가액	증여재산가액
저가 양수	시가	(시가 - 대가) ≥ 시가의 5% 또는 3억 원

상황에 따라 대안으로 미리 감정평가를 받아놓는 것이 좋다. 현행 세법은 주변 매매가 등 유사 매매 사례가 있더라도 감정가를 우선 적용한다. 감정평가를 통해 시가 대비 주택값을 낮출 수 있다면 과세액을 줄일 수 있다. 모든 것이 데이터로 근거가 남는 세상, 철저한 근거를 바탕으로 슬기롭게 증여해야 한다.

국세청은 세금에 있어서 매우 진지하니까.

11
영끌이 아닌 부모찬스가 맞습니다

한국 부동산원에 따르면 2024년 1분기 아파트 전체 거래 건수는 18만 8,000여 건이다. 이중 증여는 1만 1,000건으로 전체 거래 중 5.85%의 비중을 차지하고 있다.

이 중 서울에 있는 아파트의 증여는 11.16%를 차지할 정도로 매우 높은 편이다.

증여를 제외하고 부모의 도움을 받아 아파트를 매수한 20~30대까지 감안하면 전체 비중은 더 높아질 것이다.

실제 20~30대 주택 구입자 중에 빚이 없거나 가족의 도움을 받아 아파트를 구입한 비중이 영끌족에 비해 몇 배나 더 많다는 연구조사 결과가 이를 뒷받침해 준다.

물론 직장생활을 하며 어렵게 내 집을 마련한 진짜 영끌족도 존재한다. 필자의 세대 또한 주택을 구입하던 당시 영끌족이었다. 그 당시 기준으로도 주택의 가격은 비쌌으며 최대한 대출을 받아서 아파트를 사야만 했다.

그러나 지금의 20~30대가 부모의 도움 없이 온전히 자력으로 아파트를 사기엔 부동산 가격의 상승폭이 필자의 때와 전혀 다르다.

대부분의 젊은 세대가 주택구입을 포기하는 이유는 목돈이 없기도 하지만 대출금을 감당할 수 있는 형편이 되지 않기 때문이다.

증여는 Smart하게 상속은 아름답게

그러므로 진짜 영끌족은 20~30대가 아닌 어느 정도 경제력을 갖춘 40~50대가 아닌가 하는 생각이 든다.

이유를 불문하고 영끌이든 부모 찬스든 중요한 것은 그 시시비비를 가리고자 함이 아니다. 부모로부터 증여를 받은 자녀 세대의 출발이 그렇지 못한 동 세대의 청년들과는 다르다는 것이 중요하다.

✦ 증여공제와 금전대차거래 활용 PLAN

부모의 도움을 받거나 소득과 자산이 충분하여 아파트를 구매할 수 있는 계층까지 영끌족이라 판단하기엔 다소 무리가 있지 않나 하는 생각이 든다.

앞서 증여공제부분을 설명했던 것을 참고해서 계산을 해보면 왜 영끌이 아닌 부모찬스인지를 쉽게 이해할 수 있다.

예를 들어 결혼을 앞둔 자녀가 수도권에 있는 7억 원짜리 아파트를 구입할 때 증여세 없이 증여할 때와 증여세 10%를 부담한다고 가정해보자.

만약 자녀에게 10년 이내에 사전 증여한 재산이 없었다면 혼인 및 출산공제 1억 원과 일반 증여공제 5,000만 원 그리고 배우자의 부모로부터 기타 친족공제를 1,000만 원 받을 수 있다.

이처럼 기본공제만 해도 자녀 인당 1억 6,000만 원을 증여받을 수 있고 부부로 합산하면 3억 2,000만 원이다.

증여공제를 활용한 주택자금 만들기(CASE.1)

이처럼 세금 없이 증여받은 3억 2,000만 원과 금전대차거래를 이용해 부모로부터 2억 원을 대여하면 총금액은 5억 2,000만 원이 된다. 나머지 부족한 1억 8,000만 원은 대부분 자녀명의의 대출을 받아 충당한다.

그러나 요즘처럼 고금리가 장기화되는 상황에서 대출이자를 갚아야 하는 자녀들의 부담은 상당할 수밖에 없다. 또한 부모로부터 대여한 2억 원에 대한 원금과 이자를 정기적으로 상환해야 증여세가 부과되는 것을 피할 수 있다.

현 금리 수준을 고려했을 때 2~3년 이후부터는 자녀가 부담해야 할 이자가 증여세를 초과하게 된다.

✦ 증여세를 내는 것이 대출이자를 내는 것보다 현명하다

가장 낮은 세율인 10%를 적용받으면서 최대한 증여할 수 있는 금액은 얼마일까?

일단 혼인·출산 공제 1억 원과 기본공제 5,000만 원 그리고 증여세 10% 구간에 해당하는 1억 원을 합쳐 자녀 1인당 2억 5,000만 원을 증여해 줄 수 있다. 이를 부부로 합산하면 5억 원이 된다.

여기에 며느리나 사위에게 각각 1억 1,000만 원씩 증여하면 총 7억

증여는 Smart하게 상속은 아름답게

2,000만 원을 증여해 줄 수 있다. 금전대차거래나 대출을 받지 않아도 7억 원의 주택을 구입하거나 전세자금으로 활용할 수 있게 되는 것이다.

이때 발생하는 증여세는 자녀 인당 1,940만 원이며 부부 합산 3,880만 원이다. 이는 CASE. 1에서 부족한 자금 1억 8,000만 원과 대여금 2억 원에 대한 이자 상당액의 2~3년치에 해당한다.

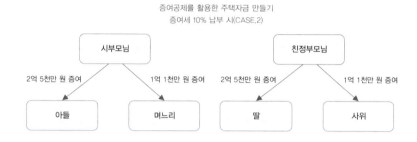

증여공제를 활용한 주택자금 만들기
증여세 10% 납부 시(CASE.2)

✦ 기타 친족인 양가 부모님, 증여공제는 불리하지만 분산 증여 시 매우 유리하다

시아버지와 시어머니는 기타 친족이기에 증여공제는 1,000만 원까지만 적용된다. 그러나 기타 친족의 증여재산은 합산되지 않는 맹점이 있다. 예를 들어 자녀의 경우 부와 모 양쪽에서 받은 증여재산은 합산되지만 며느리와 사위는 합산되지 않는다.

만약 시아버지와 시어머니가 각각 증여한다면 며느리는 증여공제 1,000만 원을 포함한 2억 1,000만 원을 10%의 증여세만 부담하면 된다. 사위에게 같은 방법으로 증여할 때도 마찬가지다.

이를 활용할 경우 이론상 총 9억 2,000만 원의 자금을 증여세 10% 구간에서 증여해 줄 수 있다. 이때 발생되는 증여세는 자녀 인당 2,820만 원이며 부부 합산 5,640만 원이다.

만약 9억 2,000만 원을 자녀 1인이 받았을 때 증여세는 1억 6,581만 원이다. 이처럼 각종 증여공제와 분산 증여를 활용함으로써 아껴진 증여세는 1억 941만 원이나 된다.

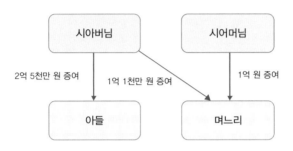

기타친족 증여공제를 활용한 주택자금 만들기
증여세 10% 납부 시(CASE.3)

자산가들 사이에 결혼은 최고의 절세이벤트라는 말이 나올 수밖에 없는 이유다.

이처럼 자산가들은 증여를 통해 자녀 세대의 부를 축적할 수 있도록 도와준다.

✦ 가족의 도움이 없으면 집을 살 수 없는 자녀들

안타깝게도 위의 세 가지 CASE는 부모가 재력을 갖추고 있는 경우에만 활용이 가능하다.

우리 주변에는 현실적으로 접근하기 어려울 정도로 폭등한 주택가격과 대출이자를 감당하지 못해 수도권 외곽으로 밀려나거나 결혼을 포기하는 청년들이 대부분이다.

증여는 Smart하게 상속은 아름답게

대출이나 임대주택을 지원한다면서 "청년들이 집을 소유하는 것이 아닌 임대하는 것에 대한 사고방식을 바꿔야 한다."라는 일부 공무원들과 13평짜리 집에 가서 '애 둘 낳고 살면 딱이겠다'라고 하는 정치인들의 언행은 그들의 인식 수준이 어떠한지를 적나라하게 보여준다.

아직도 문제가 무엇인지를 모르는 정부의 정책은 대부분 일정 규모 이상 직장에 다니는 '정규직 기혼자'들에 초점을 맞추고 있어, 청년들은 실질적으로 혜택을 체감하기 더욱 어렵다.

신혼부부 주택 특별공급 비중 확대 등에 대해서는 '임신부터 하고 결혼을 하라는 건가'라는 생각마저 들게 한다.

이미 대한민국의 청년들은 내 집을 장만하고 싶어도 너무 빨리 올라가는 부동산 가격에 내집마련 꿈을 접은 지 오래다. 결국 가난이 대물림되고 있는 것이다.

이처럼 부모의 재력이 중요한 시대에서 우리의 자녀 세대가 앞으로 어떻게 살아남아야 할지 우리 모두가 더 많은 고민을 해야 한다. 증여할 재산과 돈이 없다 하여 증여 자체를 포기할 것이 아니라 무엇을 언제 어떻게 줄 것인지에 대한 계획을 세우고 실천하는 것.

그것만이 정답이다. 그리고 판단은 당신의 몫이다.

12
증여재산 반환 시
또다시 증여세가 발생될까?

　증여를 취소하는 경우는 가족 간의 불화 등의 여러 가지 이유도 있지만 증여한 재산의 가치 하락으로 인해 신고기한 이내에 증여를 취소하고 재증여를 하면 절세가 가능하기 때문에 선택하는 경우도 많다.

　그러나 증여한 재산과 신고한 기간에 따라 증여세 재부과 방식이 다르므로 유의하여야 한다.

　증여받은 재산을 증여세 신고기한_{증여받은 날이 속하는 달의 말일부터 3개월} 이내에 반환하는 경우에는 처음부터 증여가 없었던 것으로 간주하여 당초 증여와 반환증여 모두 과세하지 않는다.

　다만, 반환 전에 과세표준과 세액을 결정받은 경우에는 증여세가 발생된다.

　또한, 증여세 신고기한이 경과한 이후 3개월 이내에 반환하는 경우에는 증여세는 과세하고 반환증여는 과세하지 않으나, 증여신고기한이 경과한 이후 3개월이 지났다면 당초의 증여세와 반환증여세가 부과될 수 있다.

　특히, 증여재산이 금전인 경우에는 신고기한에 상관없이 당초 증여세와 반환증여세가 모두 과세된다.

그러므로 증여재산에 대해서 반환 가능성이 있다면 증여를 하지 않거나 증여 시점을 뒤로 미루는 방법도 좋지만 애초에 반환 가능성을 열어두고 금전보다는 특정할 수 있는 다른 자산을 증여하는 것이 바람직하다.

Chapter 2

국세청의 창 vs 납세자의 방패

실질과세원칙 VS 엄격해석원칙

✦ 국세청의 창 실질과세원칙
 vs 납세자의 방패 엄격해석원칙

나날이 진화하는 국세청의 과세 시스템과 더불어 진화하는 것, 그것이 바로 절세전략이다.

매년 7월은 세법개정이 발표됨에 따라 수많은 택스어드바이저 또는 컨설턴트들의 속내도 복잡해지는 시기이다.

대부분의 사람들은 매년 세법이 개정된다는 것을 새로운 규정이 만들어지는 것으로 잘못 알고 있는 경우가 많다. 물론 새로운 조항이 신설되기도 한다. 그러나 대부분의 개정안은 기존 세법의 허점을 보완하고 조세정의를 실현하는 데 중점을 두고 있다.

과거에는 단순하게 납세신고 대행을 하고 세무조사를 방어하는 역할에 머물러 있던 세무컨설턴트들은 시간이 지나면서 세법의 허술한 점을 파고들어 공격적인 절세컨설팅Aggressive tax planning과 이슈마케팅을 통한 적극적인 포지션을 취하고 있다. 금융회사에 입사하여 이익소각, 경정청구, 자사주 취득 등을 주 무기로 삼아 적극적인 영업활동을 하는 세무 및 회계 대리인의 숫자가 늘고 있는 것만 보아도 이러한 상황을 쉽게 엿볼 수 있다.

그러나 컨설팅 계약만을 우선시하는 몇몇의 그릇된 컨설턴트들로 인해 국세청과 금감원의 주의보가 발령되고 특별기획세무조사를 시행한다는 것은 그만큼 그릇된 정보로 납세자를 현혹시키고 사후관리를 등한시하는 등의 모습이 우리 주변에 만연하다는 방증이 아닐까?

필자는 세무대리인이 아니지만 세법의 세계는 정말 방대하고 그 깊이는 끝을 모른다는 것에 절대적인 동의를 한다. 세법을 포함한 모든 법은 아무리 연구하고 실무에서 경험한다 하더라도 생물과도 같고 무형이면서도 그 형태의 변화는 각 케이스마다 달라지며 그 가능성에 대한 한계가 없다는 걸 잘 알고 있다.

그러나 단순히 세법의 문구 그 자체를 해석한 지식을 마치 전부로 이해한 일부 컨설턴트들은 당장의 이익에 급급해 해당 플랜이 모든 것을 해결할 수 있는 만병통치약처럼 제안하고 있다.

예를 들어 몇 년 전 한남동 소재 고급주택을 신탁과 법인 등을 활용하면 주택 수에서 배제된다는 것을 알게 된 컨설턴트들로 인해 이슈가 된 사건이 있다. 그리고 불균등 감자를 활용한 경영권 승계도 세법행정실무의 허점을 교묘하게 파고든 대표적인 사례로 과세의 위험성을 크게 가지고 있다. 그러나 인터넷만 검색해도 나오는 이러한 정보를 과세관청에서 모를 거라 생각하면 큰 오산이다. 우리나라 세법은 실질과세의 원칙, 신의성실의 원칙, 근거과세의 원칙, 조세감면의 사후관리 등 4가지 기본원칙을 가지고 있기 때문이다.

이 중 실질과세원칙이 왜 국세청의 창이라고 표현할까?

나와 또 다른 누군가가 바라보는 시각에 따라 같은 사물도 달라지는 것, 그것이 바로 세법이라 생각하면 이해가 쉽다. 가령 필자의 지갑에 10만 원이 있다고 가정하자. 필자는 현금이 여유가 있어 다행이라고 생

증여는 Smart하게 상속은 아름답게

각하지만 다른 누군가는 '그것밖에 없네?'라고 생각할 수 있다. 우리는 그 차이를 주목해야 한다. 바라보는 시각에 따라 같은 사물이라 하더라도 다른 견해가 반드시 존재한다. 쉽게 말해 아무리 세법상 하자가 없더라도 이것이 세금을 회피하는 목적이 분명하다면 과세를 하겠다는 것이 과세관청의 의지이다.

✦ 실질과세원칙

실질과세원칙이란 세금을 부과함에 있어서 실질과 형식이 다른 경우 그 실질에 따라서 세금을 부과해야 한다는 뜻이다. 이 실질과세의 원칙은 세금을 부과할 때 제일 중요한 개념으로 실질을 판단하는데 사람의 주관이 개입되지 않은 객관적인 사실을 파악하여 부과해야 하지만 세금 부과 현장에서 실질을 판단하는 데 현실적으로 어려움이 많다.

또한 실질과세원칙은 법적 형식이 아닌 경제적 실질에 따라 과세 여부를 판단하게 한 규정이다. 이로 인해 납세자의 재산권을 부당하게 침해할 소지가 많고 널리 적용될 경우 과세관청의 재량에 따라 세금부과의 범위가 제한되지 않아 납세자들을 보호하기 위해서라도 조세법률주의의 기본원리가 침해되지 않은 범위에서 허용되는 것이 타당하다.

그러나 실질과세의 원칙에 따라 세금을 부과하는 것이 쉽지 않고 세금을 부과하더라도 그 세금부과에 대하여 조세법률주의를 주장하는 납세자의 조세불복도 상당히 많은 게 현실이다.

실질과세의 원칙은 크게 소득귀속자에 따른 실질과세와 거래내용에 따른 실질과세, 우회거래에 대한 실질과세 이 3가지로 규정한다.

▎소득귀속자에 따른 실질과세원칙

세금부과의 대상이 되는 소득 · 수익 · 재산 · 행위 또는 거래의 귀속이 명의일 뿐이고 사실상 귀속_{소유자}되는 자가 따로 있을 때는 경제적 실질에 의하여 사실상 귀속되는 자를 납세의무자로 하여 세법을 적용하는 원칙이다.

예를 들어 재산의 수익을 자녀 및 타인에게 분산하고 그 수익을 별도로 취하면서 이에 따른 종합소득, 증여세 등의 세금을 회피하고자 하는 행위를 말한다.

▎거래내용에 따른 실질과세원칙

세법 중 과세표준의 계산에 관한 규정은 소득 · 수익 · 재산 · 행위 또는 거래의 명칭이나 형식과 관계 없이 그 실질내용에 따라 적용한다.

예를 들어 부모와 자녀 간 또는 형제간의 부동산 매매계약에 의하여 거래 계약을 하고 등기하였더라도 그 실질 내용이 증여이면 증여로 보아 증여세를 과세하는 것이다.

▎우회거래에 대한 실질과세원칙

제3자를 통한 간접적인 방법이나 둘 이상의 행위 또는 거래를 거치는 방법으로 국세기본법 또는 세법의 혜택을 부당하게 받기 위한 것으로 인정되는 경우에는 그 경제적 실질 내용에 따라 당사자가 직접 거래한 것으로 보거나 연속된 하나의 행위 또는 거래를 한 것으로 보아 국세기본법 또는 세법을 적용한다.

예를 들어 법인 대표가 증여공제를 활용하여 배우자에게 비상장주식

증여는 Smart하게 상속은 아름답게

을 증여하고 그 증여가액으로 양도하도록 함으로써 양도세를 회피하는 행위를 연속된 하나의 행위로 판단하고 세금을 부과하는 추세이다.

물론 실질과세원칙을 내세우는 과세관청에 대항하여 엄격해석원칙을 방패로 삼아 조세불복을 하는 납세자도 증가하고 있다.

✦ 엄격해석원칙 조세법률주의

'조세법률주의'란 조세의 부과와 징수는 법률에 의하여야 하며, 조세법의 적용에 있어서도 과세관청의 자의를 배제하고 법에 따라 엄격하게 해석하여야 한다는 원칙이다.

쉽게 말해 이 원칙이 말하고자 하는 것은 결국 조세법 규정은 "가능한 한" 문언에 따라 해석해야 한다는 의미로 풀이된다.

이러한 조세법률주의는 국가가 실질과세원칙의 확대적용으로 인한 납세자국민의 재산권을 부당하게 침해하는 것을 방지할 수 있는 중요한 개념이지만 현실에선 실질과세원칙과 조세법률주의 두 가지의 원칙을 같이 적용한 세금부과방식은 지켜지지 않고 있다.

과세관청의 세금부과 시 실질과세원칙을 적용하는 것은 세금탈루를 막기 위한 원칙인 것은 어느 정도 공감하나 반드시 조세법률주의가 준수되어야만 법적안정성이 보장되어 납세자의 재산권이 보호받을 수 있을 것이다.

물론 국세기본법상의 실질과세원칙은 국세부과원칙 중 가장 중요한 개념인 것은 저자도 인정한다. 이는 '소득 있는 곳에 세금 있다'는 조세정의를 세울 수 있는 개념이기 때문이다.

그러나 여전히 가족 또는 타인의 명의로 사업자등록을 하거나 유령근무를 하고 등기 또는 등록을 통하여 본인의 소득을 부당하게 분산하여 조세와 사회적 의무를 회피하는 사람들이 아직도 많이 있다. 개인적으로는 정상적인 사회에서는 이러한 사람들이 사회적으로 대우받고 살 수 없는 환경을 만들어 가야 한다고 생각한다.

조세정의는 반드시 선량하고 성실한 납세자가 아닌 탈세목적과 사회적 책임을 회피하려는 사람들에게 실현되어야 그 진정한 취지에 진정 부합할 것이다.

　　　　　　　　　　　증여는 Smart하게 상속은 아름답게

AI와 빅데이터로 진화하는
국세청의 검증 시스템 NTIS

✦ 세무조사는 새로운 사실에서 나오는 것이 아니라
반복되는 것으로부터 나온다

우리 모두 AI에 생소하던 2020년, 이미 그 시절의 국세청은 과학적이고 효율적인 세정을 구현하고자 기계학습, 즉 AI 기술을 접목한 빅데이터센터를 출범했다.

그로부터 불과 5년여의 시간이 지난 오늘날의 국세청은 2025년에 착수하는 법인 세무조사의 50%를 AI로 선정하겠다고 발표했다. 그동안 수많은 사례와 빅데이터가 축적된 세무조사 실적을 정형화하여 AI에게 학습토록 하여 탈세 위험 예측 모델을 만들었다고 한다. 당장은 법인만을 대상으로 한다지만 곧 개인에게로, 그리고 사업소득 이외 다른 소득으로 확대하지 말라는 법은 없다.

과거에는 과세당국이 신용카드와 현금영수증 등의 소득공제 효과를 장려하며 이 데이터를 근거로 지출 분석은 할 수 있었으나, 소득의 경우 수입금액을 누락하는 등 원천적으로 탈세를 막을 방법이 없었다.

점점 탈세와 조세회피의 수단이 지능화되면서, 세법개정만으로는 탈세 행위를 적발하는 데 한계를 드러낼 수밖에 없었던 국세청은 보다 적극적으로 대응하기 위해 금융정보분석원FIU 등과의 정보공유를 통해 자금출처 조사를 진행함으로써, 탈세를 원천 봉쇄하고자 하는 노력을 기울여 왔다. 이러한 노력으로 결국, 빅데이터를 활용한 시스템을 구축할 수 있었으며, 각계각층의 전문가들을 영입하는 등 지속적인 인적·물적 시스템의 업그레이드를 진행하고 있다.

이처럼 국세청의 세무조사 시스템은 AI와 빅데이터를 기반으로 점점 정밀해지고 있다.

✦ 국세청이 운영하는 다양한 빅데이터 시스템

▮ 국세데이터 허브(Korea Tax Data Hub)

국세청의 모든 세무 데이터를 중앙집중식으로 관리하고, 분석 및 공유하는 시스템이다.

▮ 세무 정보 통합 시스템 (Tax Information Integration System)

세무 정보를 통합하여 신속하고 정확한 정보 제공을 목표로 한다.

▮ 세무 데이터 분석 시스템 (Tax Data Analysis System)

세무 데이터를 분석하여 세무 정책 수립 및 실행에 활용된다.

이 외에도 국세청은 다양한 빅데이터 기술을 활용하여 세무 관리와 조사를 효율적으로 수행하고 있다.

특히 국세통합전산망은 1997년 도입 이후 국세청 홈택스 서비스로 연말정산을 지원하고 이를 근거로 월급이나 이자, 배당 등의 개인 소득원천과 부동산, 주식규모 등의 취득 및 변동사항을 한눈에 파악하고 예금

증여는 Smart하게 상속은 아름답게

규모까지 간접적으로 추정할 수 있는 시스템이다.

기존의 시스템을 2010년 1월부터 5년 6개월간 2,300억 원 이상을 투입하여 획기적으로 업그레이드한 것이 바로 NTIS_{차세대국세행정시스템}다.

국세청은 AI 국세상담을 모든 주요 세목으로 확대하고, 지능형 홈택스를 구현하는 한편, 객관성과 신뢰도 높은 AI · 빅데이터 기반 탈세적발시스템을 도입해 올해 정기조사 대상 선정부터 즉시 활용하겠다고 발표한 바 있다.

국세청은 2024년부터 2년간 300억 원이 투입하여 AI 홈택스 고도화 사업을 추진하고 있다.

지난 5월 국세청은 종합소득세 신고기간 동안 정부기관 최초로 AI음성인식 기술을 활용한 'AI국세상담'서비스를 제공하였다. 이를 위해 2백만 건이 넘는 과거 상담 자료와 방대한 세법 및 예규, 판례를 AI 상담사에게 학습시켰다. 한 달간 진행된 AI국세상담을 성공적으로 마무리한 국세청은 이를 기반으로 'AI업무혁신' TF팀을 신설하여 종합소득세 상담뿐만 아니라 납세자 문의가 많은 연말정산, 부가가치세 등 주요 세금 이슈로 확대하고 있다.

AI를 활용한 빅데이터를 통해 고액체납자의 생활패턴을 분석하여 실거주지의 추정장소를 파악하고 탐문 · 잠복 · 압수수색을 하는 등 징수 환경에도 엄청난 변화와 성과가 나타나고 있다. 그렇다면 국세청에서 이리도 심혈을 기울이고 있는 인적 · 물적 시스템은 어떻게 구성되고 있을까?

✦ 인적시스템 다양한 전문가 영입 및 육성

일반적으로 국세청 직원이라 하면 세무 공무원들만 떠올리는데, 실제로는 정말 다양한 전문가들로 구성되어 있다.

2018년 국세행정 운영방안에 따르면 지능적 탈세·체납에 대응하기 위해 전문가 인력의 체계적 양성을 꾸준히 진행해 왔음을 알 수 있다.

□ 지능적 탈세·체납 대응을 위한 최정예 인력의 체계적 양성

ㅇ (핵심 조사인력 양성) 국제거래·자본거래·범칙조사 등 분야별 특화된 정예 조사인력을 집중 육성

   - 첨단탈세 대응을 위해 포렌식(Forensic) 전문인력*을 집중 육성하고, 중장기적으로 조사팀에 변호사, 수사전문가 배치 등 전문역량 강화

* 이전가격 전담 포렌식 지원팀 신설, ERP 분석기법 고도화 등을 통한 포렌식 역량 강화

ㅇ (징수전문가 양성) 지방청 재산추적팀의 효율적 운영, 세무서 체납전담팀 확대(개인→ 재산·법인 포함) 등을 통해 징수전문가 육성

   - 체납징수기법 교육 강화 및 징수분야 전문보직제도 시행 검토

ㅇ (송무역량 강화) 국제거래 소송전담팀 신설, 변호사 채용 확대, 소송기법·노하우 공유 활성화 등을 통해 소송대응역량 제고

출처: 국세청 2018년 국세행정운영방안

2018년부터 국세청은 이와 같은 전문인력을 적극 충원하고, 분야별 분석팀을 설치하여 체계적인 분석모델을 구축해 나가고 있다.

또한, 지능기술, 국세트렌드, 센터운영 등에 필요한 외부 전문가로 구성된 자문단을 운영하고 있으며3개분과 32명 이를 바탕으로 지능적인 탈세

증여는 Smart하게 상속은 아름답게

행위를 근절하고자 노력하고 있다.

✦ 물적시스템PCI시스템 그리고 FIU

국세청에서 사용하고 있는 검증시스템 중 대표적인 두 시스템이 존재하는데, 바로 **PCI**와 **FIU**이다.

2018년도부터 국세청은 소득, 지출, 재산보유현황 등 우리나라 국민들의 모든 빅데이터를 지능적으로 분석하여 모든 세정에 활용할 수 있도록 정보화전략계획ISP 수립 및 업무 재설계BPR를 실시하고, 2019년도에 빅데이터 센터를 본격적으로 출범시켰다.

NTIS를 기반으로 개인·법인·재산·조사 등 분야별 분석팀을 설치하여 체계적인 분석을 실시하고, 이를 토대로 AI·빅데이터 분석기법 등 첨단기술을 실제 업무에 구현·활용토록 함으로써 고도화된 과학화 시스템을 갖추게 된 것이다.

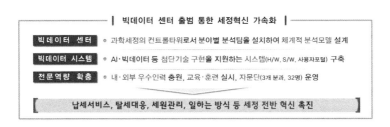

출처: 국세청 2019년 국세행정운영방안

국세청 빅데이터 센터 탈세적발프로그램 개발내용(법인)

■ 매출누락, 가공경비 탈세적발 관련

가공인건비, 가공외주비, 접대비 등 허위비용분석	법인카드 사적사용적발	기업소송자료 수집을 통한 개인 소송비용 업무무관비용 분석
업무용승용차 사적사용 분석 검증 분석시스템	관계기관 자료수집을 통한 손금불산입 공과금 적발	기업회계 부적정의견 기업 감사결과 자동분석을 통한 탈루 적발
대표자 가지급금 인정이자 분석	특허권 등 무형자산 양도 탈루 분석	차명계좌 금융거래 자동분석
재무제표분석을 통한 탈루세금 분석	업종별, 매출액별 탈루혐의분석 비정기 조사대상자 선정 지원 시스템	
미술품, 골동품 취득자거래 데이터 베이스 구축을 통한 탈루 적발	계열사간 중고유형자산 취득을 통한 부당투자세액공제 분석	법인상시근로자 수 파악

■ 특수관계인 거래를 통한 탈루 적발관련

상장법인 대주주 주식거래 분석	특수관계인간 양도, 감자 등 불공정자본거래분석	특수관계자간 비상장주식매매를 이용한 우회증여 분석
일감몰아주기 분석	법인세법상 특수관계인 데이터구축을 통한 탈루 분석시스템	특수관계자간 부동산 무(과소)신고 분석시스템

■ 역외탈세적발관련

외환수취액 분석 특수관계인 탈세적발	외환송금과 원천징수 유의성 분석	외환송금자료 해외수취자분석을 통한 역외탈세적발
해외투자 세원관리체계화	미신고해외현지법인을 이용한 탈루혐의 분석	이전가격 조회서비스

■ 부가가치세 탈루적발 관련

전자세금계산서 허위발급확인	의약품거래시 도관회사를 이용한 허위세금계산서 발행 분석	순환거래를 통한 허위세금계산 발행 분석시스템
화물차 GPS 데이터 수집을 통한 허위세금계산서 적발		

증여는 Smart하게 상속은 아름답게

여기에 한발 더 나아가 국세청은 과세 인프라 확충을 통한 세원관리의 체계를 발전시키기 위해 NTIS차세대국세행정시스템의 고도화를 추진하는 등 지속적인 추가 보완 및 업그레이드를 추진하고 있다.

3 과세인프라 확충을 통한 세원관리 체계 고도화

◆ 과세인프라를 다각도로 확충하여 상시적 세원관리 및 과세 취약영역에 대한 시스템적 대응을 강화하고, 신종 온라인 산업에 대해서도 선제적 세원관리 추진

□ 세원관리 인프라의 고도화

○ (외부자료 수집) 과세자료제출법 개정을 통해 과세자료를 신규 수집하고, 기존에 수집 중인 과세자료에 대해서도 수집 항목을 추가 보완

* (예) 특수관계인에 대한 부당이익 제공 처분자료, 요양급여 환수 대상 의료기관사무장 병원 등

○ (NTIS 기능 제고) 보다 효과적이고 적시성 있는 세원관리를 구현할 수 있도록 NTIS(차세대국세행정시스템) 기반의 분석 시스템 고도화 추진

* 자료상을 통한 가공 세금계산서 발급을 정밀 포착하는 '지능형 조기경보 시스템' 개발 등

- 「장애대응특별팀」 운영 재해복구시스템 지속 점검 등을 통해 IT 안정성 제고

□ 성실신고 유도를 위한 상시적 세원관리 강화

○ (신고내용 확인) 사전 성실신고 안내 대상자를 중심으로 안내자료 반영 및 신고 적정성 여부 등을 분석하고, 불성실신고 혐의에 대한 철저한 확인 실시

○ (사후관리) 공제·감면에 대하여 적정성 여부 및 후속의무의 이행여부 등을 빈틈없이 관리하고 공익법인의 세법상 의무불이행 점검도 강화

* 최저한세 초과 부당공제·감면, 종합부동산세 합산배제 및 이월결손금 공제 사후관리 등

출처: 국세청 2019년 국세행정운영방안

실제 국세청의 세정활동을 위한 인적·물적 시스템의 발전 속도는 우리가 알고 있는 것보다 훨씬 빠르고, 전문적으로 체계화 및 고도화되어 가고 있으므로, 향후 이를 기반으로 한 분석 및 결과 도출시스템을 통해 적발되는 경우 이를 반박할 근거를 제시하기 매우 어렵다.

그러므로 "나 하나 정도는 괜찮겠지" 하는 안일한 생각은 버리는 것이 현명하다.

국세청은 우리가 생각하는 것보다 더 빠르게 진화하고 있다.

03
'상속·증여세' 부동산 감정평가, 51억 원으로 1조 원을 벌겠다는 국세청의 섬뜩한 약속

✦ 대한민국 공무원 중 세무 공무원이
  제일 열심히 하는 것 같은 느낌은 뭘까?

국세청이 과세 형평성 차원에서 시행 중인 부동산 감정평가 사업이 더욱 가속화되고 있다.

올해 예산 51억 원을 추가 투입해 초고가 주택에 대한 시장가치를 보다 정확히 산출할 계획이다. 초고가 주택에 대한 과세 강화로 1조 원 이상의 세수 증대 효과를 노린다.

강민수 국세청장은 지난 1월 22일 오전 정부세종청사에서 열린 전국 세무관서장 회의에서 "올해부터는 상속·증여 때 초고가 아파트와 호화 단독주택을 비롯한 주거용 주택도 시가에 가까운 금액으로 평가하고 과세할 수 있게 됐다"고 이와 같은 계획을 발표했다.

51억 원의 예산으로 1조 원의 세수를 확보한다는 구상이다.

부동산 감정평가 사업은 상속·증여 대상 부동산의 가액 신고액이 국세청의 기준에 비해 시가보다 저평가됐다고 판단될 경우 감정평가를 의뢰해 가액을 산정하는 것을 말한다.

산정방법은 상속·증여 신고가 있는 부동산 가운데 감정평가 대상이 되는 부동산을 2개 감정평가법인에 평가를 의뢰하고, 그 결과에 대해 평가심의위원회 심의를 거쳐 시가로 인정한다.

이를 위해 올해부터는 신고가액이 추정 시가보다 5억 원 이상 낮거나 차액의 비율이 10% 이상이면 감정평가하도록 범위를 확대했다. 지금까지는 신고가액이 국세청이 산정한 추정 시가보다 10억 원 이상 낮거나, 차액의 비율이 10% 이상인 경우 감정평가 대상으로 선정하고 있었다.

또한 지금까지는 본청에서 취급하던 감정평가대상선정 업무를 지방청에서도 자체 선정할 수 있도록 하였고 부동산 감정평가사업과 관련하여 예산은 작년 대비 51억 원 증액된 96억 원이 그대로 확정되었다. 이와 더불어 감정평가 범위를 확대하기 위해 선정 기준도 낮출 예정이라고 발표했다.

국세청의 부동산에 대한 이러한 일련의 감정평가 업무는 현 세법의 범위 안에서 세수 일실을 막기 위한 대책일 것이다.

국세청 부동산 감정평가 사업은 납세자의 성실신고 유도와 함께 높은 세수입 유발 등 일거양득 효과가 이미 입증된 상태다.

국세청이 2024년 12월 국회 기획재정위원회에 보고한 업무현황에 따르면, 부동산 감정평가 사업 이후 납세자의 자발적 감정평가 신고율이 최근 4년간 한 자리 수에서 두 자릿수 이상으로 크게 증가한 것으로 나타났다.

납세자의 자발적 감정평가 신고비율이 2020년 9%에서 2021년 15.1%, 2022년 18.5%, 2023년 21.3%로 계속 늘어나고 있다며 불요불급한 업무는 축소, 폐지하고 직원 업무량을 고려한 인력 재배치를 통해 세정 수요에 맞게 납세현장을 보강하겠다고 밝혔다.

✦ 상속재산에 대한 감정평가를 집중해서 들여다보는 국세청

최근 성동세무서장이 141억짜리 부동산에 대해 332억으로 감정평가하여 상속세를 96.5억 추징97.8억 기납부**한 건에 대해 서울행정법원은 세무서의 손을 들어주었다.**

서울행정법원은 '감정가액으로 과세하는 것은 정당한 권한이며, 소급감정하여 시가로 과세하는 것은 이유 없는 차별이라고 볼 수 없다'고 보았다.

이처럼 상속세는 상속재산을 어떻게 평가하느냐에 따라 크게 달라진다.

상속세와 증여세는 시가 평가를 원칙으로 하는데 시가란, 상속개시일 전후 6개월 이내의 기간 및 매매, 감정, 수용, 경공매가 있는 경우에는 그 확인되는 가액을 포함한다.

그러나 평가기간에 해당하지 아니하는 기간으로서 상속개시일 전 2년 이내의 기간과 평가기간이 경과한 후부터 상속세 법정신고기한 후 9개월까지의 기간 중에 상속재산과 면적, 위치, 용도, 종목 및 기준시가가 동일하거나 유사한 다른 재산의 매매 등 가액이 있는 경우로 상속개시일과 매매계약일 등 시가적용 판단기준일까지 기간 중 주식발행회사의 경영상태, 시간의 경과 및 주위 환경의 변화 등을 고려하여 가격변동의

　　　　　　　증여는 Smart하게 상속은 아름답게

특별한 사정이 없다고 보아 납세자, 세무서장 등이 재산평가심의위원회에 해당 매매 등의 가액에 대한 시가 심의를 신청하는 때에는 위원회의 심의를 거쳐 인정된 해당 매매 등의 가액을 시가로 포함할 수 있다.

> **정부는 상속세 및 증여세법상 시가원칙을 토대로 지난 2019년 상속세 및 증여세법 시행령 제49조 제1항을 개정하여 국세청이 감정평가로 시가를 평가하여 상속세 및 증여세를 납부하도록 하였다.**

현재 국세청의 감정평가대상으로는 꼬마빌딩, 상가, 나대지에 한정하지 않고 겸용주택, 단독주택, 다가구주택 등에 대해서도 추징할 수 있는 근거법이 마련된 상태이다.

국세청은 2023년 7월 상속세 및 증여세법 사무처리규정을 개정함으로써 감정평가대상의 선정기준을 공개하여 자의적인 과세라는 비판을 잠재웠으며, 감정가액의 평가기준일을 납세자의 평가기준일과 일치시켜 과세하는 등 법원에서의 패소원인을 분석하여 계속 보완해 나가고 있으며 평가대상범위를 확대하고 있다.

상속세 및 증여세 사무처리규정 제72조(감정평가 대상 및 절차)

① 지방국세청장 또는 세무서장은 상속세 및 증여세가 부과되는 재산에 대해 시행령 제49조제1항에 따라 둘 이상의 감정기관에 의뢰하여 평가할 수 있다. 다만, 비주거용 부동산 감정평가 사업의 대상은 비주거용 부동산등(「소득세법」제94조제1항제4호다목에 해당하는 부동산과 다 보유법인이 보유한 부동산 포함)으로 한다.

② 지방국세청장 또는 세무서장은 다음 각 호의 사항을 고려하여 비주거용부동산 감정평가 대상을 선정할 수 있으며, 이 경우 대상 선정을 위해 5개 이상의 감정평가법인에 의뢰하여 추정시가(최고값과 최소값을 제외한 가액의 평균값)를 산정할 수 있다.

1. 추정시가와 법 제61조부터 제66조까지 방법에 의해 평가한 가액(이하 "보충적 평가액이라 한다")의 차이가 10억 원 이상인 경우

2. 추정시가와 보충적 평가액 차이의 비율이 10% 이상[(추정시가−보충적 평가액)/추정시가]인 경우

③ 지방국세청장 또는 세무서장은 제1항에 따라 감정평가를 실시하는 경우 「감정평가 실시에 따른 협조 안내(별지 제34호 서식)」를 작성하여 납세자에게 안내하고, 감정평가가 완료된 후에는 감정평가표(명세서 포함)를 납세자에게 송부하여야 한다. 다만, 납세자의 요청이 있는 경우 감정평가서 사본을 세무조사 결과 통지 시 함께 송부하여야 한다

④ 지방국세청장 또는 세무서장은 둘 이상의 감정기관에 의뢰하여 산정된 감정가액에 대하여 시행령 제49조제1항 단서에 따라 평가심의위원회에 시가 인정 심의를 신청하여야 하며, 시가 인정 심의에 관한 사항은 「평가심의위원회 운영규정」에 따른다.

⑤ 그 밖에 규정되지 않은 사항은 국세청장이 별도로 정하는 기준에 따른다.

증여는 Smart하게 상속은 아름답게

✦ 그렇다면 아파트나 공동주택 같은 주거용부동산에 대해서도 감정평가를 진행해야 할까?

아파트 등 공동주택의 경우 유사매매사례가액이 확인되면 이 가액으로 평가하게 되는데 위 사례처럼 주거용부동산도 감정평가를 받는다면 적법하다는 조세심판결정문이 나왔다.

상층, 조심-2022-서-2720, 2022.08.22, 기각, 진행중

겸용주택인 쟁점부동산에 대하여 과세관청이 감정평가한 가액을 「상속세 및 증여세법 시행령」 제49조 제1항 제1호 단서에 따라 증여재산가액으로 산정한 것이 신의성실의 원칙 등에 위배되는지 여부

감정평가 적용대상 부동산에 대하여는 제한을 두고 있지 아니하여 처분청이 쟁점부동산에 대하여 감정평가를 의뢰하여 동 가액의 평균액을 시가로 보아 과세한 처분이 달리 조세법률주의나 세무공무원의 재량의 한계를 넘었다고 보기 어려운 점, 국세청 보도자료(2020.1.31.) 등에는 비주거용 부동산 및 지상에 건축물이 없는 토지를 감정평가의 대상으로 한다고 되었을 뿐이고, 그 이외의 부동산에 대하여는 감정평가의 대상에서 제외한다고 명시적인 규정이 없어 과세관청의 공적인 의사표시가 있다고 보기 어려운 점 등에 비추어, 처분청이 쟁점부동산에 대하여 감정평가한 가액을 시가로 보아 이 건 증여세를 부과한 처분은 달리 잘못이 없는 것으로 판단됨

이처럼 법과 근거를 만들어 놓은 국세청은 부동산 감정평가 사업이 세수입 증대에 높은 실적을 보이자 '선택과 집중으로 국가제정 수입확보에 기여하겠다'며 세부담 형평성 제고와 성실신고 유도 효과가 큰 부동산 감정평가 사업의 대상과 범위를 확대 추진하겠다는 의지를 강하게 피력하고 있다.

국회예산정책처에 따르면, 국세청은 2020년 납세자가 신고한 부동산 가운데 113건의 감정평가를 실시했으며, 이 결과 113건의 당초 합계 신고가액은 7,710억 원에 불과했으나 감정평가를 거친 결과 68.1% 상승한 1조 2,959억 원에 달했다.

감정평가 사업으로 무려 5,000억 원가량의 상속재산가액이 늘어났다는 걸 알 수 있는 통계치다.

지난해 역대급 세수 결손에 이어 올해 상반기에만 전년 대비 10조 원 이상 세수부족분이 발생한 만큼 현 상황에서 세수입 조달 기관인 국세청은 공평과세와 세수입유발효과가 큰 부동산감정평가사업에 집중할 것으로 판단되므로 납세자들의 각별한 주의가 필요하다.

그나마 불행 중 다행인 건 납세자는 과세관청의 감정평가사업으로 인하여 과세가 이루어지는 경우 과소신고가산세와 납부지연가산세는 부과되지 않는다.

증여는 Smart하게 상속은 아름답게

04
AI와 결합된 신개념 PCI 시스템

✦ AI의 도입 이전에도 PCI는 이미 세계 최고 수준이었고
  우리 모르게 수출까지 하고 있었다

소득이 많은 사업가나 자영업자, 전문직 종사자들과 대화를 나누다
보면 놀랍게도 세무조사를 받게 된 이유 중 하나가 PCI System소득·지출
분석시스템 때문이라는 것조차 모른다. 2009년도에 도입된 이후 벌써 16
년이나 지났는데도 말이다.

원래 PCI는 고소득 자영업자나 사회적 문제 업종 자영업자들이 현금
거래나 제3자 명의를 통해 세금을 탈루하는 경우를 감지하기 위해 설
계되었다.

지출금액   소득신고금액   소명자료 제출요구

PCI가 개발되기 이전에는 국세청에 신고된 금액만을 중심으로 세금
탈루 여부를 검증해야 하는 등의 한계가 있었다. 특히 현금거래나 제3자
의 명의로 거래하는 방식에 대한 대응이 어려워 신용카드와 현금영수증

의 사용 확대, 고소득 자영업자 개별관리 등 세금 탈루 방지를 위한 여러 가지 방안을 각각 추진하면서 이로 인한 인적·물적 소모가 컸었다.

그러나 탈루한 소득 대부분이 결과적으로 부동산·주식 등의 재산취득이나 해외여행, 사치품 구입 등의 호화 소비지출로 나타나는 점에 착안하여, 국세청에서 보유하고 있는 신고 소득자료, 재산보유자료, 소비지출자료를 토대로 일정 기간 신고소득Income과 재산증가액Property 및 소비 지출액Consumption을 비교·분석하여 세금 탈루 혐의자를 전산으로 추출하는 PCI를 도입하면서, 효율적이고 체계적으로 지능적 탈세를 찾아낼 수 있게 된 것이다.

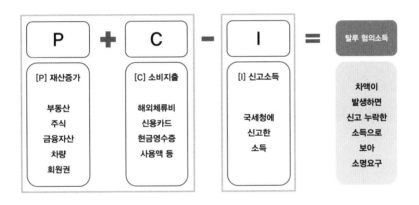

실제, 국세청은 PCI를 통해 우리의 거의 모든 소득과 지출에 대한 정보를 수집된 데이터를 근거로 활용하여 자금출처에 대한 소명을 요구하고 있다.

예를 들어, 소득이 없거나 적음에도 불구하고 고액의 부동산자산을 취득하거나, 소득 신고에 비해 재산 증가나 소비지출이 큰 사업자의 세무조사 대상자 선정, 그리고 근로장려금 환급대상 요건 검토·관리 및 부정 환급 혐의자 선정 시와 고액체납자의 은닉재산 파악 등 다양한 분

증여는 Smart하게 상속은 아름답게

야에서 활용되고 있다.

구분	내용
취약, 호황 업종 위주로 성실신고 유도의 단계적 추진	사회적으로 이슈가 되는 업종이나 고소득 자영업자 및 전문직 종사자 위주 관리, 점진적으로 모든 업종으로 확대 중
기업주가 법인자금을 사적으로 사용하였는지 여부 검증	회사자금을 임의로 활용하여 사적으로 사용하거나 편법으로 개인 재산을 증식하는 등 전반적인 탈세 검증
고액 자산 취득 시 자금 출처 관리 강화	소득이 없거나 어린 미성년자가 고액의 부동산을 취득하거나 채무 상환 시 자금 출처 관리
세무조사 대상자 선정 시 활용	신고소득에 비해 지출이 크거나 재산취득이 급격하게 늘어난 경우 세무조사 대상으로 선정
근로장려금 환급 대상자 및 고액 체납자 관리 업무	전반적인 근로장려금 관리 업무 및 부정환급자 선정 시 활용, 고액체납자의 은닉재산 파악에 활용

그러므로 이미 오래전부터 국세청의 PCI 시스템에는 우리의 모든 소득과 지출, 재산취득 및 처분에 관한 모든 내용이 기록되어 관리되고 있음을 이제라도 알았다면, 세무조사대상에 선정될 만한 행위 자체를 하지 않는 것이 좋다.

무신고 증여받은 재산이든, 사업소득을 누락한 재산이든 소비하거나 부동산을 취득하는 순간 국세청은 당신을 주시할 것이기 때문이다.

■ 소득세 사무처리규정 [별지 제4-5호 서식] <개정 2020.6.24.>

기 관 명
종합소득세 해명자료 제출 안내

문서번호 : 소득세과 –

○ 수신자   (상호)   대표자   귀하

평소 국세행정에 협조하여 주신데 대하여 감사드립니다.

귀하의 종합소득과 관련하여 아래와 같이 과세자료가 발생하여 알려드리니 이에 대한 해명자료를 20 . . .까지 제출하여 주시기 바라며, 해명자료를 제출기한까지 제출한 경우, 제출일로부터 30일 (기한연장 통지를 한 경우 그 기한연장일) 내에 그 검토결과를 통지합니다.

제출 기한까지 회신이 없거나 제출한 자료가 불충분할 때에는 과세자료의 내용대로 세금이 부과될 수 있음을 알려드립니다.

○ 과세자료 발생 경위

(보기) 이 자료는 국세청이 보유한 자료와 귀하의 종합소득세 신고 내용이 달라 발생한 자료입니다.

○ 과세자료 내용 (단위 : 원)

| 과세자료명 | 귀속연도 | 과세자료 발생처 | | 과세자료금액 | 비 고 |
		상호 (성명)	사업자등록번호 (생년월일)		

○ 제출할 자료

(보기) 지급명세서, 금융거래 내용 등

년   월   일

기 관 장

위 내용과 관련한 문의사항은 담당자에게 연락하시면 친절하게 상담해 드리겠습니다.

◆ 담당자 : ○○지방국세청 ○○○과 ○○○ 조사관(전화 :   , 전송 :   )

210mm×297mm(백상지(80g/㎡) 또는 중질지(80g/㎡))

출처: 국세청 종합소득세 해명자료 제출 안내

증여는 Smart하게 상속은 아름답게

05

금융거래의 첩보기관 FIU와
국세청의 콜라보

✦ FIU 창설은 미국 9·11테러로부터 시작되었다

우리의 기억 속에 남아 있는 그 장면… 필자는 TV 속에서 본 그날의 장면을 지금도 생생히 기억하고 있다. 그런데 9·11테러와 FIU의 창설이 어떻게 연관이 된다는 걸까?

2001년 미국에서 벌어진 동시다발 자살 테러로 뉴욕의 110층짜리 세계무역센터wtc 쌍둥이 빌딩이 무너져 수천여 명이 사망하는 대참사9·11테러가 발생했다. 전 세계를 충격과 공포로 몰아넣은 이 사건을 지켜본 당시 우리 정부와 국회는 사전에 테러리스트들의 자금줄을 탐색, 대응, 몰수하기 위해 김대중 정부 시절, 정부안으로 최초 발의됐다.

당시 발의된 테러방지법은 국정원에 국가대테러센터를 설치하고 국정원에 수사권을 부여해 통신금융정보 수집은 물론이고 계좌추적도 가능토록 하는 내용을 담았다.

당시 국가인권위원회와 시민단체 등의 반발로 입법은 무산되었지만 "특정 금융거래정보의 보고 및 이용 등에 관한 법률"이 제정되었고 범죄자금의 세탁과 외화의 불법유출을 방지한다는 명목으로 FIU금융정보분석원이 창설된 것이다.

대한민국 최고의 정보력을 바탕으로 우리의 일상생활 속에서도 모든 금융거래정보를 수집하고 감시하는 기관인 'FIU금융정보분석원'가 탄생하게 된 계기가 아이러니하게도 9 · 11테러였다니… 다시 한번 알카에다가 지구상에서 없어지길 바라본다.

창설 계기가 어떻든 국세청은 2013년 11월 FIU 정보활용 범위 확대에 따라 조사업무 및 체납징수업무에 FIU 정보를 활용하여 고의적인 탈세행위에 적극 대응하고 있다. 기존에는 조세범칙업무에 한정된 정보만 활용할 수 있었다.

◆ FIU금융정보분석원

2001년도에 출범한 금융정보분석원은 금융거래를 이용한 범죄자금의 자금세탁행위와 불법 외화유출을 방지하기 위해 설립된 기관이다.

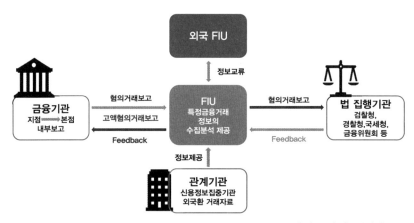

출처: 금융정보분석원

금융정보분석원은 법무부 · 금융위원회 · 국세청 · 관세청 · 경찰청 등 여러 관계기관의 전문인력으로 구성되어 있으며, 금융기관으로부

증여는 Smart하게 상속은 아름답게

터 STR과 CTR제도를 통해 자금세탁 관련 의심거래를 수집·분석하여 불법 거래, 자금세탁행위 등의 불법 금융거래 및 증여거래를 포착하면 이를 법집행기관검찰청·경찰청·국세청·관세청·금융위·중앙선관위 등에 제공하는 업무를 한다.

✦ STR Suspicious Transaction Report 이란?

STR은 금융거래를 통한 불법 재산취득이 의심되는 합당한 근거가 있거나 자금세탁 행위가 의심되는 경우 금융정보분석원장에게 보고하는 의심거래보고제도이다.

예를 들어 카지노에서 칩을 교환하는 행위 등이 포함되며 금융회사 직원은 본인의 주관적/전문적 경험을 바탕으로 본인이 취급한 금융거래가 의심거래로 의심되면 보고책임자에게 보고할 의무가 있다.

FIU는 의심사례가 파악되면 전산·기초·상세, 3단계로 이루어진 심사분석과정을 거쳐 법집행기관에 제공하게 되는데 CTR고액현금거래보고과 달리 보고 기준 금액이 없으며, 현금거래뿐만 아니라 모든 금융거래에 적용된다.

의심거래보고제도(STR)	
보고 대상	• 거래자가 자금세탁행위를 하고 있다고 의심되는 합당한 근거가 있는 경우
특징	• 금융회사 창구직원의 주관적/전문적 판단에 기초하여 보고 • 현금거래뿐만 아니라 모든 형태의 금융거래(카지노 칩 교환 포함)에 적용
보고 기준 금액	• 보고 기준 금액(2013.11.14.부터) 의무보고 기준금액 삭제

출처: 금융정보분석원

최근에는 '02년도에 구축된 시스템의 노후화된 문제를 개선하고 증가하는 보고정보를 효율적으로 처리하기 위해 업무능력을 대대적으로 재정비하는 사업을 진행하면서, 약 2년간 총 200억 원의 사업비를 투입하여 2020년 12월 17일부터 본격적으로 가동을 시작하였다.

이로 인해, STR 보고비율이 약 3배 확대30%⇒85%되었으며 STR의 접수 처리 용량도 다중처리 방식을 도입하여 5배 이상 대폭 향상1일 평균 1천 건⇒5천 건 이상되었다.

FIU의 '2023년 자금세탁방지 연차보고서'에 따르면 금융권의 자금세탁 의심거래보고 건수가 지난해 90만 건을 넘어섰다. 전년 대비 약 10% 증가한 것으로 가상자산코인거래소 등 기타업권의 의심거래보고가 증가한 영향이 컸다. 의심거래보고의 가장 큰 비중을 차지했던 은행업권은 점차 줄어들고 있는 반면 비은행권 비중이 처음으로 50%를 넘어섰다.

전체 의심거래보고 건수 대비 비은행권 금융기관의 비중은 약 50.6%로 FIU가 의심거래보고 통계를 집계한 이후 처음으로 건체 건수의 과반을 차지하게 됐다. 특히 가상자산업권은 2021년부터 특정금융정보법 개정으로 자금세탁방지 의무가 부과됐다. 2022년 3월부터 '트래블 룰' 시행으로 가상자산사업자 간 자금이동 내역의 추적이 가능해지면서 의심거래보고가 본격화됐다. 지난해 의심보고거래건수는 1만 6,076건으로 전년 대비 약 49% 증가했다.

지난해 FIU가 법집행기관에 제공한 특정금융거래정보는 3만 8,676건으로 나타났다. 경찰청이 1만 5,894건으로 가장 많고, 국세청1만 4,854건, 검찰청2,555건, 금융위원회1,238건, 국정원8건, 해양경찰청7건 등의 순이다.

법집행기관의 요구에 의한 정보 제공건수는 3만 2,548건으로 나타났다. 국세청이 3만 1,023건으로 가장 많고, 행안부570건, 경찰청406건, 검찰청332건, 관세청180건, 해양경찰청24건, 공수처13건 순이다. 지방세 포탈 혐의 확인과 지방세 체납자 징수업무를 위해 FIU는 2021년부터 행안부에도 특정금융거래정보를 제공하고 있다.

✦ CTRCurrency Transaction Reporting System이란?

CTR은 일정 금액 이상의 현금거래를 FIU에 보고하도록 하는 고액현금거래 보고제도이다. 우리나라는 2006년에 이 제도를 처음 도입하였으며, 도입 당시 보고 기준금액은 5천만 원이었으나 2008년 3천만 원으로 인하하였고, 2010년부터는 2천만 원을 유지해 오다가 2019년 시행령을 개정하여 1천만 원으로 인하하였다.

동일 금융기관에서 동일인이 1일 최대 1천만 원 이상의 현금을 입/출금하는 경우, 거래자의 신원과 거래일시, 금액 등을 전산으로 자동으로 보고하게 되어 있다.

고액현금거래보고제도(CTR)	
보고 대상	• 금융회사에서 동일인이 1거래일 동안 기준 금액 이상의 현금거래를 하는 경우
특징	• 객관적/획일적 기준에 따른 보고 • 현금거래(지급/영수)에만 적용
보고 기준 금액	• 원화: 1천만 원 이상(2019.07 이후) • 외화: 기준 없음

출처: 금융정보분석원

일반적으로 금융기관을 통한 현금거래뿐만 아니라, ATM기를 이용한 입금과 출금, 은행 금고에 현금을 입금하는 것 등도 보고 대상이다.

다만 수표를 발행하거나 인터넷뱅킹, 계좌이체 등의 전산에 거래내역이 표시되는 대체거래의 경우 어차피 자동으로 근거가 남기 때문에 이는 보고 대상이 아니다.

금융회사 등에서는 거래자가 고액현금거래보고를 회피할 목적으로 소액으로 여러 지점에서 인출하는 것으로 판단되는 경우 그 사실을 금융정보분석원에 보고하여야 한다.

고액현금거래보고(CTR) 건수 (단위: 건)						
구분	2018	2019	2020	2021	2022	2023
금융회사 보고	9,539	15,665	20,415	20,551	20,523	19,516

출처: 금융정보분석원 2023년 연차보고서

시행령 개정으로 1,000만 원 이상으로 변경되면서 2018년 9,539건에서 2019년 1만 5,665건으로 시행령 개정에 따라 급격히 늘었고, 2020년 2만 415건, 2021년 2만 551건, 2022년 2만 523건, 지난해 1만 9,516건으로 큰 변화를 보이지 않고 있다.

✦ CDD Customer Due Diligence 란?

CDD는 금융회사 등이 고객과 거래 시 금융회사가 제공하는 서비스가 자금세탁 등에 악용되지 않도록 고객확인 및 검증, 거래목적 확인 등의 고객확인의무제도를 말한다.

본인 및 대리인을 포함한 모든 금융거래 당사자가 예금계좌, 펀드 등

증여는 Smart하게 상속은 아름답게

을 신규로 가입하거나 원화 1천만 원ⓘ외화 1만 달러 이상의 금융거래를 하는 경우 적용하며, 고객이 자금세탁을 하고 있다고 의심되거나 기존 고객 정보가 일치하지 않는 경우에도 시행하고 있다.

만약, 고객의 신원확인 등을 위한 정보제공을 거부하는 경우, 계좌 개설 등 해당 고객과의 신규거래를 거래하고, 기존 거래관계가 있는 경우에는 해당 거래를 종료할 수 있다.

고객확인제도(CDD)		
구분	• 일반 고객의 신원 확인	• 자금세탁 우려 시 고객의 신원 확인
확인대상	• 계좌 신규 개설 시 • 원화 1천5백만 원(외화 1만 달러) 이상의 일회성 금융거래 시	• 실제 거래 당사자인지 의심되는 경우 • 고객이 자금세탁 행위를 할 우려가 있는 경우
확인사항	• 이름, 주민등록번호, 주소, 연락처 등 신원에 관한 사항	• 실제 당사자 여부 및 금융거래 목적

출처: 금융정보분석원

이렇듯 지속적으로 음성적인 현금소득 탈세와 자금세탁 등을 방지하기 위해 인공지능과 빅데이터를 활용하여 정보를 수집하고 적시에 효율적인 업무처리 능력에 집중투자하는 전략을 취하고 있다는 것을 하루라도 빨리 깨달아야 한다.

오늘도 "나 하나 정도는 괜찮겠지." 하는 안일한 생각으로 자녀에게 무신고증여를 하고 있는 사람들에게 전한다. 이미 국세청은 FIU와 PCI를 통해 당신의 모든 금융거래를 알고 있다.

06
나 하나쯤은 괜찮다는 당신의 착각, 지금 당장 자금출처 조사에 대비하라!

✦ 나도 아는 사실을 국세청이 진짜 모르고 있을까?

사실, 국세청의 정보력과 그 수준에 대해 제대로 알고 있는 사람들은 많지 않다. 민감한 세무 정보 접근은 국세청 조사관이라 할지라도 비밀 취급 인가등급에 따라 접근이 제한되어 있기 때문이다.

필자는 국세청의 정보력 수준이 **과세자료의 제출 및 관리에 관한 법률'로 인해** 검찰청이나 경찰청 그리고 국정원에 버금갈 것으로 생각한다. 여기서 말하는 과세자료란 납세자가 내야 할 세금을 누락시켰는지를 확인하는 자료이다.

앞서 언급한 PCI와 FIU만으로도 우리 대부분의 소득, 지출, 은행 거래내역, 재산취득과 처분 등의 정보가 국세청에 수집되어 오고 있었음을 충분히 알 수 있다. 1999년 국세청에서는 공평·공정 과세를 위한 제도적 장치로서 사업자들의 과표 양성화를 위한 범사회적 과세자료 기반을 구축하고, 체계적인 과세자료의 통보 수집 및 관리체계의 마련과 다양한 과세자료 수집을 위하여 '과세자료의 수집 및 관리에 관한 특례법'을 제정, 공공기관의 각종 과세자료가 국세청에 집중되도록 하였다.

증여는 Smart하게 상속은 아름답게

□ 과세자료의 제출 및 관리에 관한 법률

제4조【과세자료제출기관의 범위】

과세자료를 제출하여야 하는 기관 등(이하 "과세자료제출기관"이라 한다)은 다음 각 호와 같다.

1. 「국가재정법」 제6조에 따른 중앙관서(중앙관서의 업무를 위임받거나 위탁받은 기관을 포함한다. 이하 같다)와 그 하급행정기관 및 보조기관

2. 지방자치단체(지방자치단체의 업무를 위임받거나 위탁받은 기관과 지방자치단체조합을 포함한다. 이하 같다)

3. 「금융위원회의 설치 등에 관한 법률」 제24조에 따른 금융감독원 및 「금융실명거래 및 비밀보장에 관한 법률」 제2조제1호에 따른 금융회사등

4. 공공기관 및 정부의 출연·보조를 받는 기관이나 단체

5. 「지방공기업법」에 따른 지방공사·지방공단 및 지방자치단체의 출연·보조를 받는 기관이나 단체

6. 「민법」 외의 다른 법률에 따라 설립되거나 국가 또는 지방자치단체의 지원을 받는 기관이나 단체로서 이들의 업무에 관하여 제1호나 제2호에 따른 기관으로부터 감독 또는 감사·검사를 받는 기관이나 단체, 그 밖에 공익 목적으로 설립된 기관이나 단체 중 대통령령으로 정하는 기관이나 단체

제5조【과세자료의 범위】

① 과세자료제출기관이 제출하여야 하는 과세자료는 다음 각 호의 어느 하나에 해당하는 자료로서 국세의 부과·징수와 납세의 관리에 직접적으로 필요한 자료로 한다.

1. 법률에 따라 인가·허가·특허·등기·등록·신고 등을 하거나 받는 경우 그에 관한 자료

2. 법률에 따라 실시하는 조사 · 검사 등의 결과에 관한 자료

3. 법률에 따라 보고받은 영업 · 판매 · 생산 · 공사 등의 실적에 관한 자료

4. 「부가가치세법」과 「소득세법」 또는 「법인세법」에 따라 교부하거나 교부 받은 세금계산서 및 계산서의 합계표

5. 과세자료제출기관이 지급하는 각종 보조금 · 보험급여 · 공제금 등의 지급 현황(「보조금 관리에 관한 법률」에 따라 교부한 보조금으로서 같은 법 제26조의2에 따른 보조금통합관리망으로 관리 중인 보조금의 경우에는 보조금통합관리망에 따른 교부 현황을 말한다) 및 제4조제6호에 따른 기관이나 단체의 회원 · 사업자 등의 사업실적에 관한 자료

6. 제4조제1호에 따른 중앙관서 중 중앙행정기관 외의 기관이 보유하고 있는 자료로서 국세청장이 납세관리에 필요한 최소한의 범위에서 해당 기관의 장과 미리 협의하여 정하는 자료

② 제1항에 따른 과세자료의 구체적인 범위는 과세자료제출기관별로 대통령령으로 정한다.

☐ 과세자료의 제출 및 관리에 관한 법률 시행령

제2조【과세자료제출기관의 범위】

「과세자료의 제출 및 관리에 관한 법률」(이하 "법"이라 한다) 제4조제6호에서 "대통령령으로 정하는 기관이나 단체"란 다음 각 호의 어느 하나에 해당하는 기관이나 단체를 말한다.

1. 「국민건강보험법」에 따른 국민건강보험공단

2. 「산업재해보상보험법」에 따른 근로복지공단

3. 「영화 및 비디오물의 진흥에 관한 법률」에 따른 영상물등급위원회 및 「게임산업 진흥에 관한 법률」에 따른 게임물관리위원회

4. 「여신전문금융업법」에 따른 여신전문금융업협회

증여는 Smart하게 상속은 아름답게

5. 「여객자동차 운수사업법」 제59조에 따라 설립된 연합회

6. 「화물자동차 운수사업법」 제50조에 따라 설립된 연합회

7. 「변호사법」에 따른 지방변호사회

8. 「법무사법」에 따른 지방법무사회

9. 「관세사법」에 따른 관세사회

10. 「공인회계사법」에 따른 한국공인회계사회

11. 「세무사법」에 따른 한국세무사회

12. 「민법」 제32조에 따라 설립되어 금융·결제업무를 수행하는 법인 중 국세청장이 지정하여 고시하는 법인

13. 「자본시장과 금융투자업에 관한 법률」에 따른 한국금융투자협회

14. 「자본시장과 금융투자업에 관한 법률」에 따른 한국예탁결제원

15. 「한국국제협력단법」에 따른 한국국제협력단

16. 「한국국제보건의료재단법」에 따른 한국국제보건의료재단

17. 「대한적십자사 조직법」에 따른 대한적십자사

제3조【과세자료의 범위 및 제출시기】
법 제4조에 따른 과세자료제출기관(이하 "과세자료제출기관"이라 한다)이 법 제5조에 따라 제출하여야 하는 과세자료의 범위와 법 제7조제1항에 따라 과세자료를 제출받을 세무관서 및 그 제출시기는 별표와 같다.

✦ 과세자료의 제출 및 관리에 관한 법률 일부개정법률안

정부가 지난 2024.8.30. 금요일 국회에 제출 의안번호 2203464 한 과세자료법이 2024.12.10. 원안 가결되었다.

주식 등의 대량보유자가 「자본시장과 금융투자업에 관한 법률」에 따른 주식 등의 대량보유 상황 및 그 변동 내용 등에 대한 보고 의무를 위

반하여 금융위원회가 조사한 결과 수사기관 통보 등의 조치를 한 경우, 금융위원회가 금융거래정보가 포함된 해당 조사 자료를 국세청장에게 제출할 수 있도록 함으로써 금융거래와 관련한 조세 탈루를 막고 세원 관리를 강화하려는 것이다.

이처럼 지속적인 법령개정을 통한 과세자료 제출 범위 확대를 통해 오랜 기간 수집한 빅데이터를 기반으로 자금출처를 요구하는 국세청을 당해낼 일반인들은 그리 많지 않다.

특히 조사업무를 관할 지자체와 관할 세무서로 이원화하면서 자금출처 조사가 상당히 정교해지고 강화되면서 거래단계에서부터 증여세 등의 탈세 혐의를 포착하고 세무조사로 이어지는 사례가 늘어나고 있다.

부동산 취득자금의 원천이 본인의 소득이라면 문제가 없지만, 출처가 불분명하거나 증여신고를 하지 않은 자금이라면 문제가 커질 수밖에 없다.

만약, 부동산 취득 후 국세청에서 자금출처에 대한 입증을 요구받았다는 것은 이미 국세청의 PCI에서 과거 소득자료나 재산 현황 등을 판단하였을 때 증여배제 추정기준을 넘어선 것이 확인되었다는 것을 뜻하므로, 대부분 증여세나 소득탈루에 대한 세무조사로 이어지게 되니 조심해야 한다. 물론 실제 직업이 있고 그동안 축적한 재산이 많아 상당한 소득신고내역이 입증된다면 국세청도 증여추정이라 보기 어렵다.

따라서 소득을 높이거나 소득이 발생하는 자산을 활용하여 자금출처 조사에 대비하는 것이 중요한데, 세법상 열거하고 있는 소득의 종류는 다음과 같다.

① 근로소득이나 사업소득

② 이자 · 배당소득

③ 기타소득

④ 퇴직소득

⑤ 본인 소유재산의 처분소득

⑥ 기 신고된 상속 · 증여재산

⑦ 농지경작소득

⑧ 재산취득일 이전에 차용한 부채로서 입증된 금액

⑨ 재산취득일 이전에 자기 재산의 대여로서 받은 전세보증금

⑩ 상기 이외의 경우로서 자금출처가 확인되는 금액

물론 과세자료를 수집하는 행위는 법령에 근거가 있어야 한다. 법령에 근거가 없는 과세자료 수집이나 적법절차를 준수하지 못한 조사권 남용이 있는 경우 원칙적으로 그 과세처분은 위법이다. 국세청은 법령에 근거하여 다양한 과세자료를 수집하고 있다고 하지만 그 남용은 방지되어야 한다.

✦ 자금출처의 입증은 다양하게 준비하라

자금출처를 입증할 때는 취득하거나 채무를 상환한 재산가액 전액에 대해 자금출처를 소명하는 것이 아니라 취득가액의 80% 이상만 소명하면 된다. 단, 10억을 초과하여 취득하거나 채무를 상환하는 경우에는 전체 금액에서 2억을 차감한 나머지 금액에 대해 소명해야 한다.

재산 취득가액이 8억인 경우 80%에 해당하는 6억 4천만 원만 소명하면 되지만, 11억인 경우 9억에 대한 소명이 필요한 것이다.

만약, 이를 소명하지 못하는 경우 증여추정에 따른 증여세가 부과되고 법인·개인사업자인 경우 당해 사업매출 누락으로 탈루한 소득으로 의심되어 사업체 세무조사까지 받을 수 있음을 주의해야 한다.

또한, 재산취득능력이 부족한 자가 미리 증여받은 돈으로 부동산을 취득하거나 채무를 상환하는 경우에는 반드시 취득자금 및 상환금액 전액에 대한 증여신고가 이루어져 있어야 한다.

만약 취득자금 중 증여받은 자금의 출처는 확인되더라도 나머지 자금의 출처가 불분명한 것이 발견되면 증여세 이외의 세금누락으로 보고 자금출처 조사가 진행될 수 있다.

그러므로 부동산을 취득하는 경우 구입자금 중 일부는 출처가 확실한 은행 대출을 받거나 부담부증여를 받는 것이 오히려 나을 수 있다.

다만, 부동산담보 대출이라면 실제로 부동산 취득에 사용되었는지를 확인하며, 만약 법인 또는 개인사업자가 기업대출자금을 본래 목적으로 사용하지 않고 부동산을 취득하는 경우, 자금출처로 인정되지 않으며 대출금까지 회수할 수 있으니 주의하여야 한다.

이처럼 국세청 전산시스템의 업그레이드와 전문가 육성, 그리고 빅데이터를 활용한 세무조사 대상에 선정되지 않기 위해서는 자금출처에 대한 투명하고 확실한 근거를 준비하는 것만이 유일한 대안이 될 것이다.

탈세를 절세라 생각하지 마라. 모든 절세는 근거가 있다.

07
몰래 주려다가 낸 바보세만
2,000억 넘었다

◆ 절세와 탈세 사이에서 외줄 타는 사람들

당연한 말이지만 존재하는 모든 절세 컨설팅은 각 법률과 세법의 범주 안에서 합법적으로 진행되어야 한다.

"이 정도는 괜찮겠지… 나 같은 사람도 걸리겠어?"

이처럼 일반인들의 잘못된 착각과 법령을 자의적으로 유추해석하여 잘못된 절세컨설팅을 하는 조직 또는 개인의 그릇된 행위로 인해 2023년 한 해에만 국세청에 상속·증여세를 신고하지 않거나 금액을 줄여 신고했다가 적발돼 부과된 가산세가 2,000억 원이 넘는 것으로 나타났다.

국세청으로부터 받은 자료에 따르면 지난해 상속·증여세 가산세는 총 2,352억 원을 기록해 전년1,424억 원 대비 65.2% 증가했다. 구체적으로 지난해 상속세 신고불성실 가산세는 420억 원6,000건으로 전년 324억 원5,000건 대비 29.6% 증가했다.

증여세 신고불성실 가산세는 1,932억 원으로 전년1,100억 원 대비 75.6% 늘었다.

이는 일반적으로 얼마나 많은 사람이 국세청의 정보수집과 세무조사 능력에 대해 안일하게 생각하는지를 보여주는 통계치다.

사실 수많은 사람을 상담하다 보면 나름 조심히 그리고 은밀하게 하고 있다고 말하곤 한다. 그 정도는 본인들도 다 안다면서 말이다…. 본인들이 아는 걸 왜 국세청은 모른다고 생각할까?

참 안타깝다. 이러한 잘못되고 안일한 행동들로 인해 본세를 포함한 가산세를 추가적으로 부담하게 됨은 물론, 고의적인 조세포탈 혐의 등 조세범칙행위로 간주되어 사법적 심판과 처벌을 받을 수 있다.

✦ 상속세와 증여세, 반드시 신고해야 할까?

재산을 상속받은 상속인은 세법에서 정한 기한 이내에 신고 및 납부해야 한다. 만약 이 기한을 지키지 못하거나 탈세를 목적으로 미신고를 하는 경우 엄청난 페널티가 부과될 수 있다.

신고불성실 가산세란, 국가에 내야 할 세금이 발생했음에도 이를 신고하지 않거나 규모를 줄여 신고했다가 국세청에 적발돼 추가로 문 세금을 말한다.

상속·증여세를 신고하지 않았다 적발될 경우 납부세액의 20%를 가산세로 낸다. 실제 규모보다 줄여서 세액을 신고하면 납부세액의 10%를 가산세로 내야 한다.

재산을 상속받은 상속인은 세법에서 정한 기한 이내에 신고 및 납부해야 한다. 거주자는 사망개시일이 속한 달의 말일로부터 6개월, 비거주자는 9개월 이내에 신고해야 한다. 신고기한 내에 신고하면 산출세액의 3%를 공제받을 수 있다. 만약 기한 내에 상속세 신고를 안 할 경우 배우자공제 5억은 받을 수 있지만, 그 밖에 자녀공제 및 연로자공제, 장애인공제, 미성년자공제 같은 인적공제가 적용되지 않는다.

이러한 공제들은 상속세 절세의 핵심인 만큼 기한 내에 반드시 신고해야 한다.

✦ 성실하게 신고했는데 납부가산세가 나오는 경우가 있다?

상속세 신고를 하고 납부까지 완료했다고 끝난 것이 아니다.

신고하고 난 이후 국세청에서 납세자가 신고한 내용과 국세청이 수집한 부동산, 금융재산 조회자료, 보험금 및 퇴직급 지급 내역 등을 대조하여 상속인들이 모르는 금융거래나 사전증여 등 신고 누락분에 대해 상속인들에게 소명을 요구하는 경우가 많다. 소명을 못 하는 경우 세법에서 규정하는 납세의무를 성실하게 이행하지 않은 것으로 보고 본세 이외에 추가로 부과하는 세금이 발생하는데 이것이 바로 가산세이다.

실수로 미신고하는 경우에는 납부세액의 20%를 가산세로 부과하며 악의적인 부정 무신고는 신고불성실 가산세 40%를 부과한다. 이것으로 끝나는 것이 아니라 만약 이런 추징세금이 발생했을 경우 납부지연 가산세 22/100,000가 추가로 부과된다.

✦ 납부세액 가산세와 납부지연 가산세, 2가지의 세금이 더 나온다

납부지연 가산세는 조세법상 부과된 협력의무의 이행을 확보하기 위한 행정적 제재制裁의 성격 이외에 성실히 납부한 사람과 그렇지 않은 사람과의 형평성을 고려하여, 납세자가 납부기한을 지키지 않아 납부하지 않은 기간 동안 얻게 된 미납액에 대한 이자 상당의 이익을 박탈함으로써 적기에 재원을 확보하고 국고 재정과 손익을 조정하는 데 그 목적이 있다. 쉽게 말해 지연이자의 성격이라 보면 된다.

구분	일반 무신고	부정무신고	일반 과소신고	부정과소신고 시
상속세액 가산세	무신고납부세액의 20%	무신고납부세액의 40%	일반과소신고 납부세액의 10%	부정 과소신고납부세액의 40%
납부지연 가산세	미납 · 미달납부, 초과환급세액×미납(초과환급)기간×이자율 * [기간]미납기간 : 납부기간 다음 날 ~ 자진납부일 초과환급기간 : 환급받은 말 다음 날 ~ 납세고지일 [이자율]22/100,000			

출처: 국세청 세금절약가이드

이렇듯 상속인의 입장에서 세금 내는 것도 부담될 수 있는데 가산세까지 납부하게 되면 정말 난처한 상황이 생길 수 있다.

가산세가 발생했다면 자세히 알아보지 않고 미리 준비하지 못한 것을 후회하더라도 이미 때는 늦었다.

그렇다면 가산세 발생을 예방하는 방법은 없을까?

증여는 Smart하게 상속은 아름답게

다행히도 조세의 형식을 지닌 징벌적인 성격의 가산세를 줄이는 방법은 분명히 존재한다.

> **상속이 개시되기 전 피상속인은 직전 10년간의 금융거래 및 부동산 재산처분 등에 대한 소명자료를 확보하고 상속인들과 공유하는 것이 좋다.**

물론 본인의 재산거래 내역 일체를 상속인들과 미리 공유한다는 것은 현실적으로 쉽지 않다. 그러나 사전에 문제점을 파악하고 이를 해결해 나가면서 자칫 모르고 있다가 발생할 수 있었던 거액의 상속 · 증여세와 가산세 등을 해결해 왔던 수많은 실무자로서 이 부분은 아무리 강조해도 과하지 않다고 생각한다.

그러므로 본인의 부동산 취득 및 처분, 그리고 금융거래가 활발하다면 사전에 반드시 체크하고 근거를 만들어 두어 향후 상속인들이 억울한 상속세와 가산세를 내지 않도록 준비해야 한다.

상속이 개시되기 전이라면 얼마든지 기회가 있다.

기회는 내 것으로 만들고자 하는 사람에게만 복을 준다.

08
국세청은 가족 간 금전대차거래를
원칙적으로 인정하지 않는다

✦ 상식적으로 부모·자식 간의 금전대차거래를
누가 믿을까?

필자는 누군가에게 돈을 빌려줄 때는 안 받을 생각으로 주는 것이라 배웠다. 그래야 마음이 편하니까.

그러나 누군가에게 돈을 빌려준다면 사용목적과 이자, 그리고 대여기간을 생각하지 않을 수가 없다.

물론 필자와 상대방 간의 신뢰의 정도와 사회적 관계 등을 최우선으로 고려한 이후의 문제다.

그러나 부모와 자식 간의 금전대차거래는 이야기가 다르다. 자녀가 돈이 없기 때문에 빌려주는 것인지 세금 때문에 빌려주는 형식을 취하는 것인지에 대한 구분이 어렵다. 상증법에는 이러한 대여금에 대한 명확한 규정은 없지만 국세청 직원들의 업무 지침인 상증법 기본통칙은 "원칙적으로 가족 간의 금전대차거래는 인정하지 않는다"고 규정되어 있다.

따라서 부득이하게 돈을 빌려주었다면 근거를 명확히 하여 증여세를 내지 않도록 주의하여야 한다.

✦ 전부 다 증여하지 않고 대여를 하는 근본적인 이유는 무엇일까?

자녀에게 올바른 경제관념과 돈의 가치에 대한 교육을 목적으로 매월 원금과 이자를 상환받고자 하는 부모도 많이 있다. 물론 그냥 주는 것이 싫어서 받는 분들도 간혹 있다.

그러나 대부분의 부모는 이미 사전 증여한 재산이 있는 경우 또는 증여재산가액증가에 따른 거액의 증여세로 인해 증여와 대여를 병행한다.

그리곤 원금과 이자를 받는 통장의 자금을 자녀가 다시 쓰도록 하고 있다. 이는 당장의 절세처럼 보여도 장기적으로 자녀들에게 도움이 되지 않는다.

원칙적으로 대여한 자금은 언제든지 상속자산에 합산되고 자녀는 대여기간 동안 원금과 이자를 갚아야 하는 문제가 발생하게 된다. 이때 자녀는 부모에게 지급하는 이자의 27.5%를 지방세 2.5% 포함 원천징수하고 72.5%만 지급해야 한다. 그리고 자녀는 27.5%의 세금을 신고해야 하며 72.5%를 받은 부모는 다른 소득과 합산해 종합소득세를 신고해야 하는 문제가 생긴다.

✦ 영끌족에 대한 대여가 아니라 부모찬스로 본다

최근 몇 년간 영끌족이라는 신조어가 생겨날 정도로 2030 세대의 부동산 취득이 폭발적으로 늘어나고 있다.

이와 함께 2024년 1월부터 시행된 혼인·출산 증여공제가 1억 원으로 늘어나면서 이와 관련된 현금 증여와 더불어 금전소비대차 거래도 늘어나고 있다.

그 이유는 상증법 제41조 4항에 나와 있는 금전 무상대출로 인해 지급하지 않은 이자가 연간 1천만 원을 초과하지 않는 경우 증여로 보지 않는 규정을 활용하고 있기 때문으로 풀이된다.

실제 목돈을 한 번에 증여해 주는 것보다 현금 증여와 금전소비대차 거래계약을 동시에 진행하면 당장 증여세를 아낄 수 있다는 장점이 있다.

---

* 상증세법 제41조의 4(금전 무상 대출 등에 따른 이익의 증여)
  - 타인으로부터 금전을 무상으로 대출받은 경우 그 이자를 증여 재산가액으로 한다. 다만 1천만 원을 초과하지 않는 경우 증여로 보지 않는다.
  - 이자계산(2억 × 4.6% = 920만 원)
* 법령(대통령령으로 정하는 기준 금액이란 1천만 원 이하)

그러나 국세청에서는 가족 간 특히 부모님으로부터 자녀가 필요한 자금을 빌리는 금전소비대차 거래를 증여로 추정하기 때문에, 납세자는 증여가 아닌 진짜로 돈을 빌리고 이자를 지급하는 금전소비대차 거래라는 것을 스스로 입증할 책임이 있다.

또한, 금전소비대차 거래로 대여한 자금은 증여가 아니기 때문에 반드시 상환해야 하며, 대여 간 상속개시 시 상속재산에 합산되어 과세된다.

그러므로 당장의 증여세를 아낄 수는 있으나 세무조사와 기간과 상관없이 상속재산에 합산되는 점은 주의하여야 한다.

증여는 Smart하게 상속은 아름답게

✦ 그렇다면 2억까지는 진짜 이자를 안 받아도 괜찮을까?

일각에서는 2억까지 세금 없이 증여해 줄 수 있는 엄청난 절세 방법인 것처럼 조장하는 일부 몰지각한 전문가와 언론매체 등으로 인해 안타깝게도 세무조사에 선정되는 사례가 끊이지 않고 있다.

구분	적정 이자율
대출금액(A)	200,000,000
적정 이자율(B)	4.6%
적정 이자(1년)_(C=A*B)	9,200,000
적정 이자(1달)_(D=C*12)	766,667

Tip! 2억으로 설정하더라도 약간의 이자율을 설정

실무적으로는 연간 1천만 원 이하의 이자라 하더라도 정해진 날짜에 이자를 지급하고 그 근거를 남기는 것을 권유하고 있다.

그렇다면 "이 정도는 괜찮겠지?" 하는 우리와는 달리 국세청은 이러한 금전대차거래를 어떻게 바라보고 있을까?

연간 1천만 원 이하라 하더라도 이자를 지급하고 근거를 반드시 남겨야 하는 이유는 다음과 같다.

가족 간 금전대차거래계약을 바라보는 국세청의 입장

가족 간 금전대차거래는 원칙적으로 인정되지 아니하는 것이나,

1. 사실상 금전 소비 대차 계약에 의하여 자금을 차입하여 사용하고

---

2. 채무자가 실제로 대여금의 이자와 원금을 변제하는 능력과 증빙이 있는 경우

3. 채권자 확인서 등에 의하여 확인이 되는 경우 차입한 금전에 대하여 증여세가 과세되지 아니함

이처럼 국세청은 금전소비대차 거래는 빌린 돈을 다시 갚아야 하는 방식이지만 가족 간의 거래는 원칙적으로 인정하지 않고, 이 거래의 실질을 증여로 보고 있기 때문에 주의해야 할 부분이 많다.

✦ 진화하는 '부채사후관리제도'

국세청은 기존 부담부증여로 수증자가 인수한 채무액 또는 상속받은 채무에 대하여 채권자, 만기일, 채무액 등에 대한 모든 자료를 부채사후관리시스템이라는 전산망에 입력하여 사후관리를 하고 있다. 이와는 별도로 자녀들이 부동산을 취득할 때 자금출처를 입증하기 위해 제출하는 부모와 자녀 간 금전대차거래내용도 전산망에서 관리하고 있다. 해당 부채는 3년마다 주기적으로 관리되고 있으며 만기일자가 도래하면 납세자에게 채무상환기간 도래에 따른 안내문을 발송하여 채무의 상환이나 면제 또는 계약의 갱신여부를 확인하고 있다. 만약 채무를 상환한 경우에는 자력으로 상환한 것인지에 대한 증빙자료를 제출받아 소득 누락 및 증여 여부를 검토한다. 만약 이 과정에서 채무상환액에 대한 자금출처가 불분명하거나 부모로부터 증여받은 것이 입증되면 증여세를 부과하고 있다. 차용증에 대한 계약기간이 만료되어 갱신한 경우에는 갱신된 계약서를 제출받아 다시 전산망에 등재하여 사후관리 기간을 연장하고 있다.

증여는 Smart하게 상속은 아름답게

상속세 및 증여세법 제36조 [채무면제 등에 따른 증여]

① 채권자로부터 채무를 면제받거나 제3자로부터 채무의 인수 또는 변제를 받은 경우에는 그 면제, 인수 또는 변제(이하 이 조에서 "면제등"이라 한다)를 받은 날을 증여일로 하여 그 면제등으로 인한 이익에 상당하는 금액(보상액을 지급한 경우에는 그 보상액을 뺀 금액으로 한다)을 그 이익을 얻은 자의 증여재산가액으로 한다.

또한, 국세청은 2019년부터 세무대리인의 편법증여 시도가 적발될 경우 세무대리인도 처벌 대상이 될 수 있다고 규정하는 등 편법증여 감시·감독을 강화하고 있는 추세이다.

이처럼 가족 간의 금전소비대차 거래는 편법증여를 통해 부동산을 취득할 목적으로 이루어지는 경우가 많아 국세청은 예전부터 매년 신규등재 및 잔액, 상환 등의 전방위적인 사후관리를 하고 있다.

✦ 차용증을 작성하고 이자를 지급하면 괜찮을까?

가족에게 돈을 빌렸지만, 차용증을 작성하지 못했다면 어떻게 될까?

실제 차용증을 작성해야 하는지, 이자를 지급해야 하는지도 모르고 가족 간의 금전거래를 하는 경우가 많이 있다.

만약, 부모로부터 돈을 빌리고 실제로 상환했다면 차용증을 작성하지 않았더라도 금융거래를 통하여 변제된 객관적 사실만큼 구체적인 것은 없는 것으로 보아 금전대차거래로 인정된 사례가 있다조심2011 252, 2011.08.09..

그러나 이와는 반대로 차용증을 작성하고 이자를 지급했다 하더라도, 자녀가 미성년자이거나 소득이 없는 경우에는 이를 상환할 능력이 없다고 판단하여 증여로 추징하는 사례 또한 많이 발생한다조심2010 서 3218, 2010.12.31..

특히, 부동산을 구입할 때 제출하는 자금조달 계획서에 차입으로 금전대차거래를 신고하는 경우 향후 상환하는 것을 포함한 모든 것이 사후 관리되므로 주의하여야 한다.

그렇다면 부득이하게 가족 간 금전대차거래를 하는 경우에는 어떻게 해야 할까?

가족 간에 이루어지는 금전거래는 그 본질이 진짜 대여인지 증여인지 구분하기 어렵다. 가족 간이라는 특성 때문에 증여를 대여로 포장하거나, 또는 진짜 대여임에 불구하고 증여로 추정되는 억울함도 공존한다. 그렇기 때문에 자금대여라고 주장을 하기 위해선 계약서, 담보설정 및 이자 지급액에 관한 증빙 등 명백한 근거를 제시할 수 있어야 한다.

실제로 국세청에서 발표한 자금조달 소명을 차입금으로 한 경우의 추징 사례를 살펴보고, 특수관계자 간 금전대차거래 시 유의해야 할 사항을 사전에 확인하여 세무조사 대상에 선정되지 않도록 철저히 대비해야 한다.

가족 간 금전 대차 거래계약을 통해 자금 조달하는 경우 확인사항

1. 사전에 차용증 작성 후 확정일자 또는 공증 받을 것
2. 돈을 빌린 날짜와 이자지급방법, 지급일자 등의 상환스케줄이 명확하게 명시될 것
3. 연 2억 원 미만이더라도 최소한의 이자(4.6% 이내)는 주고받을 것
4. 대여기간은 1~5년 단위로 작성, 중도에 일부 상환하는 방식을 활용하고 나머지 대여금은 재연장할 것

증여는 Smart하게 상속은 아름답게

5. 자녀로부터 이자를 지급받았다면 원천세 신고를 하여 근거를 남길 것

6. 소득이 없거나 적은 성인 자녀 또는 미성년자에게는 거액을 대여하지 말 것

7. 부동산 구입 시 자금조달계획서에 차입으로 신고한 경우에는 원금 상환에 대해 사후관리 되므로 주의

8. 부모의 대여하는 자금에 대하여도 조사가 나올 가능성이 있으므로 부모 역시 출처가 명확한 자금을 사용

◆ 자금조달 차입금 실제 추징 및 의심사례

① 30대 A는 ○○억 원 상당의 수도권 소재 아파트를 매수하면서 매수대금 전액을 부친으로부터 차입하여 지급하고 자금조달계획서에 금전대차거래로 조달했음을 신고하였음.

이에 해당 구청에서 국세청에 통보하여 차입금에 대한 세법상 적정이자(4.6%) 지급 여부 및 원금상환 등 모니터링 중임

② 부친으로부터 거액을 빌린 B는 자금조달계획서상 금융기관 차입금과 부모로부터 ○○억 원을 차입한 후 고가 아파트를 취득한 것으로 신고하여 차입금 적정여부를 확인하기 위해 조사한 결과 근로소득이 미미하고 30년에 걸친 차용계약을 이행하기 어려운 점 등 부친과 맺은 차용계약이 허위인 것으로 확인되어 증여세 과세함

③ 신고소득이 없는 자녀가 ○○억 원에 달하는 고액의 전세로 거주하며 고가의 승용차를 보유하고 있어 조사한 결과 부모로부터 전세금을 차입하였다고 주장하였으나 이자도 지급하지 않고 갚을 의사도 없음이 확인되어 증여세 과세

④ 사회 초년생으로 신고 소득이 부족한 전문직종의 A가 고가의 아파트를 취득하여 조사한 결과 5촌 인척 B로부터 ○억 원을 차입한 것으로 주장하며 차용증과 이자 지급내역을 제시하였으나 A의 부친이 B의 모친인 C에게 자금을 송금하고 C는 B에게 이를 송금한 후 A에게 다시 송금하여 우회 증여한 사실이 확인되어 증여세 부과

출처: 국세청 보도자료

일반 서민의 경우 자녀에게 2억 정도의 목돈을 선뜻 빌려주기 어렵다 보니, 대부분의 가족 간의 금전대차거래를 자산가들의 부모찬스 또는 편법증여로 보는 것이 국세청의 입장인 것은 어쩌면 당연한 일일지도 모르겠다.

실제 국세청은 부채사후관리뿐만 아니라 국토교통부로부터 부동산거래신고자료RTMS를 통해 부동산 분양계약의 내용을 제공받아 분석하고 있으며 근저당권 자료도 전산에 반영되어 변칙적 탈루혐의자와 무신고 증여자를 선정하는 데 활용하고 있다. 그러므로 "나 하나 정도는 괜찮겠지." 하는 생각은 접고 금전대차거래 시 원금과 이자의 상환계획을 미리 마련해 두어야 한다.

또한 가장 확실하게 입증할 방법은 원금을 상환하여 그 기록을 남기는 것임을 잊지 말아야 한다.

만약, 차용증을 작성하지 않고 이자도 지급하지 않은 가족 간의 금전대차거래를 했다면 세무전문가와 상의하여 대응안을 수립하도록 하자.

Chapter 3

법인을 활용하는 절세전략

01
한국 경제의 성장 사다리가
상속세 규제로 무너지고 있다

전 세계에서 기업의 최대주주 상속세율이 가장 높은 나라는 다름 아닌 대한민국이다. 또한, 직계비속의 기업승계 시 더 많은 할증 세금을 물려 벌주는 나라, 이것 또한 대한민국이다.

기업 수의 99%, 고용의 88%를 차지하고 있는 중소기업 상당수가 창업주를 이을 후계 경영인을 찾지 못하고 있는 대한민국…….

중소기업 대표이사들의 고령화가 심화되고 있다.

이들은 대부분 1차 베이비부머와 그 자녀 세대인 2차 베이비부머로 70세 이상의 대표이사가 이미 2만 명을 넘어섰고 곧 10만 명을 넘어가게 될 것이다.

> 상속세란 본래 공평과세와 부의 재분배라는 취지로 도입되었지만 본 취지가 무색하게도 전 국민의 3%만을 대상으로 하는 부자세이면서도 전체 세수에서의 비중은 2%가 채 안 되는 사망세 'Death tax & Death penalty'가 되어 버린 지 오래되었다.

가업승계라는 것 자체를 부의 대물림이라고 인식하는 것은 일부 재벌들의 그릇된 모습에서 비롯된 편견이라 할 수 있다. 원활한 가업승계를 통한 장수 기업으로 성장을 도모하는 것은 오히려 우리 경제에 많은 긍정적 효과를 가져온다. 중소벤처기업연구원에 따르면 30년 이상 된 장수 기업의 수는 전체의 4.3%에 불과하지만 매출액은 21.3%, 자산은 28.6%를 차지한다. 업력이 40년 이상 된 기업의 경우 10년 미만 기업에 비해 수출과 고용 능력은 8배, 연구개발비는 3배나 높다. 이는 업력이 높아질수록 수출, 고용 능력 등이 높고 사회·경제적 성과를 창출할 가능성도 크다는 것을 의미한다.

경제협력개발기구OECD 38개 회원국 중 15개국에는 상속세가 없다. 스위스 등 5개국은 상속세가 있지만 자식에게 물려줄 때는 상속세를 물리지 않는다. 이미 여러 국가에서는 상속세를 걷는 것보다 가업을 이어받아 법인세를 더 내고, 일자리를 만드는 게 사회에 이익이 된다는 공감대가 형성됐기 때문이다.

✦ 결국 정부가 25년 만에 추진했던 상속세 개편안은 전면 중단됐다

우리에게도 2024년 세제개편안에 최고세율 인하 및 공제한도 상향 등의 변화가 예고되어 있었다.

앞서 정부는 상속세 최고세율을 현행 50%에서 40%로 낮추고, 중견·중소기업이 수도권에서 지방의 기회발전특구로 이전하는 경우 해당 기업 소유자의 상속세를 완전히 면제해 주는 내용으로 상속세법 개정을 추진했다. 하지만 야당이 이를 '부자 감세'로 규정하면서 정부가 지난 9월 국회에 제출한 세법개정안 중 상속세 및 증여세법상증세법 일부 개정안이 지난 10일 국회 본회의에서 부결됐다. 최대주주 보유주식을 20% 할증 평가해 상속·증여재산을 평가하는 안을 폐지하려던 계획도 '백

증여는 Smart하게 상속은 아름답게

지'가 됐다.

이처럼 상속세 감세, 임시투자 세액공제 연장, 밸류업 인센티브 등 윤석열 정부가 출범과 동시에 추진해 온 세제개편안이 대부분 무산될 상황에 놓였다. 비상계엄으로 정국 혼란이 이어지면서 정부가 추진해 온 경제정책이 줄줄이 동력을 잃었기 때문이다. 세제개편 자체가 지나치게 감세에 치중하면서 애초 야당과 합의를 이루기에는 한계가 불가피했다는 지적도 있다.

기업은 늘 시장의 변화와 기술발전에 지속적으로 관심을 갖고 선제적으로 대응해 나가야 한다.

조금이라도 늦게 대응하거나 변화의 흐름을 놓치면 경쟁력을 상실하게 되고 아무리 1등 기업이라도 시장에서 퇴출되는 모습들을 보면 마치, 기업을 경영한다는 것은 안전벨트 없는 롤러코스터를 타는 것과 같다는 생각이 든다.

그러나 현재 대한민국의 국내 기업들은 상속세와의 전쟁을 벌이고 있다. 막대한 상속세를 내기 위해 빚을 내고, 상속 소송을 벌이거나 포기하기도 한다. 어떤 중소기업 창업자는 상속세가 버거워 애써 일군 기업을 자식에게 물려주지 않고 폐업하거나 매각하기도 한다. 이는 산업을 가장 밑바닥에서 떠받치는 중소기업의 경쟁력을 떨어뜨려 결과적으로 대한민국 경제를 악화시키는 요인이 되고 있다.

실제 이미 주식으로 상속세를 납부한 기업 10곳 중 4곳은 세계 최고 수준의 상속세율로 가업승계 대신 폐업 또는 매각을 선택하고 있다.

가업을 경영하는 가장 큰 동기 중 하나가 후대에 물려주는 것인데 이를 포기할 정도로 세금이 가혹하다면 문제가 아닐 수 없다. 물론 부의 편중을 막으려면 상속세는 필요하지만, 과도한 상속세는 '기업가 정신'

을 죽이고 경영권을 위협하는 등 기업의 뿌리를 통째로 흔들고 있다.

우리나라의 경우 오랜 기간 지속하는 중소기업이 많지 않고 경제 상황도 급변하다 보니 사업을 꾸준히 끌고 나가기가 매우 어려워 요즘 젊은 세대들은 부모 세대처럼 위험을 감수하거나 참고 견뎌내면서까지 사업을 하려고 하지 않는다.

4차 산업혁명과 AI의 출현 그리고 여러 가지 글로벌 정세의 급격한 변화 속에서 산업의 흐름은 더욱 혁신적, 급진적으로 변화할 것이고 이에 대한 대비를 하지 못한 기업들은 대부분 소멸하게 된 것이다. 경제가 발전하면서 1인당 국민 소득이 증가했고, 정부정책의 큰 기조로 근로자 급여가 인상되어 생산단가는 높아지고 오히려 반대로 근로자를 못 구하는 기업이 늘어나고 있다. 결국 국내 제조업이 대부분인 중소기업들은 베트남, 캄보디아 등의 동남아시아로 제조 공장을 이전하거나 매각 및 폐업을 고려하는 현대 역사상 가장 어려운 시기를 겪고 있다.

대내외적인 난관에 봉착한 대한민국.

징벌적 상속 규제로 인해 냄비 속 개구리가 냄비 속에서 익어가듯 한국 경제의 성장 사다리가 무너지고 있다.

지금이라도 정치적인 논리와 부자 감세라는 프레임에서 벗어나 우리나라의 경제성장 사다리인 중소기업의 100년기업을 육성하기 위한 장기적인 대책을 마련해야 할 것이다.

증여는 Smart하게 상속은 아름답게

02
상속세 때문에 해외로 팔려나가는
세계 일류 토종기업들

1975년 설립된 쓰리세븐은 30여 년 세계 손톱깎이 시장을 재패해 왔을 뿐 아니라 세계 최대의 항공기 제조업체 보잉사와 '777' 상표를 놓고 상표권 분쟁을 벌여 이긴 것으로도 유명하다.

오랜 시간 1등 기업으로 자리 잡고 있던 쓰리세븐이 만난 진짜 위기는, 2008년 금융위기가 아닌 상속세였다. 한 우물만 파오다 새 성장동력을 마련하려고 2005년 크레아젠이라는 바이오 회사를 인수한 게 발단이 됐다.

창업자 고 김형규 회장은 137억 원을 들여 크레아젠을 인수한 뒤, 2006년부터 1년여 사이 쓰리세븐 주식 240만여 주, 370억여 원어치를 자회사인 크레아젠과 임직원, 가족에게 증여했다.

그런데 김 회장이 갑자기 세상을 떠나면서 증여가 상속으로 변해버렸다.

현행법률상 증여자가 5년 이내에 사망하면 증여가 상속으로 간주되고, 증여세가 아닌 상속세를 내도록 되어 있다.

중국산 짝퉁 제품 때문에 고전하며 실적이 내려가던 쓰리세븐 창업자의 갑작스러운 죽음과 설상가상의 상속세 문제까지 터진 것이다.

이 때문에 임직원과 유가족은 약 150억 원이 넘는 상속세를 물게 됐고, 거액의 세금을 내기 위해 회사 지분을 중외홀딩스에 넘겼다.

　이뿐만 아니다.

　농우 바이오는 2013년 8월 고故 고희선 명예회장 별세 이후 1,200억 원에 달하는 상속세를 감당하기 위해 지분 매각을 추진하게 되었고 결국 업종의 특성상 농협경제지주가 인수하게 되었다.

　피임기구로 유명한 유니더스는 2015년, 창업주가 별세하면서 유족이 100억 원에 달하는 지분을 상속받게 되었으나 당시 유족을 비롯한 등기이사 세 명의 평균 연봉은 8천만 원 수준으로 상속세만 50억이 넘는 상황에 주식을 담보로 연부연납신청을 하며 최대한 버텼지만, 끝내 사모펀드에 회사를 매각할 수밖에 없었다.

　1978년에 설립되어 신개념 밀폐용기로 국내 시장 1위는 물론, 전 세계 117개국에 제품을 수출하던 자랑스러운 한국 글로벌 기업 락앤락, 이들 역시 2017년 상속세 때문에 홍콩계 사모펀드에 넘어갔으며 지금도 수많은 기업이 상속세란 커다란 암초에 좌초하며 사모펀드로 주인이 바뀌고 있다.

> 중소기업 오너들이 M&A를 추진하는 이유는 △자녀가 없는 경우 △자녀가 해외에 거주하는 경우 △딸이 있지만 결혼하고 사업에 관심이 없는 경우 △전문직에 종사하는 자녀가 사업 아이템과 맞지 않는 경우 △막대한 세금 이슈 △자녀의 경영 자질에 대한 불안감 등이 있다.

증여는 Smart하게 상속은 아름답게

◆ 이러한 상황을 애써 모르는 척하는 대한민국

23년째 변화 없는 상속세율, 그러나 같은 기간 19배 뛴 자산의 가격.

과연 국가는 과도한 상속세 때문에 결국 기업을 매각해야만 하는 수많은 기업인의 마음을 이해하고 있을까? 아니 이해하고자 하는 마음은 있는지 의문이 든다.

약 6조 원에 달하는 상속세 폭탄을 떠안았던 고故 김정주 넥슨 창업자 유족이 결국 현금 대신 회사 주식 일부를 국가에 넘긴 것이 벌써 2년 전 일이다.

정부가 고故 김정주 넥슨 창업자의 가족이 상속세로 납부한 넥슨 지주회사 NXC의 지분 매각에 난항을 겪고 있다.

NXC 지분은 앞서 1차 공개 매각에 이어 2차 공매서도 유찰됐다는 점에서, 매각에 또다시 난항을 겪을 것으로 전망된다. 경영권 프리미엄이 없는 데다 매각가가 지나치게 높아 선뜻 원매자로 나서려는 기업이 없을 것으로 예상되기 때문이다. 앞서 정부는 지난해 12월 NXC의 지분 가치를 4조 7,000억 원으로 책정하고 한국자산관리공사캠코를 통해 두 차례 공개경쟁입찰을 진행한 바 있다.

시장에선 앞선 공매에서 중국 최대 게임기업 텐센트와 사우디아라비아 국부펀드 퍼블릭인베스트먼트PIF 등 외국 자본이 NXC 2대 주주 자리를 얻기 위해 입찰에 나설 것으로 봤다. 특히 무함마드 빈 살만 왕세자가 의장을 맡은 PIF는 당시 약 26조를 들여 게임사 소수 지분을 인수할 것이라고 밝혀왔으며, 넥슨재팬 주식을 매입해 2대 주주10.2% 자리에 오르기도 했다.

하지만 기대와 달리 외국계 기업의 입찰 시도는 없었다. 기재부는 올해부터 해당 지분 매각을 수의계약으로 전환하고 5월 기관투자 대상 투자 설명회를 진행했음에도 매수희망자를 찾지 못하고 있다. NXC가 비상장사인 데다 기재부가 보유한 지분을 모두 사들여도 경영권을 행사할 수 없다는 점이 가장 큰 유찰 원인으로 분석된다. 아울러 이미 넥슨재팬이 도쿄 증시에 상장돼 있기에 지주사인 NXC가 상장에 나설 가능성도 낮은 상황이다.

금융감독원 전자공시시스템에 따르면 9월 11일 기준 NXC 지분은 고(故) 김정주 회장의 배우자 유정현 이사가 33.35%를, 김 전 회장의 두 자녀가 각각 17.16%를 보유하고 있다. 아울러 김 전 회장의 두 자녀가 대주주로 있는 유한책임회사 와이즈키즈 지분 1.69%를 포함하면 오너일가가 소유한 지분율은 69.36%에 달한다.

투자 업계에선 현실적으로 NXC 지분을 매입할 만한 곳은 결국 NXC밖에 없을 것으로 내다보고 있다. 다만 이 과정에서 정부가 '제값'을 받을 수 있는지는 미지수다.

과연 우리나라에서 100년 기업으로의 성장을 가로막는 상속세의 문제점을 해결하고 기업의 영속성을 보장하는 합리적 대안은 없는 것일까?

✦ 상속세 부담에 회사를 매각하는 것이 부러운 세상

승계 시기를 고민하는 창업주들의 진짜 고민은 따로 있다.

더 이상 국내 제조 분야에서는 자녀들에게 회사를 물려주는 것이 기업의 영속성을 보장할 수 없다는 생각 때문이다.

급격한 최저임금 인상과 근로시간 단축, 3D 업종 기피 현상으로 중소기업들은 점점 한계에 내몰리고 있는 실정이다. 이로 인해 회사를 물려

받기보다 회사를 팔아서 돈이나 부동산으로 받길 원하는 자녀들이 점점 늘어나는 것도 어쩌면 중소기업인들의 열악한 경영환경을 단편적으로 보여주는 예가 아닐까?

제조업은 전문경영인도 영입하기 어려운 세상이 왔다.

이처럼 지속적으로 회사를 성장시키고 어떤 신사업에 투자해야 할지 고민하고 뛰어야 할 기업인들이 상속세라는 고민으로 투자와 고용을 꺼리게 된다는 것은 결국 국가경제발전에도 큰 손해를 끼칠 뿐이다.

세계화가 무너지고 자국우선주의가 만연한 지금, 기업의 상속세 부담을 과감히 완화하고 투자와 고용을 촉진하는 상속세 개편이 과감하게 이루어져야 할 시기이다.

세금도 고용도 기업이 살아야 가능하다.

03

스마트한 증여의 시작, 가족법인의 설립

✦ 자산승계의 사다리 역할을 하는 가족법인

가족법인이란 공식적인 법적 명칭은 아니지만 가족이 주주가 되어 소유하거나 경영하는 법인을 의미한다.

일반적으로 승계와 자산관리 그리고 세금절세 등의 목적을 가지고 설립하며 주로 가족 단위의 사업을 운영하는 경우가 많다.

그렇다면 가족법인을 설립하는 이유가 무엇일까?

> 첫째, 가족법인 설립 후 부동산을 법인자산으로 이전하고 주식으로 증여하면 시가 대비 낮은 세금을 적용받을 수 있다.
> 둘째, 부모가 소유한 부동산이나 다른 재산을 가족법인과 다양한 형태의 거래 방식을 활용한 합법적인 절세가 가능하다.
> 셋째, 고소득자의 경우 가족 구성원을 실제 직원으로 채용하고 급여를 분산 지급하면 개인 소득세 분산이 가능하다.
> 넷째 법인세율10~25%은 개인소득세율최대 45%보다 훨씬 낮아 실질 세율을 낮추는 효과가 있다.

이 밖에 자녀에게 사업을 물려주거나 부동산을 가족법인에 귀속시킴으로써 증여세 없이 가족주주에게 이익을 창출해 주기 용이하다. 또한

증여는 Smart하게 상속은 아름답게

타 법인과의 거래를 통해 합법적으로 부를 창출해 낼 수도 있다.

✦ 가족법인의 주주구성

가족법인은 법인의 수익을 주주인 가족에게 귀속시키려는 목적으로 설립한다.

그러나 아직 어린 자녀들이 못미더운 부모는 본인의 주식 소유 지분을 높이려고 하지만 세금을 절세하고 부를 이전하기 위해서는 반드시 자녀들의 지분을 높이거나 자녀들로만 구성된 가족법인을 설립하는 게 가장 중요하다.

✦ 자본금

현행 상법상 1,000만 원의 자본금이면 법인 설립이 가능하다.

그러나 대부분 자녀를 주요주주로 가족법인을 설립하는 이유가 대부분 부동산을 취득하거나 사업을 통해 그 이익을 자녀들에게 귀속하기 위함이다. 따라서 자본금은 자녀에게 증여할 수 있는 금액을 정하고 거기에 맞춰서 설정하면 된다. 다만 성인 5,000만 원 미성년자 2,000만 원에 맞춰서 증여하는 것보다는 증여세를 부담하더라도 가용한 자금 내에서 자본금을 불입할 수 있도록 하는 것이 유리하다. 단 증여받은 자금으로 자본금을 납입한 후 5년 이내에 신축분양 등의 개발사업을 하고 그 이익이 귀속되었다면 증여세가 추가로 부과될 수 있으니 주의하여야 한다.

✦ 법인의 형태와 정관규정

가족법인의 특성상 일반 주식회사보다는 유한회사로 설립하는 경우가 많다. 유한회사는 원칙으로 주식회사와 같이 회사에 그 출자금액을 한도로 하는 간접 유한책임을 지는 사원_{회사채무에 관하여 회사채권자에 대해 직접으로는 책임을 지지 않고, 단순히 회사에 대하여 출자의무를 지는 데 불과한 사원}만으로 조직하는 회사이다.

세법상으로 주식회사와 동일한 규정을 적용받지만 일단 법인을 설립하는데 주식회사에 비해 쉽고 간단하다. 또한 유한회사는 자율성이 높아 상법의 강제 규정 등 또한 주식회사에 비해 자유롭다. 임원임기의 기간 제한이 없으며 지분을 양도할 수 없어 폐쇄성을 활용해 법인을 운영할 수 있다. 그렇기 때문에 오히려 가족법인의 경우 유한회사가 주식회사보다 더 주목을 받고 있다.

법인의 운영 규칙과 주요 내용을 담은 정관은 주식회사나 유한회사의 차이는 없다.

상법에서 정한 규정을 따르되 가족법인의 특성상 필요한 사항에 대해서는 별도로 작성하여 정관에 삽입하면 된다. 그 외에 임원의 보수규정 및 퇴직금 규정도 미리 작성해 두어야 한다.

증여는 Smart하게 상속은 아름답게

04

가족법인의 절세와 자산 이전 핵심 전략,
차등배당

2021년 이후부터 개인주주가 받는 차등배당은 전액이 증여세 과세대상이다. 하지만 가족법인을 활용한 차등배당은 효과적인 절세전략으로 주목받고 있다.

차등배당 플랜의 장점

항목	내용
(기존법인) 주식 가치 하락	미처분이익잉여금 처분에 따른 순자산가치 하락 → 주식평가 하락에 따른 상속세 절세효과
낮은 비용으로 자산이전	개인이 초과배당 받는 경우 상대적으로 높은 세율인 소득세(최고 45%) 법인이 초과배당 받는 경우 상대적으로 낮은 세율인 법인세(최고 20.9%) → 수입배당금 익금불산입에 따른 실질법인세 낮아지는 효과
가족법인의 다양한 활용	① 근무 및 연령 등 조건 없이 주주로서의 초과배당분에 대한 이익 활용 ② 누적배당금의 다양한 활용 가능 　1) 부동산 구입을 통한 임대업 　2) 영업권 거래를 통한 기존법인의 사업 양수도 　3) 상속발생 시 기존법인의 대표 보유 주식을 인수, 지분율 방어 & 상속세 납부 재원 마련

부모의 법인 또는 타 법인의 주식을 보유하고 있는 가족법인이 차등

배당을 받는다면 차등배당을 받은 금액에서 법인세를 차감한 금액을 구성된 주주들의 증여이익으로 보고 증여세를 과세한다. 이때 주주의 증여이익이 인당 1억 원을 초과하지 않는 경우 증여세가 부과되지 않는다.

그렇다면 차등배당을 받기 위해서는 가족법인이 부모의 법인의 주식을 소유하고 있어야 한다.

그러나 아직은 자금이 부족한 가족법인의 경우 증여를 우선적으로 실행한다.

증여받는 주식은 주주들의 증여이익이 1억 미만이 되도록 설정하여 받아오되 이에 대한 법인세는 발생한다.

부모법인의 지분 증여 받기

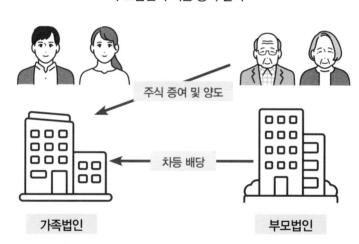

예로 증여 이후 부모회사의 주주구성이 부모가 95% 가족법인이 5%라고 가정하자.

참고로 가족법인의 주주구성은 자녀 2명으로 지분율은 같다.

부모회사가 2억 원을 배당하는 경우 정상배당은 부모님 1.6억 가족법인은 4,000만 원이다.

그러나 차등배당을 실시하는 경우 부모님이 배당을 포기하고 가족법인에만 2억을 배당할 수 있고 가족법인에 2억 원 배당에 대한 수익배당금 익금불산입 적용 시 법인세가 절감된다.

비상장 지분법 투자회사 익금불산입률 및 법인세율 개편

구분	2022년		2023년	
	지분 및 금액	불산입률 및 세율	지분 및 금액	불산입률 및 세율
비상장 지분법 투자회사 익금 불산입률	100%	100%	50% 이상	100%
	50~100% 미만	50%	20~50% 미만	80%
	50% 미만	30%	20% 미만	30%
법인세율	2억 이하	10%	2억 이하	9%
	2억 초과 200억 이하	20%	2억 초과 200억 이하	19%
	200억 초과 3,000억 이하	22%	200억 초과 3,000억 이하	21%
	3,000억 초과	25%	3,000억 초과	24%

원칙적으로 자기가 받을 금액을 초과하여 받는 것을 초과배당이라 하며 여기에도 증여세가 부과된다. 그러나 법인은 증여세 납부의무가 없기 때문에 법인세만 부담하게 된다.

상증령 제34조의5(특정법인과의 거래를 통한 이익의 증여 의제)
제45조의5제1항을 적용할 때 특정법인의 주주등이 증여받은 것으로 보는
경우는 같은 항에 따른 증여의제이익이 1억원 이상인 경우로 한정한다.
〈개정 2020. 2. 11〉 1. 삭제〈2020. 2. 11〉 2. 삭제〈2020. 2. 11〉

또한 주주 인당 이익이 1억 원을 초과하지 않아 증여세가 발생하지
않는다.

이렇듯 가족법인에 차등배당을 하는 경우 주주인별 증여이익이 1억
원을 초과하지 않는 경우 증여로 보지 않으므로 사전증여재산에도 합산
되지 않는다. 또한 10년 내 증여재산의 상속재산 합산에도 배제된다. 매
년 차등배당일로부터 1년이 경과되면 기존에 차등배당을 실시했던 금액
을 합산하지 않아 매년 증여세 없는 차등배당이 가능하다.

이처럼 가족법인을 활용한 차등배당은 증여세 회피, 법인세 절감, 세
대 간 자산 이전 등 다양한 장점을 제공한다. 그러나 이 플랜을 활용하기
위해서는 차등배당의 법적 근거와 주의사항을 꼼꼼히 확인해야 한다.
특히 상증법 제 45조의5특정법인과의 거래를 통한 이익의 증여의제에 나와 있듯 주
주별 이익이 1억 원을 초과하지 않도록 주의가 필요하다.

증여는 Smart하게 상속은 아름답게

05
가족법인으로 증여세 없이 부동산 취득하기

✦ 법인은 무이자로 대여해 줘도 증여세가 없다

국세청은 원칙적으로 가족 간의 금전대차거래계약은 인정하지 않는다.

만약 부모가 자녀에게 자금을 대여해 주고 저리의 이자를 지급받거나 아예 이자를 받지 않는 경우 그 차액이 연 1,000만 원을 초과하면 증여세를 부과한다.

마찬가지로 아무리 법인이라 하더라도 가족법인에 부모가 자금을 대여해 주고 위와 똑같이 저리의 이자를 지급받거나 아예 이자를 받지 않는다면 그 차액분에 대해 가족법인 주주에게 증여세를 과세한다. 개인과 법인의 적정 이자율은 4.6%로 동일하게 적용된다.

그러나 법인은 이자차액이 주주인당 1억 원 이상인 경우에만 증여세가 과세되기 때문에 개인보다 매우 유리하다.

가족법인 부동산매입자금 대여안

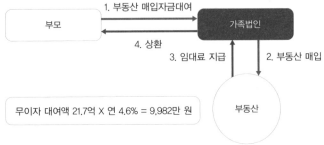

- 자녀법인에게 무상 또는 저율이자로 부동산 매입자금 대여
- 장점 – 부모의 자금으로 가족법인의 자산증가 및 임대소득 발생
  – 법인은 증여세 납부의무가 없음
    * 상증법 제4조의2(증여세 납부의무)
    제1항의 증여재산에 대하여 수증자에게 법인세가 부과되는 경우에는 증여세를 부과하지 아니한다.
  ① 부모가 대여형태로 자금지원
  ② 가족법인 주주 1인의 이익이 1억 미만일 경우 증여의제로 보지 않음(법인은 증여세 납부의무가 없음)
  ③ 1억이 초과되는 경우 저율의 이자를 부과하여 주주 1인당 1억 이내로 조정

법인은 증여세 납부의무가 없기 때문에 부친으로부터 자금을 대여받
더라도 증여세가 부과되지 않는다. 주주인당 증여이익이 1억 원이 되려
면 원금으로는 21.7억 원 이상이 되어야 한다.

이는 개인의 1,000만 원보다 열 배의 차이가 난다. 그러므로 증여의
제 이익이 1억 원으로 규정되어 있는 법인의 주주가 개인보다 유리함
을 알 수 있다.

만약 가족법인의 주주가 2명이라면 21.7억 원 × 주주 2인 = 43.4억
원이라는 결론이 나온다.

주주가 3명이면 55억 원, 4명이면 86억 원이라는 자금을 무이자로 빌
려줘도 주주인당 이자차액이 1억 원이기 때문에 증여세가 부과되지 않
는다.

다만 이자차액이 조금이라도 초과하면 전체금액에 대한 증여세가 부과
되니 반드시 1억 원 미만으로 관리해 주는 것이 좋다.

06
퇴직금, 제발 받아 가세요

✦ 회사에 돈도 없는데 퇴직금을 받아서 뭐해?

법인의 상속·증여 상담을 하다 보면 흔하게 나오는 퇴직금 관련 내용 중 하나이다.

대표이사나 임원의 경우 회사의 업무집행권을 가지고 회사로부터 일정한 사무 처리의 위임을 받고 있는 직급이므로 급여에 퇴직금이 포함된 것으로 보아, 일반 직원들과는 달리 근로기준법에 의한 퇴직금 지급 규정을 적용하지 않는다. 대신, 정관상 별도의 퇴직금 규정을 만들어 놓거나, 주주총회 결의를 통해 지급하고 있다. 만약 별도의 정관 규정이나 주주총회의 결의가 없다면 퇴직금 적립액을 산정하여 법인 경비로 처리하였다 하더라도 퇴직금을 청구할 권리도 발생되지 않는다.

간혹 회사의 사정이나 세금 문제로 퇴직금을 받지 않겠다는 법인 대표들을 만나면 상속·증여세법이 얼마나 비정한지 그리고 국세청이 얼마나 놀부 심보인지 설명해 주곤 한다.

일단 퇴직금을 포기하는 경우, 법인은 당해연도 채무면제이익으로 회계처리하고 이에 따른 법인세를 납부해야 한다.

퇴직금 포기 시점으로부터 5년이 경과하지 않은 상황에서 상속이 개시되는 경우 회사가 대표로부터 퇴직금을 사전증여 받은 것으로 보아 상속재산에 재합산되어 상속인들에게 억울한 상속세와 상황에 따라 가산세까지 부과될 수 있음을 주의하여야 한다.

실제 대표이사의 사망으로 발생하는 미지급퇴직금과 미지급임금, 그리고 가수금은 상속재산에 포함되며 피상속인이 상속인에게 10년 이내에 사전증여한 재산도 상속재산에 합산되어 계산된다.

그러므로 퇴직금을 포기할 계획이 있다면 대표이사의 사망으로 인한 상속개시 전에 정관변경을 통하여 퇴직금의 지급배수를 조절해 놓거나 사내복지기금을 설립하여 퇴직금을 재원으로 출연하는 방법 등을 활용하는 것이 바람직하다.

✦ 상속재산에 포함되지 않는 퇴직금도 존재한다

퇴직금이라 하더라도 예외적으로 상속재산에 합산되지 않는 경우도 있으니 세심하게 확인해 볼 필요가 있다.

① 국민연금법에 따라 지급되는 유족연금 및 사망으로 지급되는 반환 일시금

② 산업재해보상보험법에 따라 지급되는 유족보상연금 및 유족연금일시금, 유족 일시금

③ 가수금이나 퇴직금은 당연히 상속재산에 포함되나, 상속개시일 현재 회수 불가능한 것으로 인정되는 경우에는 불산입

이처럼 상속재산은 금전적으로 가치를 가지고 있는 모든 물건뿐만 아니라 재산적 가치가 있는 법률상 또는 사실상의 모든 권리를 포함하지만 그 재산과 권리에 따라 상이하게 적용되는 것을 알 수 있다.

그러므로 상속과 증여를 단순하게만 생각할 것이 아니라 종합적으로 판단하여 무엇이 유리한 결정인지 사전에 전문가와 상의하는 것이 바람직하다.

07
이 정도는 괜찮다는 대표이사의 착각, 가지급금

◆ 내 회사인데 왜 내 마음대로 법인자금을 못 쓰는 걸까?

개인사업자가 아닌 법인을 설립하거나 전환하는 이유는 크게 두 가지가 있다.

첫째, 업종이나 상황에 따라 다르지만 개인사업자에 비해 법인은 투명한 운영이 가능하기 때문에 대외신용도가 높아지므로 제3자에게 투자를 받거나 금융권의 자금을 빌리는 데 유리하고, 정부 지원 및 대기업과 공공기관 입찰참여 등의 기회도 더 많이 접할 수 있기 때문이다.

둘째, 개인사업자에 비해 낮은 소득세율을 적용받아 통상 연 매출액이 1억 이상인 경우 법인이 더 유리하고 법인카드와 급여, 상여, 배당소득 등을 비용처리 할 수 있어 절세 측면의 강점이 있다.

소득세 절세가 된다는 것은 그만큼의 혜택과 동시에 엄격한 회계관리가 이루어져야 한다는 것을 뜻하지만, 아직도 법인자금은 내 자금이라 생각하는 CEO들이 의외로 많다.

그러나 대표가 법인자금을 사용할 수 있는 합법적인 방법은 급여, 배당, 퇴직금 정도라 할 수 있는데 이것 이외에 사적인 용도로 사용하거나 증빙이 되지 않는 자금을 가지급금이라 한다.

일반적으로 가지급금은 비상장회사 즉, 중소기업과 소기업에서 흔히 발생하는데 이러한 회사들의 경우 실무적으로 회계업무를 보는 경리직 원조차 없는 경우가 흔하다.

기장료만 내고 세무사나 회계사무소에 전적으로 맡기고 기장처리를 하는 것과 이를 확인하고 소통해 나가는 회계담당 직원이 있는 것은 하늘과 땅 차이라 할 수 있는데 회계업무를 보는 직원도 없는 회사에서 재무제표 관리가 제대로 이루어질 리가 없다.

이로 인해 대표가 실제로 사용하지 않은 가지급금이 발생하는 경우가 발생하곤 한다.

말 그대로 회사가 대표에게 받을 돈이 있다는 뜻인 가지급금이 발생하는 이유는 다음과 같이 천차만별로 다양하다.

① 대표가 사적인 용도로 회사의 돈을 마음대로 쓰는 경우
② 회사가 지출은 했지만 적격한 증빙을 하지 못하는 경우
③ 사업의 특수성으로 인한 리베이트를 제공하는 경우
④ 이익이 발생되어도 배당을 하지 않고 급여를 낮게 책정하고 법인카드 등으로 생활비나 자녀교육비 등을 사용하는 경우
⑤ 거래처의 요구로 인해 매출세금계산서를 실제보다 과다하게 발행하는 경우
⑥ 사업체를 인수하면서 가지급금을 승계하는 경우
⑦ 회사의 신용도 관리 및 대출 연장을 위하여 가공의 이익을 계상하는 경우

대부분의 가지급금이 발생되는 사유를 대표가 인지하고 있지만 두 번째의 경우, 본인이 사용하지도 않은 자금이 대표의 가지급금으로 처리

증여는 Smart하게 상속은 아름답게

되면 대표의 입장에서는 많이 억울할 수 있다.

그러나 모든 지출에는 명확한 증빙이 이루어져야 하므로 대표가 모르고 있었다는 것까지 과세당국이 관심을 가질 필요가 없다는 것을 알아야 한다. 실제로도 몇 년이 지난 이후에서야 대표도 몰랐던 가지급금이 발생한 것을 확인하고 이에 대해 상담 요청을 하는 경우가 많다.

이러한 가지급금이 발생하는 경우 실무적으로는 어떤 문제가 발생될까?

✦ 가지급금의 인정이자 미납 시 소득세와 4대 보험료가 증가할 수 있다

가지급금은 매년 가중평균차입 이자율_{또는 4.6%}을 적용한 이자를 법인에 지급해야 하고 만약 이자를 지급하지 않는 경우에는 복리로 계산되어 가지급금의 원금이 늘어나게 되고 인정이자미납분만큼 대표의 상여로 처리된다.

이 인정이자는 실제로 매년 익금산입되어 법인세를 증가시키기도 한다. 이자를 지급한다고 하더라도 총자산적수 대비 가지급금 적수비율에 상당하는 금액은 손금불산입한다. 그러므로 가지급금은 법인과 대표 본인에게도 여러모로 엄청난 불이익을 안겨주게 된다.

가지급금과 이자를 상환하지 않아 장기간 쌓인 금액을 단순하게 급여 등으로 상환하기에는 오랜 시간이 소요되고 이익이 발생하지 않은 상황에서의 배당은 더더욱 어렵기 때문에 결국, 원금과 이자가 같이 불어나 매달 지급받는 급여에서 그 원금과 이자가 차지하는 비중이 점점 커지는 악순환이 발생하게 된다.

✦ 불분명한 가지급금은 상속세 리스크도 만든다

만약 대표의 가지급금이 남아 있는 상태에서 대표의 사망으로 인한 상속이 개시되는 경우에도 문제가 발생하게 된다.

상속인들이 가지급금 채무를 변제해야만 상속공제에서 부채로 공제된다. 이때 가지급금에 대한 약정서 및 이자 지급내역, 법인에서 대표에게 대여할 당시의 자금흐름 등이 명확하게 입증되지 않는 경우가 많아 부채로 인정받지 못해 공제받았던 가지급금 채무에 대한 상속세와 가산세가 추징되는 경우가 종종 발생한다.

그러므로 사전에 실제로 대표가 사용한 가지급금에 대한 약정서를 공증받고 이자를 지급하는 등의 실질적이고 정확한 증거자료를 갖추어 두어야 한다. 설령, 상속공제채무로 인정되더라도 가지급금액 자체가 사라지는 것이 아니고, 상속인들이 채무를 승계받는 것이기 때문에 가지급금과 이자에 대한 부담도 상속된다.

✦ 가지급금은 비상장주식 평가 시 자산으로 포함된다

일반적으로 가지급금은 부채라고 생각할 수 있으나 앞서 언급했던 것처럼 회사가 대표에게 받을 돈을 뜻한다.

그러므로 법인의 비상장주식 평가 시 가지급금을 제외하지 않고 자산에 포함하여 계산하는 것이며, 이는 상속뿐만 아니라 주식증여 시에도 마찬가지다.

증여는 Smart하게 상속은 아름답게

가지급금의 상속부채공제 여부 및 비상장주식 평가 시 포함 여부

피상속인이 대표이사로 재직했던 법인의 장부상 계상된 단기대여금과 관련하여 동 채무는 실제 피상속인에 대한 대여금인지 여부가 불분명한 것으로 보고 상속세 과세 가액에서는 차감하지 아니한다.

또한, 법인의 비상장주식 평가 시에는 가지급금을 제외하지 않고 자산에 포함하여 계산하는 것이다.(조심 2012서 4244, 2013. 09. 24)

이처럼 가지급금은 주식을 양도하고, 법인을 폐업하더라도 소멸되는 것이 아니라 특수관계가 종료되는 시점에 상여 처리되어 거액의 소득세가 발생될 수 있고 대표의 사망 시 남겨진 가족에게 채무부담의 이전과 상속세 문제를 발생시킨다.

그러므로 차일피일 미룰 것이 아니라 지금 당장이 가지급금 정리의 최적시기임을 인지하고 상환계획을 수립하여야 한다.

대표적으로 사용되는 가지급금 해결방법으로 가장 현실적인 대안은 대표의 개인 자금을 활용하여 상환하는 방법과 만약 개인 자금이 없다면 급여 · 배당 · 상여로 처리하는 방법이 있다. 또한, 본인 명의의 보험계약이 있다면 법인으로의 양수도 계약을 활용하는 것도 하나의 대안이 될 수 있다.

이외에 방법으로는 이익소각이나 특허권 등의 직무발명보상제도, 자기주식 취득, 유상감자 등이 많이 거론되지만 필자의 생각은 조금 다르다.

실질적으로 주식을 배우자에게 증여한 후 이익소각하여 그 자금을 대표가 가지급금을 해결하는 것에 사용한 것에 대해 조세심판원으로부터 소득세부과처분조심-2020-부-1593이 내려졌고 자기주식 취득도 배당가능이익을 초과하면 무효로 처리되고 명확한 목적 없이 취득하는 경우 대부분 불법적인 자금대여 행위로 보고 세무조사로 이어질 수 있는 리스크가 있기 때문이다.

또한, 특허권 등과 같은 직무발명보상제도의 경우, 대표가 실제로 특허를 만들지 않았다면 더 큰 문제를 일으킬 수 있어 보수적으로 판단해 봐야 할 부분이다. 그렇기 때문에 이처럼 불이익이 많은 법인의 가지급금을 해결하는 방안 중 가장 널리 사용되는 것이 바로 대표의 급여·배당·상여로 처리하는 것이다.

그러나 대표가 쓴 돈을 대표의 소득으로 갚는 것이 당연하지만, 실제 돈이 있어도 가지급금을 갚는 데 사용하기도 싫고, 급여를 높게 책정해 상환하는 방식도 소득세 부담으로 꺼린다.

솔직히 합법적으로 가지급금을 상여 처리하면 되지만 고액의 종합소득세와 4대 보험료 증가 등의 부수적인 문제를 이유로 방치하고 있는 것이다.

물론, 실질퇴직처리로 가지급금을 해결할 수도 있지만 가지급금을 상환하기 위해 은퇴를 하는 대표는 거의 없다고 해도 무방하고, 만약 퇴직처리했지만 실제로 회사에 근무를 지속하고 급여를 지급받았다면 퇴직소득세를 부인당하고 지급된 퇴직금에 대해서는 근로소득세로 과세될 수 있으니 주의하여야 한다.

그러므로 가지급금은 반드시 세무전문가와 함께 업종의 특성과 여러 가지 사정을 반영하여 최적의 상환 플랜을 만들고 실제 상환해 나가는 것이 매우 중요하다.

08

가수금이 왜 문제냐는 대표이사의 착각

✦ 회사자금 사정이 안 좋아서 가수금을 넣어둔 건데,
  이자까지 받을 필요 있나요?

기업을 운영하다 보면 매출 대금이 회수되지 않아 거래처에 대금을 결제해 주지 못하거나 직원들의 급여를 제때 지급하지 못하는 등 일시적으로 자금운영이 어려운 경우가 발생할 수 있다.

금융권의 자금을 활용하기에는 시일이 급박하거나 금액이 크지 않은 경우 대표의 개인 자금을 회사에 입금하여 사용하는 자금을 가수금이라 표현한다. 가지급금과 달리 가수금은 회사로부터 대표가 받을 돈이다.

실무적으로는 가지급금에 비해 가수금은 상대적으로 체감되는 불이익이 적어 대수롭게 여기지 않아 장기간 방치되는 경우가 상당히 많은데 의외로 가수금으로 인해 경영활동 전반에 받는 불이익은 생각보다 많이 있다.

법인 내에 가수금이 존재하는 경우 어떤 문제가 발생할까?

✦ 증여세 리스크

법인의 대표가 사업자금 부족, 직원 급여 등 여러 가지 이유로 인해 개인의 자금을 회사에 빌려주면서 원칙적으로 이자를 받아야 하지만, 대부분의 대표는 이자를 받지 않는 약정을 한다. 가수금이 발생하는 이유는 대체로 당시 회사운영자금이 부족했기 때문이고, 회사 사정도 안 좋은 상황에서 이자를 받을 대표가 어디 있을까?

더욱이 이자를 받을 경우 이자소득에 대해 법인은 27.5%의 원천징수를 하게 되고, 대표이사는 금융소득에 대해 신고해야 하기 때문에 이자를 안 받는 것이 속 편하다 생각될 수도 있다.

그러나 가수금에 대한 이자를 지급하지 않음으로써 발생한 이익이 특수관계인 주주들에게 연간 1천만 원 이상 발생하였다면 얘기가 달라진다.

매년 1천만 원을 초과하는 금액에 대해서는 증여세가 과세될 수 있고 법인은 지급하지 않은 이자 상당액을 면제받은 것으로 판단하여 법인세를 부과받게 된다.

또한, 국세청의 입장에서 대다수의 가수금은 회사의 사정이 어렵기 때문에 발생된다는 것은 당연히 알고 있지만, 매출이 좋고 이익이 발생하는 법인의 경우 대표의 개인 돈이 회사에 입금이 된다는 것은 매출 누락된 현금을 가수 형태로 넣는 것이 아닌가 하는 합리적인 의심을 할 수 있을 것이다.

그러므로 가수금의 금액에 따라 원금의 전체 또는 일부라도 상환받거나 이자를 지급받고 이것이 여의찮다면 가수금의 일부 또는 전부를 자본으로 전환하는 등의 방식을 고려해야 한다.

만약, 대표나 주주가 아닌 부모의 자금을 대여형식으로 빌려 와 자녀 법인의 가수금으로 처리했다면 이자를 지급하고 약정서 등의 증빙서류를 갖추어 놓지 않는 경우 증여세가 부과될 수 있다.

증여는 Smart하게 상속은 아름답게

특정법인에 대한 거래를 통한 이익의 증여 해당 여부

[상속세 및 증여세법] 제41조 제1항과 같은 법 시행령 제31조 제6항 및 그 부칙에 따라 특정법인에게 금전을 무상대부한 것에 대하여 당해 무상 대부한 금전에 당좌대출이자율을 곱한 금액에 청구인(주주)의 주식비율을 곱하여 계산한 금액을 증여재산 가액으로 하여 증여세를 부과한 처분은 적법함

특정법인의 주주 등이 증여받은 것으로 보는 경우는 특정법인의 이익에 특수관계자 주주간 비율을 곱하여 계산한 금액이 매년 1천만 원 이상인 경우로 한정함(국심 2004서 3034, 2006. 06. 02)

✦ 상속세 리스크

현행 상속 · 증여 세법에서는 대표의 가수금은 상속재산에 합산하여 상속세를 부과한다. 법인의 가수금은 자금출처 조사를 통해 법인매출 누락 여부를 사후 검증하게 되므로 가수금을 입금해야 하는 상황이 발생하는 경우 반드시 자금의 출처를 입증할 명확한 자료가 준비되어 있어야 한다. 만약, 상속세 조사 시 현금을 누락하여 가수금으로 처리한 것이 발각될 경우 소득세와 부가세, 신고불성실 가산세, 납부불성실가산세 등이 부과될 수 있으니 주의하여야 한다. 또한, 회사의 사정이 어려워 가수금을 변제받지 못할 것이 확실히 예상되더라도 상속재산에 포함되므로 가수금의 일부 또는 전부를 현물출자방식으로 자본전환을 하여 가업상속공제에 해당하는지 검토해야 한다.

또한, 대표이사의 가수금은 부채 계정이기 때문에 신용평가나 대출심사에서도 불리하게 적용되는데 이를 상증법상 현재의 시가로 자본전환하여 부채비율을 감소시키는 것도 가능하다.

✦ 세무조사 리스크

가수금은 대표가 개인 돈을 법인 명의의 계좌로 입금할 때만이 아니라 현금매출 누락 및 가공경비 등이 생겨도 충분히 발생할 수 있기 때문에 가수금이 많은 경우 그리고 가수금 명목으로 수시로 자금을 인출하는 경우 세무조사 대상으로 선정되기도 하고 정기세무조사에서 적발되기도 한다.

만약 세무조사 시 현금을 누락하여 가수금으로 처리한 것이 발각될 경우 소득세와 부가세, 신고불성실 가산세, 납부불성실가산세 등이 부과되고 추가적으로 법인세도 발생될 수 있으니 가급적이면 안 하는 것이 좋다.

특히, 가수금은 법인이 대표에게 갚아야 할 부채이기 때문에 실제 법인의 부채비율과 당좌비율, 유동비율 등 각종 재무비율 산정 시 부정적인 영향을 끼치게 된다. 이는 대외신용도 하락, 정부정책자금 선정 탈락, 공공사업 입찰 등에서 불리하게 적용될 수 있으므로 가급적이면 매년 법인의 결산 전에 해결하는 것이 법인의 신용등급개선에 유리하다.

더 이상은 가수금을 안 받아 가는 것이 대표의 미덕이 아닌 회사에 대외경쟁력 악화와 세무 리스크 등의 불이익이 생기는 것으로 인식하고 최대한 빠른 시일 내에 해결하는 플랜을 수립하여야 한다.

증여는 Smart하게 상속은 아름답게

꿩 먹고 알 먹는 사내근로복지기금 활용법

기업을 경영하는 입장에서 사내근로복지기금에 대한 이야기는 한 번 쯤 들어보았을 것이다.

중소기업의 사내근로복지기금 도입 확대를 위하여 세제지원 지속협의, 제도개선, 컨설팅, 홍보 강화 등을 통해
사내근로복지기금법인 설치 유도

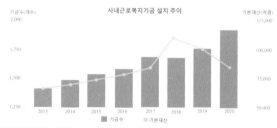

* '91년 사내근로복지기금법을 제정하여 '92.1.1 부터 시행(현재는 근로복지기본법)
* '2020년 기준 1,943개소 설치, 기본재산 8조 3,791억
* 2016년 1월 공동근로복지기금 제도 도입(지원금 : 출연금의 50% → 2020년 출연금의 100% 지원확대)

2021년 1월 정부에서는 근로자의 복지향상과 노사 간의 관계안정화 등을 위해 사내근로복지기금을 도입하는 법인에게 법인세법 시행령과 소득세법 시행령을 적극적으로 개정하여 시행하고 있지만 아직까지도 이 제도를 모르고 있는 기업들이 많다.

이 제도의 도입 취지 자체가 워낙 좋고 어떻게 활용하느냐에 따라 법 인뿐만 아니라 근로자에게도 유리하기 때문에 다양한 전략설계가 가능하 다. 이로 인해 최근 사내근로복지기금을 도입하기 위한 상담문의가 늘 어나고 있다.

✦ 사내근로복지기금이란?

사업주가 이익의 일부를 출연하여 사내근로복지기금을 설치한 후 노동자 복지에 사용하도록 하는 제도

* '83년 근로의욕 향상을 통한 생산성 향상과 기업 경쟁력 강화를 위하여 고용노동부 지침에 의해 설치가 권장됨 → 1991.8.10. 사내근로복지기금법 제정 → 2010.6.8. 근로복지기본법으로 통합
* 「근로복지기본법」개정('15.7.20.)으로 공동근로복지기금 제도 도입
* (공동근로복지기금) 둘 이상의 사업주는 공동으로 이익금의 일부를 출연하여 공동근로복지기금 조성 가능

사내근로복지기금법인 설립 여부는 노사 협의에 의한 자율사항임

(출처: 고용노동부)

근로복지법 제1조에 의하면 사내복지기금 제도는 근로복지정책의 수립 및 복지사업의 수행에 필요한 사항을 규정함으로써 근로자의 삶의 질을 향상시키고 국민경제의 균형 있는 발전에 이바지함을 목적으로 한다고 규정하고 있다.

이 제도는 법인이 이익금을 출연하여 근로복지기본법에 근거하여 설립된 특수법인이라 볼 수 있는데 근로자를 위한 제도인 만큼 이 제도에 대해 적용하고 있는 세무적 혜택은 상당히 강력하다 할 수 있다.

① 법인에서 출연한 기금 전체를 비용으로 인정하고

② 복지기금으로 지급된 비용은 소득세법상 소득으로 보지 않는다.

③ 사내근로복지기금에 출연한 재산은 상속재산에 포함되지 않는다.

④ 기금에 출연한 재산은 법인의 자산에서 제외한다.

주체별 혜택

구분	주요내용
기업	기금법인에 출연하는 출연금에 대해 **법인세법이 정하는 바에 따라 법인세 손비 인정**
	경영 여건, 수익금의 변동에 따라 출연금액 조정 가능 (income smoothing 효과)
근로자	재난구호금 지원, 생활안정자금 대부를 통한 저소득 근로자 생활안정 지원
	기금으로부터 정관에 따라 금전을 무상 또는 저리로 대출받은 경우 적정 이자율과의 차이로 인한 이익이 1,000만 원 미만일 때 증여세 비과세
	기금법인으로부터 받은 일정한 금품에 대해서는 증여세 비과세 (임금 X: 4대 보험료 X, 소득세 X)
기금법인	기금법인이 출연받은 재산은 증여세 비과세
	피상속인이 복지기금에 유증 등을 한 재산은 상속세 비과세
	기금법인이 고유목적 사업준비금을 손금으로 계산한 경우 법인세법이 정하는 바에 따라 손금산입

여기서 주목할 만한 것은 바로 사내근로복지기금을 잘 활용하면 상속세를 절세할 수 있다는 점이다.

우선 기업의 대표가 보유한 주식의 일부를 기금에 출연하는 경우 상속재산이 감소함에 따라 상속세가 절세된다.

특히 가업승계 시 사내근로복지기금을 활용하여 자녀의 지분을 높이는 방법으로 활용하고 있다.

그리고 법인의 사업무관자산을 기금에 출연하면 법인의 자산이 아닌 기금의 자산으로 바뀌기 때문에 가업상속공제의 효과도 극대화시킬 수 있다는 장점이 있다.

또한, 차명주식이 있는 경우 기금에 출연하여 재원을 활용하는 방법 또한, 훌륭한 대안이 될 수 있다.

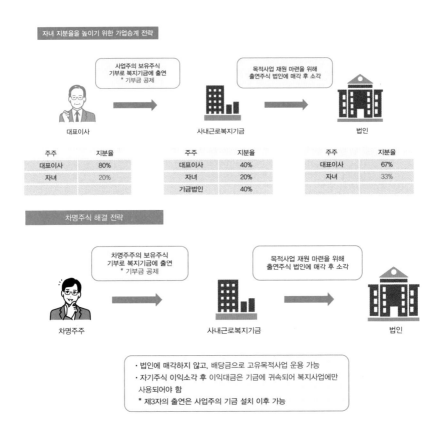

물론 매출도 없고 이익도 당연히 없는 회사라면 굳이 이 전략을 활용할 필요가 없겠지만 장기적으로 지속적인 성장이 가능하고 가업을 승계하고자 하는 목적이 큰 기업이라면 법인세도 줄이고, 상속세도 줄이면서 차명주식까지도 정리할 수 있는 사내근로복지기금이 대안이 될 수 있다.

증여는 Smart하게 상속은 아름답게

준비되지 않은 베이비부머의 大상속시대 · · · · · · · · ·

증여는 Smart하게
상속은
아름답게

제2장
이 세상에서 죽음과 세금만큼
확실한 것은 없다

Chapter 1

상속 준비, 아직은 아니라는
당신이 알아야 할 진실

나중은 없다.

지금 시작하지 않으면 시작되지 않는다.

상속세는 잔인한 사망세death tax 이면서
사망벌칙금death penalty 이다

사람들은 '소득이 있는 곳에 세금이 존재한다'라는 말을 부정하지 않는다.

국가나 지방자치단체가 살림을 꾸려나가고 공공의 이익을 추구하는 데 있어 세금이 꼭 필요하다는 것에는 반대가 없다. 그러나 본인보다 여유가 있는 기업이나 자산가가 세금을 더 내는 것은 당연시하면서도 정작 본인에게 부과되는 세금은 늘 불합리하고 억울하다고 한다.

필자 또한 상속증여를 실무에서 직접 컨설팅을 하기 전까지는 그런 사람이었을지도 모르겠다. 상속과 증여는 말 그대로 부모로부터 아무런 노력 없이 물려받는 불로소득이기에 세금을 부과하는 것은 사회정의와 부의 재분배를 실현하는 원칙에 부합하다 생각했기 때문이다.

이렇듯 우리의 신념 간에 또는 신념과 실제로 보이는 것 간에 불일치나 비일관성이 존재할 때 느끼는 불편함, 그것을 우리는 '인지부조화cognitive dissonance'라고 한다. 사람들은 이 불일치를 제거하기 위해 자신의 인지를 변화시켜 조화를 유지하려 한다.

'자기합리화'가 그 방편이다. 즉 자기합리화를 통해 인지부조화를 해소하려 하며 반대하지 않는 이중성을 갖고 있다. 이러한 자기합리화로 인해 사람들은 대부분 상속세를 나와 무관한 세금으로 치부하였기에,

지금까지 상속세의 불합리성이 공존해 왔고 개편은 늘 요원한 것으로 생각되어 왔다.

그러나 영원히 변화되지 않을 것만 같았던 상속세에 대한 인식이 최근 들어 변화가 시작되었다.

고故 이건희 선대 회장의 별세 이후 약 12조 원에 달하는 상속세를 납부하기 위해 유족들은 몇 년이 지난 지금까지도 상속받은 회사의 주식을 팔고 대출을 받고 있으며 넥슨의 고故 김정주 창업주의 유족이 상속세를 내기 위해 결국 현금 대신 회사의 주식을 물납으로 납부함으로써 국가가 2대 주주가 되었다는 사실은 대한민국에서 모르는 사람이 없을 것이다. 또한 부동산 가격의 폭등으로 인해 수도권에 아파트를 한 채라도 보유하고 있는 일반 서민들조차 상속세 과세 대상에 포함되면서 많은 사람의 인식변화를 가져왔다.

결국 지금까지 나와는 상관없다는 상속세가 내 발등을 찍는 도끼로 돌변했음을 뒤늦게 깨달은 것이다.

✦ 세금은 원래 '무無보상성'이다

어느 저명한 세무학자가 필자에게 전해준 재미있는 얘기가 있다. 일반인들이 모르는 세금의 가장 큰 특징은 '무無보상성'이라고 한다. 아무리 세금을 성실하게 납부한다 하더라도 국가는 납세자들에게 직접적으로 보상해 주지 않는다는 것을 의미한다.

쉽게 말해 세금을 아무리 많이 내더라도 우리 실생활에서 이에 따른 혜택을 느껴본 적이 없다는 뜻이다. 가령 건강보험료를 많이 냈다 해서 상급병원 VIP실에서 대우받으며 최우선 진료를 받는 것도 아니고 국립

증여는 Smart하게 상속은 아름답게

공원이나 공영주차장에서 할인 혜택을 주는 것도 아닌 것, 그것이 바로 내가 납부한 세금의 무보상성이다.

그러나 기여를 많이 한 만큼 충분한 대우를 받고 싶어 하는 것은 누구나 마찬가지다. 우리나라 상속세는 여러 가지 문제점을 내포하고 있다. 부의 균등한 분배라는 미명하에 이루어진 상속세 강화안은 결국 유망한 회사의 경영권을 처분하고 해외로 투자이민을 나가게 만드는 등 우리나라의 미래성장 잠재력을 훼손하는 지경에 이르렀다. 그리고 조세 측면에서 볼 때 상속세는 '이중과세'이다.

✦ 상속세는 징벌적 '이중과세'다

'이중과세'란 동일한 과세 대상에 대하여 같은 성격의 조세를 두 번 이상 과세하는 것. 동일한 과세물건에 대해 중복해서 이중으로 과세하는 것을 말한다.

생전 피상속인사망자이 물려줄 부를 축적하는 단계에서 이미 세금을 납부했기 때문에 사후에 다시 과세할 경우 '이중과세'가 된다.

과거 정부에서는 상속재산은 불로소득과 같은 개념으로 보고 높은 세율을 적용해야 하며 사회정의를 실현하는 세금으로 인식하였다. 무보상성의 원칙과 부의 재분배라는 미명하에 우리는 너무나도 불합리한 대우를 받는 처지가 되고 있는 것이다.

세금을 많이 낸다고 대우를 해주지는 못하더라도 가장 잔인한 사망세death tax이면서 과도한 사망벌칙금death penalty은 되지 않도록 하는 것, 이것 또한 국가가 나서서 해야 할 일이다.

고액 납세자 또한 국민이다!

02

준비되지 않은 베이비붐세대의
대大 상속시대가 시작되었다

✦ 현대 역사에서 가장 많은 부富의 이동이 시작됐다

미국 베이비붐세대1946~1964년생의 상속과 증여 행렬에 대해 최근 월스트리트저널wsj은 이렇게 정의했다.

일제 강점기를 거쳐 한국전쟁 이후부터 대한민국 경제의 고속 성장 시대를 보내며 많은 부富를 축적해 온 가장 위대한 세대….

전후 복구와 경제 발전이 시작되던 시기에 출생한 이들은 산업화 시대를 주도하며, 한국의 경제성장과 중산층 확립에 중요한 역할을 했으며 교육 기회의 확대와 함께 더 많은 고등교육을 받으며 사회 전반에 걸쳐 큰 변화를 이끌었다.

> **1차 베이비붐세대**1955년~1963년생
> **2차 베이비붐세대**1964년~1974년생

한국은행에 따르면 지난해 1차 베이비붐세대1955~1963년생, 705만 명가 은퇴 연령에 진입 완료했고, 이제 2차 베이비붐세대1964~1974년생, 954만 명가 은퇴에 들어간다.

2차 베이비붐세대 954만 명의 은퇴가 본격 시작됐다는 것을 고려하

178 　　　　　　　　　　　　　증여는 Smart하게 상속은 아름답게

면 미국이나 일본의 사례처럼 우리나라도 10년 내 대☆상속시대에 진입할 것으로 전망된다.

대☆상속의 시대에 진입하면 과연 어떠한 일들이 벌어지게 될까? 2024년 12월 23일 기준 주민등록 인구 중 20%에 해당하는 1,024만 4,550명이 65세 이상이라고 한다. 통상 인구의 20% 이상이 65세 이상일 경우 초고령사회로 구분되는 것을 감안하면 대한민국은 이제 초고령사회로 공식적으로 진입한 것이다.

통계청 자료에 따르면 한국인의 평균 기대수명은 2023년 기준 83.5세다. 특히 2023년 기준 전체 사망자 37만 명 가운데 20만 명이 80세 이상 고령자다. 이를 감안하면 현시점 가장 많은 상속은 1930~1940년대생이 사망하면서 1950~1960년대생이 그들 부모의 부를 물려받는 과정에서 발생한다고 볼 수 있다.

❖ 한국의 베이비붐세대가 본격적으로 '상속인'이 되고 있다

자본주의가 성숙한 사회일수록 상속 · 증여의 흐름이 점차 강해지고, 이를 둘러싼 사회적 논쟁도 더욱 뜨거워지고 있다.

그러나 준비되지 않은 상속이 늘어나면서 상속분쟁도 해마다 급격하게 증가하고 있지만 이를 대비해서 미리 유언장을 작성하는 경우는 전체 상속건 중 1%도 안 된다. 이처럼 국가가 상속받는 악순환이 반복되는 과정에서도 대부분의 사람들은 대☆상속시대가 도래하고 있다는 걸 모른다.

최근 증여가 많이 늘어나고 있긴 하지만 상속으로 인한 재산의 이전

규모에 비하면 여전히 미미하다.

실제 우리나라의 증여와 상속이 이루어지는 연령대를 살펴보면 대부분 부모님이 70~80대 이상의 고령인 경우가 많다. 이는 수증자의 나이가 최소한 50대 이상이라는 얘기이다.

이처럼 노노老老증여와 노노老老상속이 이루어지고 있는 것은 바로 대한민국에서 대大상속의 시대가 시작되었음을 증명한다.

✦ 은퇴를 앞둔 자녀가 세금은 어찌 내나?

증여를 할 때 가장 중요한 것은 받는 사람이 증여세를 낼 수 있는 능력이 있느냐가 관건이다. 그러나 대부분 증여세를 낼 수 없는 경우가 많아 연부연납으로 세금을 납부한다.

이때 재원은 급여 등의 소득보다는 부동산의 경우 임대소득을 활용해 증여세를 납부하는데, 대부분 5년간의 연부연납기간에 임대소득은 세금으로 소진된다. 그러니 증여를 받았음에도 불구하고 당장의 여유가 없는 것이다.

또한, 50대가 넘어서야 증여를 받고 세금을 납부하느라 임대소득에 대한 권리행사도 못 하는 상황에서 다음 세대까지의 증여를 계획하기란 현실적으로 어렵다.

그렇다면 노노老老상속이 개시되었다면 어떤 일이 발생할까? 이때는 문제가 더 심각해진다.

만약 55세의 자녀가 상속을 받는 경우를 가정해 보자.

대부분의 사람들은 상속세 재원을 미리 준비하지 않으므로 상속재산을 매각하거나 10년간의 연부연납을 통해 상속세를 납부하는 방법만이

증여는 Smart하게 상속은 아름답게

상속인들이 선택할 수 있는 최선일 것이다.

이는 자녀의 나이가 65세가 되는 시기에 상속세 납부가 완료된다는 것을 의미한다.

겨우 상속세를 연부연납으로 납부하고 나면 이제서야 경제적 부$_{富}$를 누릴 시기에 상속받은 재산을 곧바로 다시 증여해줘야 하는 악순환이 발생하는 것이다.

> 노노$_{老老}$상속이 노노$_{老老}$증여로, 그리고 다시 노노$_{老老}$상속으로 이어지는 악순환은 국가가 아닌 우리가 만들어 내고 있다.

이 과정에서 자녀 세대는 부모로부터 부$_{富}$의 상속은 받지만 평생 경제적 이익을 취하기보다는 납세노예의 인생을 살게 된다. 과연 이것을 진정한 부$_{富}$의 대물림이라 할 수 있을까?

사랑하는 나의 가족이 평생을 세금 납부의 굴레에서 벗어나지 못하게 만드는 것. 그것을 원하는 것이 아니라면 지금 자포자기할 것이 아니라 계획을 세우고 대비해야 한다.

이 비극은 '주는 사람', 즉 당신만이 막을 수 있다.

03
부가 소멸되는 대한민국, '부자는 3대를 못 간다'

'부자가 3대를 못 간다'는 말은 상당히 현실적이면서 정곡을 찌르는 데가 있다. 기억해 두길 바란다. 돈은 당신을 성공하게 만들 수도 있지만 파멸시킬 수도 있다. 그러니 돈을 많이 버는 것도 중요하지만 현명하게 쓸 줄 알아야 한다. 그리고 이를 자녀에게도 반드시 가르쳐야 한다.
(출처: 짐 로저스, 『위기의 시대, 돈의 미래』 중에서)

　워런 버핏, 조지 소로스와 함께 세계 3대 투자 귀재라 불리는 짐 로저스는 이 격언이 미국이나 유럽뿐만 아니라 아시아 국가에도 있다는 것을 알게 된 뒤 돈에 대해 다시 한번 생각했다고 한다. '재산의 형성'과 '유지' 그리고 '탕진'으로 이어지는 말을 빗대어 표현한 속담이다. 이처럼 부富라는 것은 불멸하지 않고 언제든 소멸할 수 있다는 사실은 인류가 오랜 세월을 살아오면서 변하지 않는 진리와도 같다.

　부모와 자녀 그리고 그다음 세대까지 살아온, 그리고 앞으로 살아갈 시대적 환경과 교육 수준이 상이하고 다양한 삶의 가치를 추구하기 때문에 각 세대 구성원이 지닌 부富에 대한 인식은 당연히 다를 수밖에 없다.

　증여는 Smart하게 상속은 아름답게

◆ 상속·증여세, 우리 모두에게 해당하는 세금이다

"사람들은 상속·증여 계획과 중요성은 알고 있지만 왜 매번 실행단계에서 멈추는 것일까?"

"내가 평생을 일구어 온 소중한 재산을 왜 가족이 아닌 국가와 나누어 가져야 하는지, 그리고 남겨진 가족들이 세금을 납부하기 위해 상속받은 재산을 처분하거나 대출을 받아야 하는데도 왜 대비하지 않는 것일까?"

사실, 상속과 증여 관련 세금은 소득세나 부가가치세처럼 우리가 자주 접하거나 매년 발생하는 것이 아니고, 자산가에게만 해당하는 영역이란 인식 때문에 더욱 관심을 갖지 않았다.

그러나 이제는 일반인도 상속과 증여에 관심을 가져야 하는 이유가 무엇일까?

'23년째 고정된 상속세 과표와 공제 한도10억, 8년이나 제자리인 증여세 비과세한도성인 5천만 원/미성년자 2천만 원'

실제 상속·증여의 과세제도가 오래전 기준으로 방치된 상황에서 최근 몇 년간 부동산 등의 자산가치 상승으로 인해 대다수 국민들의 재산이 상속세 부과 기준인 10억을 초과하는 현상이 나타났다. 이 때문에 자녀의 소득만으로는 자력으로 주택을 마련하기 힘들어지고, 정부의 각종 대출 제한 및 세금 중과 등의 규제로 인해 증여는 일반적인 트렌드가 되었다.

그럼에도 불구하고 일부 사람들은 아직도 상속·증여가 나오는 해당하지 않는다고 생각하고 있다. 상속·증여를 받아보지 못했거나 받았더라도 면세점 이하의 재산 규모로 인해 세금을 납부해 본 적이 없었던 일반인들이 공감하지 못하는 것은 어쩌면 당연한 일일지도 모른다.

그러나 100억을 가진 자의 1억과 10억을 가진 자의 1천만 원의 가치 중 누구의 것이 큰 것인지 한 번쯤은 고민해 보아야 한다. 재산 규모가 작을수록 상속·증여세도 적게 발생하겠지만 그 지출로 인한 타격은 의외로 클 수 있다.

단 한 번이라도 상속세를 납부해 본 사람은 안다.

✦ 증여세 30%를 내면서까지 증여해 줄 필요가 있나?

당장의 증여세 30%가 부담되더라도 나중에 발생할 상속세 50%보다 절세 측면에서 유리하다는 것에 동의는 하지만 실행단계에서 멈추는 경우가 생각보다 많다.

> "어차피 증여 이후 10년 이내에 사망 시 상속재산에 합산되어 과세되는 거면 그냥 나중에 해야겠네요."

이 또한 지금이 가장 빠른 증여 시기임을 간과하고 포기하는 대표적인 사례이기도 하다.

사람들은 증여가 상속보다 훨씬 유리하다는 것을 알면서도 왜 멈추는 걸까? 대부분은 미리 주는 것도 맞지만 지금은 때가 아니라고 답한다.

"그것이 세금 때문이든, 받고 나서 불효를 할까 봐 등의 이유는

증여는 Smart하게 상속은 아름답게

중요치 않다.

증여는 '주는 사람'이 결정하는 것이다. 그러나 결국 자식에게 주지 않았으니 이에 대한 세금은 지금 발생하지 않지만 언젠가 상속이 개시되면 반드시 부과됨을 알아야 한다.

훗날 상속으로 인해 부과된 세금을 줄이는 방법은 채무 등을 차감하고 공제 한도를 활용하는 것 이외에는 존재하지 않는다.

그러니 지금 실제로 계획하고 행동하는 것이 진짜 절세다."

이렇듯 나의 재산을 언제, 어떻게, 누구에게 줄 것인지에 대한 결정도 쉽게 하지 못하는데 내가 사망한 이후에는 과연 모두가 만족스러운 공평한 재산분할이 가능할까?

답은 "아니오"이다.

상속 절차 중 가장 까다로운 것이 바로 상속재산분할협의 과정이며 유류분반환청구 소송이라는 법적 분쟁이 일어나는 부분이다. 너무 복잡하기도 하고 상속재산에 대한 기대심리로 인한 상속인들의 입장 차가 커서 한두 번의 상담으로는 협의하기 어렵다. 이에 실무에서는 어느 전문가도 이 과정에서 주도적으로 가족 간의 중재자 역할을 하려 하지 않는다.

✦ 상속 이야기를 자녀가 먼저 꺼내는 것이 과연 불효일까?

우리나라 정서상 부모와 자녀 간에 상속재산에 관한 대화는 마치 성性에 관한 얘기처럼 피하고 싶은 불편한 주제다.

그래서일까? 자녀가 먼저 말을 꺼내기도 어렵고 설령 말을 꺼낸다고 하더라도 부모님이 화를 내시거나 "내가 다 알아서 줄 테니 넌 신경 쓰지 말아라."라고 대화 자체를 거부당한 경험이 있을 것이다. 이처럼 상속재산에 관하여 대화 자체를 자녀가 먼저 꺼내면 마치 불효처럼 보이기도 하고 욕심부린다는 이미지를 심어줄 수도 있다는 우려로 인해 가뜩이나 복잡하고 어려운 상속·증여를 현실적으로 다가가기 더 힘들게 만든다.

사실, 내 가족을 안 믿으면 누굴 믿는단 말인가?

어차피 믿든, 안 믿든지 간에 나의 재산은 언젠가 그들에게 이전되게 되어 있다. 그때는 나의 의도와는 전혀 다른 방향으로 흘러가더라도 중요치 않다. 상속이 개시되었다는 것은 이미 이 세상에 나는 없다는 뜻이니까.

그러니 불편한 주제라 하더라도 상속 및 증여계획은 반드시 '주는 사람'과 '받을 사람'이 함께 고민하고 판단하며 상황에 따라 수정·보완해 나아가야만 한다. 그것이야말로 부모로부터 자녀에게, 그리고 그다음 세대 이후까지 '부富를 대물림'하고 지켜내기 위한 과정이라 할 수 있다.

이처럼 '부富의 대물림'은 오랜 기간에 걸쳐 세대 간 재산의 이전이 철저한 계획을 통해 안전하게 진행되어야 하는 장기전인 만큼, 지금 준비하고 시작하는 것이 최고의 절세전략이다.

준비되지 않은 상속·증여는 결국 국가가 상속받게 만든다.

증여는 Smart하게 상속은 아름답게

04
상속세의 역습,
세금을 피해 이민을 가는 사람들

상속·증여세와 배당소득세 등 이른바 3대 세금이 없는 천국이 존재한다면 당신은 어떻게 할 것인가?

최근 가업승계의 부담을 느끼는 기업인들과 젊은 자산가들 사이에서 한국 국적을 포기하고 싱가포르 등의 해외 이민을 선택하는 사례가 늘어나고 있다.

싱가포르가 자산가들의 피난처로 급부상하고 있는 이유는 상속·증여, 배당소득세가 아예 없기 때문이다. 한국에서라면 수십억 원에서 많게는 수백억 원에 달하는 세금을 내야 하는 초고액 자산가들이 세금도 피처로 싱가포르를 주목하는 것이다.

✦ 징벌적 상속세, 결국 국가의 부富가 유출된다

지난해 한국 국적을 포기하고 싱가포르로 이민 간 1,000억 원 이상의 자산가가 역대 최대에 달한 것으로 추산되고 있다. 이는 우리나라의 상속·증여세 때문이라는 것이 지배적인 중론이다.

법무부 공공데이터를 분석한 결과 한국 국적을 포기하고 싱가포르 국적을 취득한 인원은 204명으로 2022년 106명 대비 92.5% 급증하였다 이는 2021년 134명으로 처음 100명을 넘은 지 3년 만에 사상 최대치를 기록한 것이다.

재외동포청으로부터 입수한 국가별 해외이주신고자 현황연고 · 무연고 · 현지 이주 포함자료에 따르면 싱가포르로 이주한 인원은 2013년 1월부터 2016년 12월까지 4년 동안 단 6명에 불과했다.

그런데 2017년부터 올해 1월까지 255명으로 42.5배 급증했다. 2017년 12월부터 해외이주신고 대상에 '현지이주'를 새롭게 포함한 점을 감안하더라도 같은 기간 전체 해외이주신고자가 1,920명에서 2만 3,639명으로 12.3배 늘어난 것보다 증가폭이 훨씬 크다. 이들 대부분은 상속 · 증여, 배당소득세를 회피하고자 하는 초고액 자산가인 것으로 파악되었다.

1,000억 원의 초고액 자산가는 싱가포르를 선호하고 수백억 원대 자산가는 미국을 선호하고 있는 것으로 알려져 있다.

최근에는 세제 혜택이 풍부한 홍콩과 아랍에미리트_{UAE}를 택하는 자산가도 늘고 있다.

특히 UAE는 상속 · 증여세를 비롯해 양도소득세가 없고 법인세도 싱가포르_{17%}보다 낮은 9% 수준이다. 실제로 홍콩으로 옮겨 간 이주 신고자는 2013년 1월부터 2016년 12월까지 단 2명에서 2017년 이후 올해 1월까지 242명으로 크게 증가했고, UAE도 같은 기간 0명에서 27명으로 늘었다.

◆ 징벌적 상속·증여세가 낳은 新풍속도, 역이민

세계 최고 수준의 세금을 피해 '탈한국'을 선택하는 자산가들의 행보를 살펴보면 의외로 재미있는 것이 발견되는데 바로 이들 중 상당수가

'역이민'을 계획하고 있다는 점이다.

싱가포르에 법인을 세울 정도의 초고액 자산가를 제외하면 미국 등 해외 이민을 준비하는 자산가 10명 중 7~8명은 몇 년 후 다시 한국으로 돌아오려고 한다.

상속증여세가 없거나 낮은 해외로 이민을 가서 자녀에게 증여한 뒤 다시 한국으로 돌아오는 것이다. 이를 두고 단순히 징벌적 상속증여세가 만들어 낸 기현상이라고만 생각할 일은 아니다. 물론 국세청에서도 이를 이용한 단기이민의 경우 세금회피목적으로 판단되면 세금을 부과하고 있다. 그러나 대부분의 이민을 결정한 초고액 자산가들이 5년에서 10년 이상의 체류 계획을 잡고 움직이는 것을 과세하기란 쉽지 않을 것으로 보고 있다.

거액 자산가의 돈이 금융, 부동산에 재투자되며 경제에 돈을 돌게 하는 효과가 크다는 점을 고려하면 자산가들의 엑소더스를 막기 위한 상속세제 개편 등 사회적 여건을 개선하는 게 시급하다.

05
2025년 최고의 이슈 부부간 상속세 폐지, 그리고 유산취득세

'사람은 모든 구성원이 불편한 것은 참지만 불공평한 것은 참지 않는다.'

2024년 7월에 발표된 윤석열 정부의 세법개정안을 한 단어로 요약하면 '부자감세'였다.

역대 정부들도 경제주체의 투자심리를 깨우기 위해 감세 인센티브를 제공한 적은 있지만 상속세율을 조정하고 할증제도를 과감히 폐지하는 등의 파격적인 개편은 역대급이라 할 수 있어 전문가들의 우려가 컸었다.

2024년 7월에 발표된 상증법 개편안에는 유산취득세 관련된 내용은 포함되지 않았다. 유산취득세 전환과 동시에 인적공제 상향 조정을 발표하는 것에 대해 부자감세라는 반발을 무시할 수 없던 정부는 일단 2024년 7월에는 인적공제와 최고세율 인하를 우선 발표하고 유산취득세 개편안은 2025년 세법 개정안에 담아 발표하는 꼼수를 쓴 것으로 생각된다.

그러나 주목받았었던 상속세제 개편안 도입은 대통령의 계엄령 선포로 인한 혼란스러운 상황에서 결국 부결되고 말았다.

증여는 Smart하게 상속은 아름답게

✦ 부부간의 상속세 폐지,
先 배우자 後 자녀 상속시대가 온다

2025년 3월 여당에서 제안한 배우자 상속세 면제에 야당 대표가 동의하면서 지난 1950년 도입된 현행 상속세 체제가 75년 만에 대전환을 맞게 됐다. 그간에는 배우자와 자녀들이 법정 상속분대로 재산을 나눠 갖고 연대책임으로 상속세를 내는 구조였다.

만약 세법이 개정된다면 일단 배우자에게 전부 상속해 주고, 나중에 배우자가 사망하면 비로소 자녀 세대에게 상속되는 방식이 정착될 것으로 예상된다.

물론 최고세율 인하나 유산취득세 전환, 최대주주 할증 폐지 등에 대해선 여전히 의견이 갈리지만 배우자 상속세 폐지와 더불어 상속세 공제한도를 확대하는 방향성에는 뜻을 모으면서 이번에는 상속세법 개정이 이뤄질 것이라는 기대감이 커지고 있다.

그러나 상속을 받은 배우자가 추후 사망하면 자녀가 결국 상속받게 되는데 이때 상속분 전체에 대해 일괄공제를 받기 때문에 자녀 입장에서는 부담이 여전하다. 되레 협의분할 시 전체 세액을 줄일 수 있는 혜택인 배우자 공제마저 사라지는 꼴이 돼 세 부담이 커질 수 있다. 자녀 세대로의 상속이 늦춰지는 과정에서 자산 가격이 상승하게 되면 그 역시도 세 부담을 늘리는 요인이 된다.

이를 보완하기 위해 전체 상속 금액에 대해 세금을 내는 유산세 방식도 각자 받은 상속재산을 기준으로 세금을 내는 유산취득세 방식으로 바뀔 가능성도 커졌다.

정부의 말대로 상속세 부과방식이 유산취득세로 개편된다면 올해 상반기부터 충분한 사전준비와 사회적 합의를 통해 2~3년 이후에 실행될 것으로 판단된다.

그렇다면 정부가 이렇게 꼼수를 부려가면서도 유산취득세 방식을 도입하고자 하는 이유는 무엇일까?

세법상 상속세와 증여세는 재산의 무상 이전을 과세대상으로 한다는 점에서 성격이 크게 다르지 않다. 상속세는 유산세 방식으로, 증여세는 유산취득세 방식으로 과세되고 있다. 증여세는 증여받은 자산을 기준으로 하지만 상속세는 피상속인의 자산총액을 기준으로 과세된다.

실제 경제협력개발기구OECD 36개국 중 한국·미국 등 4개국만이 유산세 방식으로 운영하며 19개국은 유산취득세 방식으로 운영하고 있다. 나머지 13개국은 원래 상속세가 없었거나 폐지했다.

이를 근거로 재계와 학계에서는 상속세와 증여세의 부과방식이 달라 혼란을 일으키는 만큼 유산취득세 부과방식으로 개편의 필요성을 계속 지적해 왔지만, 아직 부유층의 자산 축적과 부富의 대물림에 대한 부정적인 인식이 강하고 부富의 재분배를 통한 빈부격차 문제를 해결하고자 하는 사회적 요구도 강하기 때문에 실제 실행까지는 많은 진통이 예상된다.

유권자 중 대부분을 차지하는 서민들은 자산가들이 얼마나 세금을 많이 내는지 모르고, 세금이 너무 높아지면 어떤 부작용이 생기는지 모르거나 관심조차 없기 때문에 정부가 나서서 이들을 설득한다는 것은 정말 엄두가 안 나는 일이다. 여기에 '유산취득세'로의 전환은 곧 '부자감세'라는 프레임으로 간단하게 분노를 조장하는 분위기가 조성되면 더욱 그렇다.

그러므로 상속세의 부과방식이 '유산세' 또는 '유산취득세'든지 사회적

증여는 Smart하게 상속은 아름답게

합의를 통한 상속세제에 대한 인식변화와 상속세의 소득배분 효과에 대한 객관적 검증이 선행된 이후 결정되어야 한다.

✦ 유산세 현 상속세부과방식

우리나라의 상속세는 피상속인이 남긴 재산을 기준으로 납부해야 할 세액을 결정하는 '유산세' 방식이다.

유산세 방식은 상속세 과세방식의 일종으로 상속재산에 대해 재산분배가 시행되기 전 상속재산 전부를 과세대상으로 하고 상속재산의 분배에 따라 세액이 달라지지 않는다. 이전될 재산총액에 세금이 부과되는 구조이다 보니 총 상속재산이 많으면 많을수록 누진세율이 적용되어 상대적으로 높은 세율이 부과될 수밖에 없다.

고인의 생전 불투명한 소득에 대한 과세 누락분을 최종적으로 정산하고자 하는 보완세의 목적과 세무행정상 과세 편의성을 제고하기 위한 방법으로 채택하고 있다.

✦ 유산취득세

'유산취득세'는 상속받을 재산의 총액이 아닌 상속재산 분배 후 상속인별로 받은 재산에 과세표준을 적용하여 상속세를 부과하는 방식이다.

'유산취득세'는 재산을 많이 받는 상속인에게 상대적으로 더 높은 세금을 부과함으로써 공평과세가 이루어질 수 있고 부의 집중을 억제하는 효과도 있다. 현 부과방식인 '유산세'는 상속재산의 분할과 상관없이 재산총액에 대한 세율적용으로 불공평의 논란과 부의 집중을 방치한다는 비판을 받고 있다. 이로 인해 부의 분산효과와 공평과세 등을 이유로 상속인별로 분할 재산에 대해 과세를 하는 '유산취득세'를 도입해야 한다는 의견이 많다.

다만, 유산취득세를 도입하기 위해서는 인구감소로 부의 분산과 세 부담 감소 효과가 크지 않을 수 있고, 가족의 숫자가 많은 경우와 그렇지 않은 경우의 세 부담에 있어 또 다른 불공평이 발생할 수 있는 등의 문제점을 해결해야 한다.

또한, 상속세의 회피 목적으로 상속재산을 허위 분할신고를 하는 등 악용하는 사례도 발생할 수 있다.

이렇듯 오랫동안 상속세 부과방식이 논란이 되는 것은 유산과세방식과 유산취득세 과세방식 모두 각각의 장·단점을 가지고 있기 때문이다.

그러나 단순하게 상속세의 부담이 줄어드는 것만큼은 확실한 건 알겠지만 정말 유산취득세'로 바꾸는 개편안이 유리하게만 적용되는 것일까?

✦ 유산취득세는 상속세가 줄어든다?

유산취득세로 전환된다면 각자 상속받은 재산에 대한 세금을 납부하면 되기 때문에 전체 상속재산에서 공제를 제외하고 세금을 부과하는 현 유산세보다 상속세가 줄어들게 된다. 그러나 인당 받을 상속재산이 각종 공제를 제외하고 30억 원 이상이라면 현 유산세와 별다른 차이가 없게 된다. 향후 공제 부분이 어떻게 확대 적용될 것인지에 따라 혜택을 받는 부분이 달라질 수 있다.

증여는 Smart하게 상속은 아름답게

✦ 2차 상속세의 공포가 현실화된다

제일 먼저 연대납세의무인 상속세 대납을 활용하여 2차 상속세도 절세하는 플랜은 이제 불가능해지는 것은 아닐까 하는 합리적인 의심이 든다. 지금까지는 고령의 배우자가 받은 법정상속지분 내에서 자녀들의 상속세를 한꺼번에 납부하여 향후 발생할 2차 상속세를 줄이는 절세전략을 많이 사용해 왔다. 이때 배우자가 납부하는 상속세는 증여세가 부과되지 않았기 때문이다.

✦ 자산이 없는 개별 상속인, 결국 개인파산이 온다

상속인들의 경우 각자의 소득과 경제력 수준이 다르기 때문에 상속세를 납부할 수 있는 능력 또한 상이할 수밖에 없다.

만약 부모님으로부터 향후 미래 투자가치가 좋은 건물이나 토지를 상속받았다고 가정하자.

상속인 중 한 명 또는 여러 명이 상속세를 납부할 능력이 없다면 어떻게 될까? 해당 상속재산이나 개인자산을 담보로 대출을 받아 상속세를 납부해야 할 것이다. 세금 때문에 매각을 하자는 상속인과 미래투자가치 때문에 보유를 하자는 상속인들 간의 다툼이 생길 것은 뻔하다. 만약 상속인 중 신용이 좋지 못한 사람이 있다면 더 큰 문제가 발생될 것이다.

물론 불합리한 부과방식체계의 변화도 좋지만, 장기간 머물러 있는 공제 한도를 상향조정하고 세율을 낮추어 주는 것으로도 어느 정도 조정이 가능한 부분이 아니었을까 하는 아쉬움이 남는다.

최근 정부는 연구용역과 사회적 합의를 통해 2025년 세법개정을 통해

2028년에 시행을 목표로 한다고 한다. '과연 가능할까?' 하는 의구심은 들지만, 이것 또한 지켜보면 알 수 있을 것이다.

그러나 증여는 세법개정이 될 때까지 기다리는 것이 가능할지라도 상속은 다르다. 결론적으로 상속세 및 증여세는 개편되는 부과방식에 따라 결과가 달라진다고 하더라도 세금을 납부하는 것 자체는 변함이 없기 때문이다.

그러므로 사전에 어떻게 계획하고 준비하는 것이 좋은지 전문가와 상담하고 미리 철저하게 대비해야만 한다. 절세된 상속·증여세는 반드시 내 가족의 재산으로 남게 될 테니 말이다.

증여는 Smart하게 상속은 아름답게

06
막장으로 가는 유류분청구소송, 그리고 가족의 해체

✦ 법정상속지분의 변천사를 알면 조금은 이해가 될까?

평생 온갖 지원을 받으며 살아온 장남이 돌아가신 부모님의 재산을 다 갖겠다고 하는 모습… 시집갔으니 출가외인이라 하여 재산분배 과정에는 늘 소외되어 있던 딸……

우리의 부모님이 장자 또는 아들들만 신경 쓰시고 챙겨준다는 얘기는 어제오늘만의 문제가 아닐 정도로 아직 주변에 흔하다.

특히 상속이나 증여에 관해서는 더욱더 그렇다.

수세기 동안 대를 잇는다는 것은 가문을 승계한다는 것이고 한 가문의 부와 명예는 대부분 장자승계의 원칙이었다. 이처럼 한 집안의 안위와 평화를 챙겨야 하는 가장으로서의 권위는 무한했다. 가장의 아들이 다음 세대의 가장이 되는 것이 당연했던 문화 속에서 어쩌면 상속 또한 그러한 시대적 현상을 반영한 당연한 결과가 아니었을까 생각이 든다.

✦ 상속도 시대의 흐름에 따라 변화해 왔다

고려시대에는 상속에 있어 차별이 없었으며 지금처럼 모든 자녀들은 균등상속을 받을 수 있었다. 그러나 조선시대로 접어들면서 17세기 이후 유교 사상이 강해짐에 따라 남녀 차별, 장자 우대의 상속제도가 자리 잡게 되었다. 이후 의용민법시대1945.08.15.~1959.12.31.에 접어들었다.

> 의용민법이란 1945.08.15. 일본의 패망으로 우리나라가 독립하였으나 아직 민법이 제정되기 전이었으므로 일제 강점기의 민법을 그대로 사용한 것을 말한다.

이 시기에는 호주 상속을 하는 장남이 전 재산을 상속받은 후 남자 형제들이 분가할 때마다 재산을 분할해 주었으나 여전히 딸은 상속에서 제외되었다.

이처럼 오랜 세월 장남에게 전 재산을 물려주던 구관습은 1960년 이후 법 개정으로 인해 다른 자녀들에게도 법정상속지분을 보장하도록 했다.

그러나 여전히 장자 우선 상속의 모습 그대로 남아 다른 자녀들에 비해 월등히 많은 상속지분을 보장했었다. 1979년 민법 개정 시에는 아들과 딸의 차이를 없앴지만, 여전히 분가한 딸의 상속지분은 25%만 인정이 되었고 장남의 상속지분 우대는 그대로 유지되었다. 이때부터 유류분제도가 시행되었다. 이후 1991년 민법개정으로 인해 지금의 균등배분이 가능해지게 되었다.

그러나 예전의 장자 우선 또는 남아선호 상속관습은 수많은 세월이 지난 오늘날에도 여전히 강하게 작용하고 있다.

증여는 Smart하게 상속은 아름답게

법정상속지분 변천사

관계	1959.12.31. 이전	1960.01.01. 이후 1978.12.31. 까지	1979.01.01. 이후 1990.12.31. 까지	1991.01.01. 이후 현재까지
배우자	0	0.5	1.5	1.5
장남	1	1.5	1.5	1
차남	0	1	1	1
딸	0	0.5	1	1
결혼한 딸	0	0.25	0.25	1

✦ 내 재산인데 내가 주고 싶은 대로 못 주나요?

"내 재산이니까 당연히 내가 주고 싶은 대로 주는 것이 뭐가 문제냐?" 라고 묻는 분들의 심정을 이해 못 하는 것이 아니다. 그러나 법은 유류 분이라 하여 유언자에 의해 특정 상속인이 상속재산분배에서 완전히 배 제되더라도 최소한의 자기 몫을 받을 수 있도록 보장하고 있다.

쉽게 말해 누가 상속인이 될 것인지, 각각의 상속분은 얼마인지에 대 해서는 이미 법으로 정해져 있고 피상속인 마음대로 바꿀 수 없다는 뜻 이다. 만약 피상속인이 생전에 유언을 통해 상속인 중 누군가에게만 재 산을 단독상속하겠다고 하거나 상속인이 아닌 제3자에게 전 재산을 유 증함으로써 다른 상속인들의 권리를 침해하는 경우 민법에서는 상속인 들이 최소한의 상속분을 법으로 보호받게 한다.

피상속인의 사후에 소유하던 재산처분의 자유를 제한한다는 것이 매 우 이례적인 제도라 할 수 있는데 내가 죽은 뒤의 내 재산은 내 것이 아 니라 상속인들의 것이고 유언이 없다면 우리나라의 법은 상속인들에게

균등하게 분배하는 것을 원칙으로 하기 때문이다. 평생을 바쳐 쌓아온 나의 재산일지라도 사후에 상속인들끼리 어떻게 분배할지는 생전의 고인의 의사가 상당히 제한됨을 알 수 있다.

✦ 부모님 돌아가시면 그때 두고 보자는 자녀들

"출가외인인 딸에게는 상속포기 각서를 미리 받아두었어요."

요즘 들어 '딸바보' 부모들이 늘어나고 남녀의 역할에 대한 인식이 변하고 있지만, 우리나라의 정서상 고령의 부모님 세대에서는 여전히 '아들 우선주의'가 지배적이다. 이때 많이 접하게 되는 오해 중 하나는 '상속포기 각서를 받아두었기 때문에 괜찮다'라는 것인데 이것은 매우 잘못된 상식이다.

실제 아들에 비해 딸들은 미리 상속포기 각서를 작성하고 상속재산분할 과정에서 배제되거나 유류분보다 적은 재산을 상속받는 경우가 많다. 그러나 유류분은 상속개시로 발생하기 때문에 사전 포기나 청구는 인정되지 않으며 상속개시 이후의 포기나 청구가 인정된다.

따라서 피상속인이 사망하기 전에 상속포기 각서를 작성했다면 그저 의미 없는 문서에 불과하므로 이러한 사실을 모르고 피해를 보는 일이 없도록 주의하여야 한다.

07
유류분은 상속 당시의 가치로 평가한다

만약 상속인이 유류분보다 적은 재산을 상속받은 경우 부족한 금액을 청구할 수 있다. 이를 유류분반환청구라 하는데 만약 상속개시 전 1년 이내에 증여를 했다면, 증여한 부분도 상속재산에 포함하여 유류분 산정을 한다.

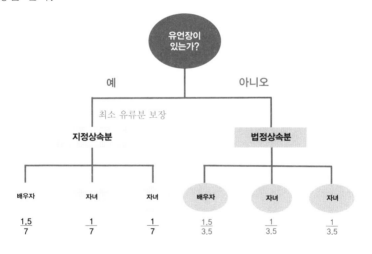

• 배우자 및 직계비속의 유류분 : 법정상속분 x 1/2
• 직계존속 및 형제자매의 유류분 : 법정상속분 x 1/3

청구 대상은 유류분 이상을 상속 혹은 증여받은 사람이 되며, 그 대상이 여러 명일 경우 각자가 상속받은 재산액에 비례하여 청구할 수 있다.

여기서 유의해야 할 점은 유류분반환청구 소멸시효기간은 증여_{또는 유}

증 사실을 안 날로부터 1년 이내이다민법 제1117조. 이 기간에 유류분 권리자가 반환청구를 하지 않으면 청구권이 소멸되어 더 이상 유류분청구를 할 수 없다. 그리고 상속이 개시된 시점으로부터 10년이 경과되면 증여또는 유증 사실을 안 시점과 상관없이 유류분반환 청구권은 사라지게 된다.

그렇다면 상속개시 전 10년 동안에 받은 증여재산만 유류분 대상이 되는 것일까? 아니다. 10년 이내 증여재산이 상속재산에 합산되어 과세되는 것을 말하는 것이지 1977년에 유류분제도가 도입된 이후 증여된 재산은 기간 제한이 없다.

그럼 상속의 개시와 반환하여야 할 증여 또는 유증을 한 사실을 알았을 때가 정확히 언제일까?

✦ 증여또는 유증 사실을 안 날로부터 1년?

법원의 판례를 보면 상속이 개시되어 자신이 상속인이 되었다는 사실과 증여, 유증의 사실을 알뿐만 아니라 그것이 유류분을 침해하여 반환청구를 할 수 있게 됨을 안 때를 의미한다고 한다대법원 93다52563 판결.

그럼 언제든지 내가 안 날로부터 1년의 적용이 가능할까?

답은 NO!

보통 이 시기를 산정하는 부분에서 논란의 소지도 많고 이로 인해 인정이 안 되는 경우도 많다. 그렇기 때문에 최대한 피상속인의 사망일로부터 1년 이내에 청구하는 것이 좋다.

이때 시간을 벌기 위해서는 유류분을 돌려달라는 의사표시를 미리 하

증여는 Smart하게 상속은 아름답게

는 것이 좋은데 꼭 소장만 효력이 있는 것이 아니라 **문자나 내용증명,
SNS 또는 구두**로 주장해도 청구소멸시효 중단효력이 발생한다.

다만, 반드시 의사 표현을 한 증거자료가 있어야 하며 의사를 표현했음에도 불구하고 상대방이 반환하지 않는다면 6개월 이내에 재판을 청구해야 중단효력이 유지된다.

✦ 상속이 개시된 시점으로부터 10년?

유류분청구 시 피상속인의 모든 재산 현황을 파악하는데 이때 누락된 재산이 나중에 확인될 수 있다.

이런 경우 상속이 개시된 후 10년이 지나지 않았다면 새롭게 찾은 재산에 대해 다시 1년의 소멸시효가 발생한다.

✦ 무조건 유류분을 다 줘야 할까?

유류분청구소송은 상속인 간 즉 가족 간에 청구하는 소송이다. 상속인마다 피상속인의 생전 시 기여도가 다른 경우가 많은데 이는 유류분청구소송 시 많은 쟁점이 되는 부분이다.

몇 년 전 아이돌 가수 故 구하라 씨 사건과 천안함 사건, 어느 소방관의 극단적인 선택 이후 생사도 몰랐던 가족이 나타나 자기 몫을 주장한다는 소식이 한동안 세간의 화제가 되었다. 개인적으로는 부양의무를 지지 않은 상속인의 상속권을 폐지하는 것이 맞다고 생각하지만 아직 법제화되지 않아 이와 같은 지속적인 분쟁이 발생하고 있다.

안타깝게도 故 구하라 씨의 유가족은 기여분 20%를 인정받아 상속분을 주장하던 모친과 5:5가 아닌 6:4의 비율로 상속재산을 분할하게 되었다.

故 구하라법 개정 추진 내용

제1004조(상속인의 결격사유)

다음 각호의 어느 하나에 해당한 자는 상속인이 되지 못한다.

고의로 직계존속, 피상속인, 그 배우자 또는 상속의 선순위나 동순위에 있는 자를 살해하거나 살해하려 한 자

고의로 직계존속, 피상속인과 그 배우자에게 상해를 가하여 사망에 이르게 한 자

사기 또는 강박으로 피상속인의 상속에 관한 유언 또는 유언의 철회를 방해한 자

사기 또는 강박으로 피상속인의 상속에 관한 유언을 하게 한 자

피상속인의 상속에 관한 유언서를 위조, 변조, 파기 또는 은닉한 자

(개정내용)

피상속인의 직계존속으로서 피상속인에 대한 부양의무를 현저히 게을리 한 사람

위 사례를 보았듯 그나마 다행인 것은 "법적으로 유류분보다 기여분이 우선된다"라는 점이다.

기여분은 상속재산분할 전 선공제되기 때문에 기여분이 인정될 경우 그만큼 유류분의 규모가 감소할 수밖에 없다. 다만 기여분으로 인정을 받기 위해서는 여러 가지 사항을 고려하여 판단하여야 한다.

배우자의 가사노동은 배우자 서로 간 부양의무가 있는 것으로 보기 때문에 특별기여로 볼 수 없으며 특별기여는 대표적으로 본래의 상속분만큼 분할하는 것이 기여자에게 불공평한 것으로 확실히 인식되는 경우여야 한다.

예를 들어 기여자가 피상속인의 사업을 장기간 무상으로 도와 그 노력과 희생으로 재산을 형성 또는 증식시킨 것이 입증되는 경우 특별기여로 인정된다.

증여는 Smart하게 상속은 아름답게

현행법제도는 유류분반환청구 소송은 민사소송으로, 기여분결정 심판 청구는 가사소송으로 분류되어 가정법원에서 진행한다. 두 개의 재판이 각각의 다른 관할법원이기 때문에 유류분 반환청구 소송에서 기여분 공제 항변을 할 수 없다는 점을 유의해야 한다.

유류분청구소송이 발생하는 데는 여러 가지 이유가 있는데 대표적으로 유언이 없는 경우와 유언이 있다 하더라도 불균등한 유언이나 사전증여가 유류분을 침해하는 경우이다.

법은 유류분청구 대상이 공동상속인과 그 외 제3자에 대해 다른 규정을 적용하고 있는데 공동상속인이 아닌 제3자가 증여받은 재산은 사망일로부터 1년 이내의 기간에 증여한 것에 한정된다.

공동상속인이 아닌 제3자에 대한 증여는 원칙적으로 상속개시 전의 1년간에 행한 것에 한하여 유류분반환청구를 할 수 있고, 다만 당사자 쌍방이 증여 당시에 유류분권리자에게 손해를 가할 것을 알고 증여를 한 때에는 상속개시 1년 전에 한 것에 대하여도 유류분반환청구가 허용된다(민법 제1114조).

여기서 말하는 제3자는 혈연관계가 없는 완전한 타인뿐만 아니라 법인이나 단체 그리고 친족관계일지라도 공동상속인이 아닌 손주와 사위·며느리를 말한다.

이에 반해 상속인이 증여받은 재산의 경우 위에서 언급했듯이 기간에 대한 제한이 없고, 증여받았을 때 이로 인해 유류분 침해가 발생하는 것에 대해 인식했는지 여부도 필요 없다.

이렇듯 공동상속인의 유류분반환청구 소송이 실제로 진행될 경우 아주 오래전 증여하고 매매가 이루어져 그 가치가 소멸되었다 하더라도 유류분청구대상이 될 수 있다.

그러므로 생전에 피상속인은 불균등한 증여가 있었는지 미리 파악하고 유언을 통해 법에서 정한 최소한의 유류분을 침해하지 않는 재산 분배 계획을 세워 남은 가족 간의 분쟁을 최소화해야 한다.

✦ 증여재산의 가치가 변동되면 유류분에 포함되나?

앞에서 언급했듯 생전에 아주 오래전 증여하고 매매가 이루어져 그 가치가 소멸되었다 하더라도 상속이 개시되면 이 또한 유류분청구대상이 될 수 있다.

증여받을 당시에는 재산의 가치가 크지 않아 문제없던 부동산이 재개발 등의 호재로 인해 크게 가격상승이 오는 경우 이로 인한 분쟁이 실제로도 많이 발생한다.

경제 상황이나 정부의 개발계획으로 인한 시가의 변동이 클 수밖에 없는 부동산은 상속의 개시 시점에 크게 달라질 수 있기 때문이다.

재개발로 인한 토지보상 등의 여러 가지 원인으로 가격이 크게 상승했다면 증여받았을 당시의 가치와는 무관하게 상속이 개시되었을 때의 가치로 산출하여 유류분 계산에 반영된다. (대법원 2015.11.12. 선고 2010다 104768 판결)

만약 토지 보상금을 받았을 경우에도 유류분에 포함이 되며 상속인 사망 당시까지의 물가상승률을 가산한다.

(헌법재판소 2010.04.29. 선고 2007헌바144)

쉽게 말해 생전에 증여한 재산은 사망 당시의 가치로 유류분에 포함되어 재계산이 된다.

사실 이러한 모든 과정을 거친다는 것은 이미 가족이란 울타리가 무너졌음을 의미한다.

물론 피상속인은 이러한 상황이 올 것이라 미리 예견하지 못했을 수도 있지만 지금도 많은 예비 상속인들이 상속재산에 대한 기대심리와 불균등 증여로 인한 서운함으로 미리부터 전문가의 조언을 구하고 있다는 것은 공평한 재산의 분배를 받을 수 없을 것이란 생각이 들었기 때문일 것이다.

그러므로 재산분할 협의 과정에서 한번 돌아선 가족의 마음과 그 관계는 어떠한 방식으로도 회복될 수 없음을 인지하고, 가족 간의 분쟁을 막기 위해 미리 대비해야 한다.

유류분 분쟁으로 인한 가족의 해체, 결국 '주는 사람'만이 막을 수 있다.

08
구하라법의 통과와 그 의미

일명 '구하라법'이라 불리던 상속권 상실선고제도를 도입하는 민법개
정안이 국회 본회의를 통과했다. 이는 고故 구하라가 세상을 떠난 지 5
년 만의 일이었다.

지난 2024년 4월 25일 헌법재판소에서 유류분에 관한 일부 위헌과 불
합치 결정이 내려졌다. 이날 헌재의 판단은 크게 3가지 사항으로 정리
해 볼 수 있다.

첫째, 형제자매의 유류분청구권은 위헌이 결정된 당시2024년 4월 25
일**부터 효력이 발생한다는 점이다. 기존의 유류분청구권은 형제
간에도 주장할 수 있는 상속 권리였다.**

그러나 이번 헌재의 결정에 따라 유류분청구권은 권리행사가 불가능
해졌으며 이미 소송이 진행되는 건에 대해서도 영향을 미치게 된다. 또
한 이날을 기점으로 형제간의 유류분반환청구소송을 제기할 수 없게 되
었다.

**두 번째는 유류분청구권이 상실되는 사유에 관한 규정을 두지 않
는 것에 헌법불합치 결정을 내렸다는 점이다.**

유류분 상실 사유란 고故 구하라 사건처럼 자녀를 돌보지 않았거나 부

증여는 Smart하게 상속은 아름답게

모를 봉양하지 않는 등 가족으로서 역할을 전혀 하지 않은 패륜 행위에 대한 유형을 말한다. 따라서 구체적인 상실 사유를 명시하지 않은 것이 헌법에 합치되지 않는다는 의미다.

헌법불합치란 즉시 효력이 발생하는 위헌 결정과 달리 법 규정에 영향을 미치는 것은 아니지만, 입법부에 특정 시한까지 입법하도록 명하는 결정이다. 다시 말해 합헌, 위헌이라는 단순결정이 아니라 우회적으로 명하는 의미라는 것이다.

헌재의 헌법불합치 결정에 따라 입법부인 국회는 2025년 12월 31일까지 유류분 상실 사유를 구체화하여 법에 명시해야 한다. 그런데도 이 기한이 지나도 법에 상실 사유를 구체화하여 명시하지 않으면, 법 적용은 어떻게 판단될까?

일반적으로는 헌재가 정한 시한까지는 임시적으로 기존 법을 적용하여 재판하겠지만, 그 입법시한을 넘기도록 입법 규정을 마련하지 않으면 전면 위헌이 된다. 이때는 소급해서 헌법불합치 결정이 있었을 때 소급해서 전면 위헌이 됨을 유념해야 한다 서울행정법원 2008구합9379.

즉 해당 시한까지 법 규정이 마련되지 않으면 헌법불합치 결정에 위배된 판결이 나와도 기한 내 이뤄진 모든 판결에 대해 소급해서 위헌 결정이 내려진다는 말이다.

> 마지막으로 유류분청구 시 기여분을 인정하지 않는 것이 헌법에 불합치된다는 결정이다. 현재 유류분제도는 기여분을 인정하지 않고 있다.

사실 재산의 대부분을 사전증여 받았다거나 또는 유증 받은 상속인인 경우 대부분 피상속인에 대한 기여도가 크기 때문이다. 그런데도 기존 유류분 소송에서는 기여분을 전혀 인정받지 못해 유류분을 무조건 내줘야만 했다.

이에 헌재는 기여도를 인정하지 않는 유류분 법은 헌법정신과 맞지 않은 것으로 판단해 헌법불합치 결정을 했다. 마찬가지로 2025년 12월 31일까지 입법을 해야 하고, 만약 입법되지 않는다면 전면 위헌에 해당하여 소급 헌법불합치 결정을 한 시점_{2024년 4월 25일}부터 위헌인 규정이 된다.

이번 헌재 결정에 따라 유류분 소송을 제기하거나, 유류분 소송 중인 경우 쌍방 간에 입증 관계는 더욱 첨예하고 복잡해질 전망이다. 양측간 패륜적인 행위에 관한 주장이 더욱 거세질 것이기 때문이다. 특히 기여분을 인정받아야 한다는 주장과 함께 그간의 행위에 대힌 증거 수집 등 더욱 치밀하고 세밀한 소송 공방전을 준비해야 할 것으로 보인다.

증여는 Smart하게 상속은 아름답게

09
상속세 절세의 핵심인 증여,
아직은 아니라는 당신의 착각

내 건물의 반은 언젠가 국가의 소유, 나도 모르게 국가의 재산을
관리해 주면서 오히려 세금도 내는 불편한 진실

건물농이란 단어를 들어본 적이 있는가? 과거에는 소작농이 있었다
면, 현대시대에는 건물농이 있다.

임대소득에 대한 최고세율 49.5%_{지방세 포함}까지 과표구간에 해당되는
소득세를 매년 내고 여기에 재산세, 건강보험료 등의 각종 세금을 내며
상속 시 50%의 재산을 국가에 헌납해야 하는 현대판 소작농, 다름 아닌
건물주를 일컫는 말이다.

물론 혹자는 받은 임대료로 내는 세금인데 무슨 걱정이냐고 할 수도
있지만 임대소득이 발생하는 건물주가 죄라면 건물주가 되고 싶은 우리
는 죄인이 되기 위해 열심히 살아가는 것인지 되묻고 싶다. 이처럼 증여
를 망설이다 보면 재산의 절반을 상속세로 낼 수 있다는 얘기를 많이 들
어보았을 것이다. 실제로 여러 가지 이유로 사전증여를 하지 않고 있다
가 갑자기 상속이 개시된 이후 엄청난 세금에 많은 상속인들이 어려움
을 겪는 것은 어제오늘 일이 아니다.

그런데 정말 놀라운 것은 '주는 사람'_{증여자}도 이 사실을 매우 명확히

알고 있다는 것이다.

"나 죽으면 알아서 세금 내고 가져가면 되지!"

필자가 상담을 하다 보면 아주 흔하게 듣는 말이다.

심지어는 '주는 사람'증여자이 아닌 '받는 사람'수증자조차 같은 얘기를 한다. 나이와 상관없이 '받는 사람'도 '주는 사람'이 되기 때문일까? 그렇다고 세금을 낼 현금이 있지도 않으면서 나와는 상관없는 일이라 치부한다. 상속세보다 규모도 작은 종합소득세에는 그토록 민감하게 반응하면서 말이다.

"남이 아닌 나의 사랑하는 가족에게 주는 것인데 왜······."

막상 증여를 계획하고 실행해야 하는 것은 알지만 왜 주저하는 것일까? 실무적으로 상담을 통해 알게 된 '증여를 주저하는 대표적인 이유'는 다음과 같다.

✦ 첫째, '주는 사람'도 부모이기 이전에 한 명의 인간이다

물론 사랑하는 가족들에게 주는 것을 마다할 사람이 있겠냐마는 본인 스스로 증여를 머뭇거리는 이유가 비단 세금 때문만일까….

어떻게 일군 부인데 세금 때문에 가족에게 미리 나누어 줘야 한다니 평생을 바친 땀과 노력을 빼앗기는 기분이 들 수 있다.

또한, 재산은 즉, 부모의 권위를 유지하는 수단이라는 인식에서 미리

증여는 Smart하게 상속은 아름답게

주면 안 된다는 불안감이 더더욱 증여를 머뭇거리게 만든다. 얼마 전 영국의 경제전문지 이코노미스트는 선진국의 베이비붐세대들이 지갑을 닫고 있는 현실을 심층분석했다. 대략 2억 7,000만 명에 이르는 이들은 역사적으로 전례 없이 자산이 많지만, 기대수명이 증가하면서 혹시 모를 불안한 미래를 대비해 구두쇠가 되고 있다고 분석했다.

실제 현장에서도 수많은 자산가들이 불안한 노후를 대비해서 재산을 가지고 있어야 한다는 말을 자주 듣는다.

물론 불안한 노후 때문에 그 많은 자산을 가지고 있어야 할 필요는 없다는 것을 그분들도 잘 알고 있다.

다만, 미리 주지 않아도 될, 스스로에게 위안이 되는 이유를 찾았을 뿐이다.

그러나 상속세가 없거나 미미한 선진국들과는 달리 대한민국의 상속세법은 가히 징벌적 수준이란 점을 명심해야 한다.

단순한 불안심리가 엄청난 세금을 만들고 힘겹게 모은 재산을 순식간에 반토막 내버리는 것···. 이 세상에서 죽음과 세금만큼 확실한 것은 없다. 상속이 개시되면 국세청은 정말 법대로 한다.

법대로 한다는 것, 상속에서는 가장 무서운 진실이다.

✦ 둘째, '받을 사람'의 과도한 기대심리가 문제일 수 있다

사회적 존재인 인간이 인간관계 속에서 자신과 타인에게 가지게 되는 것 중에 기대가 있다.

특히 '받을 사람'들은 늘 자신이 받아야 할 재산에 대한 기대가 존재한다. 물론 어느 정도 적당한 기대는 우리 스스로에 대한 자부심을 느끼고 더 나은 사람이 되도록 도와준다. 하지만 기대에 부응하기 위한 노력들이 우리를 힘들고 버겁게 하는 것 또한 엄연한 현실이다.

'주는 사람'의 기대에 맞추려다 보면 내가 누구이며 내가 원하는 것이 무엇인지가 중요한 게 아니라, '주는 사람'이 나를 어떻게 보는가가 훨씬 더 중요해진다. 그래서 모든 기대를 충족시키려 안간힘을 쓰고 무리하게 되고, 이럴수록 '주는 사람'에 대한 불만은 점점 커져 갈 수밖에 없다.

그러나 '주는 사람'과 '받을 사람'의 상호 기대심리는 엄연히 다르다는 것을 이해해야 한다.

무조건 주지 않는다 하여 원망을 하고 다른 이들과 비교하는 '받을 사람'들의 모습으로 인해 '주는 사람'의 기대심리는 점점 부정적으로, 그리고 폐쇄적으로 변하게 만든다.

필자의 상담 과정 중 '받을 사람'의 그릇에 대한 걱정과 안타까움을 말씀하시는 '주는 사람'들의 이야기를 자주 듣게 된다.

물론 과도한 걱정으로 인해 증여를 꺼리는 분들도 많지만 대부분은 이해가 되기도 한다.

그러나 금붙이를 플라스틱 통에 담거나 또는 조선백자에 잡동사니를 보관한다 하여 그 그릇의 가치가 변하지 않는 것처럼 그릇을 탓하기 전에 그 안에 무엇을 담아줄 것인지에 대한 고민도 필요하다. 아무것도 담아주지 않는다면 결국에는 빈 그릇일 뿐이다.

그러므로 '주는 사람'과 '받을 사람'의 현명한 합의가 필요하지만 아직은 상속 · 증여 설계 시 가장 어렵다.

증여는 Smart하게 상속은 아름답게

✦ 셋째, 증여세 부담이 크다

막상 증여를 계획하다가 실행단계에서 가장 많이 멈추는 대표적인 이유이다. 증여세는 증여하고자 하는 자산의 가치에 비례하여 변동되는 구조이다. 어차피 상속 또는 증여로 자녀 세대에게 부(富)의 대물림을 해야 할 자산이라면 그 자산가치가 가장 낮을 때 증여하는 것이 가장 효과적인 절세전략이라는 것은 누구나 인정할 것이다.

그러나 대부분의 사람들은 자산의 미래가치 상승과 상속세 절세 등의 절세효과의 중요성을 알지만, 당장 눈앞에 보이는 증여세나 부동산등기 비용 등의 세금이 부담되어 실제 증여로 이어지지 않는다.

지금 당장 부담할 세금이 없다는 이유로 나중으로 미루다가 결국 종합부동산세나 양도소득세, 또는 종합소득세 등의 다른 세금 부담이 눈앞에 다가오는 시점을 마주할 때가 되어서야 급하게 판단하고 결정하려 한다. 아이러니하게도 증여하고자 하는 자산의 가치가 가장 낮을 때가 가장 좋은 시기임을 놓치고 자산의 가치가 가장 높을 때 증여를 하려 하는 것이다.

그러나 더 많아진 세금에 또다시 주저하고 실행하지 못하는 경우가 대부분이다. 증여를 미룬다면 지금 당장 부담해야 할 세금은 없겠지만 언젠가는 저율의 증여세보다 더 가혹한 상속세로 반드시 되돌아온다.

이렇듯 상속세 절세의 핵심인 증여를 눈앞의 세금만으로 판단하고 결정하지 않는 것은 상속인들에게 치명적인 독이 될 수 있음을 명심해야 한다.

✦ 넷째, 미리 주면 버릇이 나빠지고
   부모에 대한 부양의 의무를 다하지 않을 것이다

"증여를 해주었지만 잘 찾아오지도 않는다."라거나 "증여받았을 때 그때뿐"이라는 얘기를 전해 듣고 "증여를 미리 하면 안 된다."라고 생각하는 분이 많다.

부모 스스로 자녀보다 자산운용능력이 더 뛰어나다고 판단하기 때문에 증여하지 않기도 하고, 자녀의 연이은 사업 실패로 인한 재산의 소멸 혹은 검소한 부모 세대와 달리 증여받은 재산의 탕진으로 이어질 것 같은 우려를 하는 경우가 많다.

상속세를 절세하는 가장 손쉬운 방법은 미리 주는 것이다. 앞서 언급했듯이 미리 주면 자식들의 버릇이 나빠진다거나 나중에 자식들에게 버림받을 것을 생각해 사전증여를 하지 않는 것은 상속세를 늘리는 최악의 선택일뿐이다.

증여하기 위해서는 부(富)의 대물림에 앞서 증여받는 자녀가 올바른 가치관과 건강한 정신을 바탕으로 증여받을 자산을 제대로 관리하고 부모에게 효도할 수 있는 그릇인지 잘 살펴서, 증여하는 시기와 방법을 잘 선택하면 된다.

혹시 모를 분쟁에 대비하여 부양의무를 책임진다는 내용이 기재된 일명 '효도계약서'증여계약서를 작성하거나 유언대용신탁을 통해 언제라도 증여취소가 가능하도록 조치하면 된다.

증여는 Smart하게 상속은 아름답게

그러나 '부富의 대물림, 즉 자녀 세대로의 재산 이전은 어차피 풀어야 할 부모의 숙제'와도 같다.

결국 증여하지 않고 내 재산이 자녀에게 대물림될 수 있는 방법은 상속뿐이다.

그러므로 자녀가 어렸을 때부터 금융 및 경제 교육을 통해 올바른 경제관념을 갖도록 하는 것이 좋으며, 증여받은 또는 증여받을 자산의 관리를 자녀와 함께 하는 것도 중요하다.

만약 우려대로 증여할 재산이 사업 실패 또는 낭비로 인한 소멸이 예측 가능한 상황이라면 '증여신탁'이나 '유언대용신탁' 등을 통해 재산의 처분 및 수익의 분배 등을 사전에 통제토록 준비하여야 한다.

다시 말해, 생전에 계획하는 증여는 결국 '주는 사람'이 결정하는 것이다. 내가 증여를 해주는 것이 내 자녀의 삶과 가족에게 어떠한 영향을 미치게 될지, 증여재산의 보존 및 증식이 가능한지를 잘 따져보고 고민하고 판단해야 한다.

10
당신의 유언장이 꼭 필요합니다

> 유언장은 나이와 상관없이 작성하는 것이 본인 스스로에게도 좋다. 여명이 얼마 남지 않은 사람만 작성하는 것이 아니라 남겨질 가족들을 위해서, 동시에 더 나은 삶을 살아가기 위해서도 작성하고 매년 변동되는 재산 규모와 여러 가지 상황에 따라 수정해 나간다면 점차 완벽한 유언장으로, 본인의 삶도 성장해 나갈 수 있기 때문이다.

✦ "김 변호사 들어오라 그래!"

한때 재벌가의 암투를 그린 드라마나 영화를 보면 빠지지 않고 나오던 단골 멘트가 있었다. 필자도 그때는 이 대사가 무엇을 의미하는지 몰랐었다. 그러나 유언에 대한 사회적 인식변화와 가족 간 재산분쟁의 증가로 유언장을 작성하지 않았을지언정 존재 자체의 중요성을 모르는 사람은 거의 본 적이 없다.

그렇다면 유언의 중요성을 잘 안다던 사람들은 본인의 유언장을 작성해 두었을까?

답은 "거의 작성하지 않는다!"이다.

일반적으로 사람들의 인식에는 **"유언장이라는 것이 죽기 전에 작성하는 것이 맞지만 아직은 나의 죽음이 아주 먼 이야기인 것 같아서 굳이 지금은 아니다."** 라는 생각이 존재하기 때문이다.

쉽게 말해 나의 죽음에 대해 예측하거나 거론하는 것 자체가 한마디로 불편한 것이다.

사실, 우리에게 언제, 어떻게, 어떤 방식으로 죽음이 찾아올지 아무도 모른다. 그리고 죽음이라는 것은 이 세상에서 나만 사라지는 것이지 내가 소유하고 있던 부동산과 부동산에 대한 권리, 그리고 모든 금융자산 등의 재산까지 함께 사라지는 것은 아니다.

내가 살아있을 때야 내 것이지, 죽고 나면 다 놓고 가야 한다.

실제 우리가 오늘 당장 죽을 확률은 50:50, 반드시 죽을 확률은 100%이다.

✦ 아직은 때가 아니다?

"될 대로 되겠지…. 뭘 그리 머리 아프게 고민해야 해?"
"나중에 봐서 필요하면 그때 쓰든가…."

일반적으로 상속이라는 용어를 여러 가지로 정의하고 있는데 첫 번째가 바로 '뒤를 잇다'이다. 윗세대에서 아랫세대로 재산이 이전되는 내리사랑이라고 할 수 있다.

비교적 나이가 젊은 자산가들은 자신의 죽음이 멀었다고 생각하고, 아직은 해당하지 않는 문제로 치부하며 당장 재산을 증식하는 데 더 중점을 둔다.

반대로 고령의 자산가는 대부분 상속 시 유언의 중요성은 인식하고 있으나 그 방법이 어렵고, 불편한 주제이며, 수수료 등의 문제로 실제 행동으로 옮기지 않는다. 그러나 이렇다 할 유언도 없이 갑작스러운 상속이 개시되면 재산 이전에 대한 방식과 세금에 대한 고민은 당장 현실이 되어 남겨진 상속인들에게 엄청난 부담과 고통으로 돌아온다.

이때, 상속인이 공동으로 상속재산을 승계하는 경우 각 상속인은 자신의 법정상속분대로 상속재산을 승계받는다. 이 과정에서 상속인들 간의 협의가 완만하게 이루어진다면 정말 다행이지만 기존에 증여받은 '특별수익'과 부모 부양 및 재산 형성에 기여한 '기여분'에 대한 견해차로 인해 공평하게 나누어 준다는 피상속인의 생각과 전혀 다른 결과가 발생할 수도 있다.

> **상속인들은 '피상속인이 소유하고 있는 상속재산에 대한 기대'를 갖고 있다. 이러한 기대심리로 인해 균등상속에 대한 각자의 의견은 당연히 다를 수밖에 없다.**

결국, 유언장의 부재가 상속인들의 갈등으로 이어져 상속재산 분할소송으로 가거나 결과에 따라서 가족의 해체까지 발생할 수 있는 만큼, 이러한 문제를 어느 정도 사전에 방지하기 위해서는 피상속인의 의견을 생전에 상속인들에게 남기는 것이 중요하다.

그런데도 지금 당장은 아니라는 생각을 하고 있을지 모르는 당신에게 한마디를 전하고자 한다.

> **"지금, 이 순간은 다시 돌아오지 않는다. 지금이 당신의 인생에서 가장 최근의 과거이자 당장의 미래이며 시작의 순간이다."**

지금 당장 유언을 계획하고, 실행하고, 차근차근 수정해 나가야 한다.

나의 유언장을 작성하고 변심해도 되고, 드라마 속 회장님들처럼 상속인들에게 협박용으로 사용해도 된다. 그것이 유언이 없는 것보다 백배 천배 낫다.

✦ 유언의 5가지 방법

우리나라 민법상에서 규정하고 있는 유언의 방식은 5가지이다. 자필증서 · 녹음 · 공정증서 · 비밀증서 · 구수증서에 의한 유언으로 나누고 방식별로 그 요건과 방식을 엄격하게 규정하고 있으며, 이를 지키지 않은 유언은 효력을 인정하지 않는다.

5가지 유언방식 중 가장 많이 사용하는 방식은 자필증서 또는 공정증서_{공증인 작성}에 의한 유언이다.

자필증서에 의한 유언	유언자 직접 자신이 작성하여야 하며, 유언자가 그 전문과 연월인, 주소, 성명을 직접 쓰고 날인해야 한다. 유언증서에 문자의 삽입, 삭제 또는 변경을 할 때는 유언자가 직접 쓰고 날인해야 한다. 유언을 집행하기 위해서는 유언을 보관 또는 발견한 자는 유언자의 사망 후 지체 없이 법원에 제출하고 검인을 청구해야 한다.
녹음에 의한 유언	녹음에 의한 유언은 유언자가 녹음이나 동영상 촬영으로 유언의 취지, 그 성명과 연월일을 말하고(구술) 이에 참여한 증인이 유언의 정확함과 그 성명을 구술해야 한다. 이때 증인의 수는 제한이 없으며 유언을 집행하기 위해서는 유언의 녹음을 보관 또는 발견한 자는 유언자의 사망 후 지체없이 법원에 제출하고 검인을 청구해야 한다.
공정증서에 의한 유언	유언자가 증인 2인이 참여한 공증인의 면전에서 유언의 취지를 말하고 공증인이 이를 필기하고 낭독하여 유언자와 증인이 그 정확함을 승인한 후 각자 서명 또는 기명 날인해야 한다.

비밀증서에 의한 유언	비밀증서에 의한 유언은 유언자가 필자의 성명을 기입한 증서를 엄봉날인하고 이를 2인 이상 증인의 면전에 제출해 자기의 유언서임을 표시한 후, 그 봉서 표면에 제출한다. 그 후 봉서 표면에 제출연월일을 기재하고 유언자와 증인이 각자 서명 또는 기명날인해야 한다. 그 표면에 기재된 날로부터 5일 이내에 공증인 또는 법원 서기에게 제출하여 그 봉인상에 확정일자인을 받아야 한다. 단, 비밀증서 내용에 흠결이 있어도, 자필증서 요건을 충족하면 자필증서 유언으로 인정된다.
구수증서에 의한 유언	유언자가 질병 및 기타 급박한 사유로 인하여 앞의 방식으로 유언을 할 수 없는 경우 유언자가 2인 이상 증인의 참여로 그 1인에게 유언의 취지를 말로 전달하고, 그 전달받은 자가 이를 필기 낭독하여 유언자의 증인이 그 정확함을 승인한 후 각자 서명 또는 기명날인하여야 한다. 그 증인 또는 이해관계인은 급박한 사유가 종료한 날로부터 7일 내에 법원에 검인을 신청해야 한다.

자필증서에 의한 유언을 제외하고 나머지 유언은 전부 증인을 요구하고 있다. 이때 미성년자나 배우자와 직계가족 또는 유언으로 이익을 받는 사람은 증인으로 참여할 수 없다. 만약 결격사유가 있는 증인이 참여하는 경우 해당 유언은 원칙적으로 무효이다.

그리고 한국의 국제사법제50조 제3항에 따르면 유언의 방식은 '본국법, 상거소지법, 행위지법, 부동산 소재지법' 중 어느 하나의 법에 의하는 것이어야 한다. 예를 들어 위 네 가지 법 중 어느 하나의 법률에 의한 방식을 따르더라도 미국 법에 따라 작성된 미국에 있는 재산에 관한 유언도 한국에서 법적으로 인정된다.

그러므로 유언장을 작성할 때는 나에게 맞는 유언의 방식과 규정을 적용할 수 있도록 반드시 전문가와 상의하고 결정하도록 해야 한다.

유언에 명시된 재산분할에 불만이 있는 일부 상속인들은 유언장의 진위부터 확인하려 할 테니 말이다.

증여는 Smart하게 상속은 아름답게

Chapter 2

상속설계, 계산에서 납부 이후까지 모든 것을 계획하라!

아마도 삶에서 가장 나쁜 죄는 옳은 것을 알고 있지만

그것을 지금 하지 않고 있다는 것이다.

-마틴 루터 킹 주니어-

01
상속의 개시, 전쟁의 시작

'상속의 개시는 어떤 사람이 사망 또는 실종선고로 인해 그가 생전에 가졌던 모든 재산이 만들어 낸 법률적 권리와 의무(채권이나 채무 등)를 일정한 친족관계가 있는 사람에게 승계되는 과정이 시작되는 것이다.'

어느 날 갑자기 사랑하는 가족을 떠나보내는 것… 감히 상상할 수 없을 정도로 슬프고 괴로운 일이 아닐까 생각한다. 사랑하는 아버지, 어머니 그리고 평생을 함께한 배우자와 눈에 넣어도 아프지 않을 것만 같던 나의 자녀, 어린 시절부터 같이 성장하고 의지하던 형제·자매와의 이별은 우리 모두 피할 수 없는 현실이다.

우리나라 법에서 정하는 상속개시 시점은 사람의 심장과 호흡, 혈액순환이 완전히 멈추는 시점이다. 상속은 피상속인의 주소지에서 개시되는데 만약 피상속인이 자신의 주소지 이외의 장소_{병원이나 기타 지역}에서 사망하더라도 그 주소지에서 상속이 개시된다. 실종으로 인해 생사가 불분명할 때는 실종선고 기간이 만료되었을 때 상속이 개시된다.

이처럼 우리의 인생이란 저마다의 시작과 끝이 있기 때문에, 언젠가는 이별을 맞이하는 것이 당연하지만 갑자기 그 순간이 오면 남은 가족들이 해야 할 일들은 생각보다 많고 매우 복잡하다.

상속이 개시되면 6개월의 신고·납부기간 이후 상황에 따라 몇 년 동안 이어지는 국세청과의 기가 막힌 전쟁이 시작된다.

✦ 자택에서 유고가 발생하는 경우
우선 경찰 신고접수부터

만약 자택에서 유고가 발생하는 경우 대부분 119를 부르게 되는데 사망이 확인되는 경우 응급환자로 분류되지 않아 이송하지 않으므로 경찰에 먼저 신고하고 현장 확인 이후 장례 차량 등을 이용해 병원으로 이송해야 한다.

병원 외에서 유고가 발생하는 경우 응급실에 경유하여 사망진단서와 같은 효력을 지닌 시체 검안서를 발급받게 된다. 이때 고인의 기본정보 성명, 주민등록번호, 성별, 집 주소, 사망의 종류, 발급날짜 등을 반드시 확인하고 기재해야 한다. 단 하나라도 틀리면 효력을 상실하게 되니 몇 번이고 반복하여 확인해야 한다.

보통 사망의 종류에는 병원 내 유고 시 병사로 체크되고 병원 외 유고 시 기타 및 불상으로 표시된다. 만약 외인사로 판명되는 경우 경찰서에 소환되어 추가적인 조사를 받게 될 수도 있다.

✦ 반드시 해야 할 일 중 하나가 사망신고이다

사망신고는 사망일로부터 1개월 이내에 가까운 구청이나 주민센터에서 신고해야 하며 사망진단서와 가족관계증명서, 신고인의 신분증을 준비하면 된다.

이때 사망진단서는 사망신고뿐만 아니라 금융권, 보험정리, 상속 관련 등의 행정업무를 처리하는 데 있어 제출해야 하는 곳이 많기 때문에 10부 이상 발급할 것을 권장한다.

증여는 Smart하게 상속은 아름답게

✦ 원스톱 서비스 신청 전
필요한 금전은 먼저 인출하라

일반적으로 사망신고와 동시에 시·군·구청에서 상속세 원스톱 서비스도 신청하는데 이때 피상속인이 보유하고 있는 금융재산의 인출이 일정 기간 제한된다. 그러므로 꼭 필요한 자금을 먼저 인출하고 사망신고와 원스톱 서비스를 신청하는 것도 하나의 방법이다.

실제, 장례비용 및 고인의 공과금 납부뿐만 아니라 임대료, 직원 급여 등 사업체 관련 자금 등이 필요한 경우가 많고 남은 유족의 생활비도 필요하기 때문이다. 다만 이는 자금의 집행이 용이하기 때문에 추천하는 것뿐이지 상속인 간의 협의 없이 무단으로 인출하면 안 된다. 피상속인의 모든 재산은 상속재산이기 때문이다.

02
상속재산을 모른다면
안심상속 원스톱서비스를 이용하자!

피상속인이 남긴 재산이 얼마나, 어떤 형태로 있는지 상속인들이 다 파악하고 있기는 현실적으로 매우 어렵다.

이러한 불편함을 해소하고자 상속인이 개별기관을 일일이 방문하지 않고 피상속인의 금융거래, 토지, 건축물, 자동차, 세금 등을 한 번의 통합신청으로 문자 · 온라인 · 우편 등으로 결과를 확인하는 안심상속원스톱서비스를 제공하고 있다.

✦ 안심상속 원스톱서비스 신청자격 및 이용절차는?

신청자격

- 민법상 제1순위 상속인(직계비속, 배우자)
  단, 제1순위 상속인이 없는 경우는 2순위 상속인(직계존속, 배우자)
- 1 · 2순위가 없는 경우는 3순위(형제자매)(가족관계증명원)
- 대습상속인
- 실종선고자의 상속인

증여는 Smart하게 상속은 아름답게

신청방법

- 사망신고 할 때 가까운 시청이나 구청, 읍 · 면 · 동 주민센터 방문하거나 온라인 신청(정부24 : www.gov.kr)
- 사망신고 이후에 신청할 경우에는 사망일이 속한 달의 말일부터 6개월 이내 신청

✦ 신청 시 필요한 서류는?

- 상속인이 신청할 경우에는 상속인 본인의 신분증(주민등록증, 운전면허증, 여권) 지참
- 대리인이 신청할 경우에는 대리인의 신분증, 상속인의 위임장, 상속인의 본인서명사실확인서(또는 인감증명서) 지참
- 사망신고 이후에 신청할 경우에는 가족관계증명서 제출(사망일이 속한 달의 말일부터 6개월 이내)
- 온라인 신청의 경우, 공인인증서 필요

조회내용

- 금융거래: 은행, 농협, 수협, 신협, 산림조합, 새마을금고, 상호저축은행, 보험회사, 증권회사, 자산운용사, 선물회사, 카드사, 리스사, 할부금융회사, 캐피탈, 은행연합회, 예금보험공사, 예탁결제원, 신용보증기금, 기술신용보증기금, 주택금융공사, 한국장학재단, 미소금융중앙재단, 한국자산관리공사, 우정사업본부, 종합금융회사, 대부업 신용정보 컨소시엄 가입 대부업체
- 국세 : 국세 체납액 및 납부기한이 남아 있는 미납 국세, 환급세액
- 연금 : 국민연금 · 공무원연금 · 사립학교교직원연금, 군인연금 가입유무
- 토지 · 건축물 : 개인별 토지 · 건축물 소유현황
- 지방세 : 지방세 체납 내역 및 납부기한이 남아있는 미납 지방세, 환급세액
- 자동차 : 자동차 소육내역
- 건설근로자퇴직공제금 : 건설근로자퇴직공제금 가입여부

✦ 조회결과 확인방법

상속인이 사망자 재산조회 통합처리 신청서에 기입한 조회결과 확인 방법에 따라 안내

자동차 정보는 접수 시, 토지 · 건축물 · 지방세 정보는 7일 이내, 금융 · 국세(국민 · 공무원 · 사학 · 군인)연금 정보는 20일 이내에 결과를 확인

- 금융 거래, 국민연금 : 각 기관의 누리집에서 조회
- 금융감독원 : www.fss.or.kr
- 국민연금공단 : www.nps.or.kr
- 국세(국세청) : 국세청 홈택스(www.hometax.go.kr)에서 조회
- 토지, 건축물, 지방세, 자동차 :직접 방문수령, 우편, 문자(SMS) 중 선택
- 정부24의 경우 : 문자(SMS), 우편, 방문수령 가능

출처: 국세청 세금절약가이드

피상속인이 금융회사와 거래를 한 것으로 판단되거나 의심되는 부동산이 있을 경우에는 금융감독원이나 국토교통부_{지방자치단체지적부서}에 조회하여 상속재산과 부채를 정확히 파악함으로써 공제받을 수 있는 부채를 공제받지 않는다든가, 안 물어도 될 가산세를 무는 일이 없도록 하자.

증여는 Smart하게 상속은 아름답게

03

법정상속분은 어떻게 나누어질까?

법정상속분이란 유언의 형식을 통해 피상속인의 상속분에 대한 지정이 없는 경우 민법에서 정한 규정에 따라 결정되는 상속재산분을 말한다.

쉽게 말해 유언으로 정한 것이 없다면, 법에서 정한 비율대로 나누라는 뜻이다.

상속인	상속분	비율
배우자와 자녀가 한 명이 있는 경우	자녀 1 배우자 1.5	2/5 3/5
배우자와 자녀가 두 명이 있는 경우	자녀 1 자녀 1 배우자 1.5	2/7 2/7 3/7
배우자와 자녀가 세 명이 있는 경우	자녀 1 자녀 1 자녀 1 배우자 1.5	2/9 2/9 2/9 3/9
피상속인의 부모와 배우자만 있는 경우	부 1 모 1 배우자 1.5	2/7 2/7 3/7

우리나라 민법은 같은 순위의 상속인이 여러 명일 경우 공평하게 상속재산을 나누는 것을 원칙으로 한다. 그러나 별도의 예외 규정을 두고 있는데 아래와 같다.

(1) 피상속인의 배우자의 상속분은 직계비속과 공동으로 상속하는 때에는 직계비속의 상속분의 5할을 가산하고, 직계존속과 동등으로 상속하는 때에도 직계존속의 상속분의 5할을 가산한다(제1009조 2항).

(2) 대습상속인의 상속분은 피대습상속인의 상속분에 의한다(제1010조 1항). 그리고 피대습상속인의 직계비속이 수인인 때에는 그 상속분은 피대습상속인의 상속분의 한도에서 전술한 방법(제1009조)에 의하여 결정된다(제1010조 2항 전단). 배우자가 대습상속하는 경우(제1003조 2항)에도 동일하다(제1010조 2항 후단). 그리고 공동상속인 중에 피상속인으로부터 재산의 증여 또는 유증을 받은 자는 특별수익자 그 수증재산이 자기의 상속분에 달하지 못한 때에는 부족한 부분의 한도에서 상속분이 있다(제1008조).

공동상속인 중에 피상속인의 재산유지 또는 증가에 특별히 기여한 자(피상속인을 특별히 부양한 자 포함)가 있을 때에는 상속개시 당시의 피상속인의 재산가액에서 공동상속인의 협의로 정한 그 자의 기여분을 공제한 것을 상속재산으로 보고 법정상속분 및 대습상속분에 의하여 산정한 상속분에 기여분을 가산한 액으로써 그 자의 상속분으로 한다. 그리고 그것이 협의되지 않거나 협의할 수 없을 때에는 가정법원이 기여자의 청구에 의하여 여러 가지의 사정을 참작하여 기여분을 정한다. 그 기여분은 상속이 개시된 때의 피상속인의 재산가액에서 유증의 가격을 공제한 액을 넘지 못한다(제1008조의 2).

출처: [네이버 지식백과] 법정상속분 [法定相續分]
(법률용어사전, 2016. 01. 20., 이병태)

증여는 Smart하게 상속은 아름답게

그러나 반드시 이대로 상속이 이루어진다고 볼 수 없다.
다음과 같이 여러 가지 변수가 존재하기 때문이다.

✦ 고인의 유언이 존재하는 경우

고인의 유언으로 유류분을 침해하지 않는 범위 내에서 재산을 상속하게 되면 법정 기준보다 적거나 많은 재산을 상속받을 수 있다.

✦ 기여분이 인정되는 경우

기여분이란 고인을 특별하게 부양하거나 고인의 재산을 증식하는 데 기여한 사람에게 인정하는 추가 상속분이다.

만약 고인의 유언이 없는 상태에서 동일하게 상속이 진행되는 경우, 기여분 청구를 통해 재판부의 인정을 받게 되면, 기여분을 제외하고 나머지 상속재산을 상속인들이 법정상속분대로 나누어 갖게 된다.

✦ 특별수익이 존재하는 경우

특별수익이란 고인이 상속인에게 사전에 증여한 재산을 말한다.

만약 상속인 중 누군가가 사전증여를 받은 재산이 있고 나머지 상속인들이 사전증여를 받은 적이 없다면 현행법에서는 사전증여된 재산을 특별수익이라 하여 미리 상속된 것으로 간주하고 법정상속분에서 특별수익을 제외한 나머지를 상속받게 된다.

✦ 상속인들 간의 협의되는 경우

마지막으로 상속인들 간의 협의에 의해 상속받는 재산의 지분이 달라진다.

예를 들어 2차 상속에 대한 고민으로 남은 배우자가 자녀에게 상속받을 지분을 넘겨주거나, 단독상속 등을 협의하여 결정했다면 법정상속분을 초과하여 상속받을 수 있다.

다만 상속인 모두가 찬성해야 하며, 반대하는 상속인의 유류분을 침해하여 협의할 수 없다.

이처럼 유언이 없다면 법정상속분대로 상속이 진행되지만 각자의 기준과 생각이 다르고, 실제 사전증여 받은 재산의 가치와 규모가 다르거나 평소 권리를 침해받고 있었다고 느끼는 상속인이 있는 경우 원만히 협의되지 않는 경우가 흔하게 발생되므로 법정상속분이 도입된 취지를 이해하고 상속재산분할에 대한 계획을 미리 수립해야 향후 상속재산분할에 관한 분쟁을 예방할 수 있다.

증여는 Smart하게 상속은 아름답게

04
대습상속과 세대생략상속이란?

✦ 대습상속이란?

대습상속인의 존재여부를 간과하다 큰 낭패를 보는 경우가 많다.

"대습상속인"이란 1순위 상속인이 피상속인의 상속개시 전에 사망하거나 결격자가 된 경우에 사망하거나 결격된 사람의 순위에 갈음하여 그 사람의 1순위 상속인이 되는 '피대습인의 직계비속 또는 배우자'를 말한다.

쉽게 말해 할아버지가 돌아가시기 전 상속인인 자녀가 먼저 사망한다면 사위나 며느리, 그리고 손주가 대습상속인이 된다. 이때 손주가 없는 경우, 사위나 며느리가 대습상속인이 된다. 그리고 대습상속은 세대생략상속과는 달리 할증 과세되지 않는다.

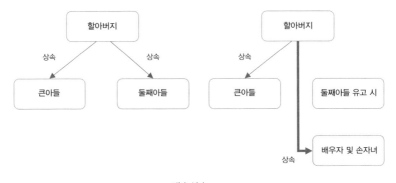

대습상속

✦ 상속회복청구소송이란?

상속인이나 대습상속인이 상속재산을 받지 못하는 경우가 존재할까?

상담하다 보면 과연 이런 일이 생길 수 있을까 싶기도 하지만, 의외로 우리 주변에서 흔히 일어나는 일이다. 특히 대습상속제도를 알지 못해 상속을 받지 못하는 안타까운 경우가 실제로 많이 있다.

보통 아버지나 어머니가 일찍 돌아가신 이후 평소 왕래가 뜸해진 할아버지나 할머니의 상속이 발생되는 경우에도 발생하고 가령 부모님이 돌아가신 미성년자인 상속인에게 후견인으로 나서서 자신의 목적을 위해 재산을 처분하는 등 악의적인 목적으로 인해 발생하기도 한다.

대표적으로 상속이 개시된 이후 위임의 목적으로 받은 대습상속인의 인감을 몰래 사용하여 상속 포기를 한 것처럼 꾸며 나머지 상속인들끼리 분배를 하거나 상속인들에게 다른 사람에게 부동산을 넘기겠다 하고 다른 자녀의 명의로 이전하는 등의 행위들이 있다.

이때 진행해야 하는 소송이 바로 상속회복청구 소송이다. 이 소송은 '참칭상속권자'의 행위로 발생하는데 스스로 상속인이라고 참칭하면서 상속재산의 전부나 일부를 점유하는 사람을 말한다. 아직 상속등기가 되지 않은 시점에 이 사실을 알았을 경우 상속재산에 대한 분할을 요구할 수 있으며, 협의가 되지 않을 경우 법원에 분할을 청구할 수 있다.

만약, 이미 상속등기가 되어 있고 이 사실을 나중에 알았다면 그 침해를 안 날로부터 3년 이내, 상속이 개시된 날로부터 10년 이내에 행사해야 한다.

상속 회복의 재판에서 원고승소 판결이 확정되면 상속인들은 대습상속인의 상속재산 분할청구에 응해야 하며 만약, 이미 상속재산을 처분

증여는 Smart하게 상속은 아름답게

한 경우에도 그 상속분에 해당되는 가액을 청구할 수 있다.

✦ 세대생략상속이란?

앞서 설명했던 대습상속과 세대생략상속의 차이는 무엇일까?

상속인이 될 사람이 먼저 사망하여 그 사람의 배우자와 자녀가 상속인이 되는 대습상속과는 달리 직계비속에 대한 상속이나 증여를 한 세대 혹은 두 세대 건너뛰어 이루어지는 방식이다.

보통 상속은 본인의 상속인인 자녀에게 재산 이전이 되는 것이 맞지만 이렇게 건너뛰어 상속·증여를 하는 이유는 뭘까? 그 이유에 대해 자세히 살펴보도록 하자.

사람들은 대부분 자녀에게 재산을 물려주고 싶어 한다. 재산을 손자녀에게 물려주려는 건 인식의 변화도 있겠지만 상속·증여세 부담 때문이기도 하다. 상속세는 재산 이전을 받은 상속인에게 과세되는 세금이다. 그런데 자녀를 건너뛰고 손자녀에게 재산을 물려주면 두 번 내야 할 세금을 한 번만 내도 된다. 이것이 바로 세대생략상속 또는 세대생략 증여이다. 세대를 건너뛰어 상속하면 부의 이전단계를 축소해서 세금을 줄이는 방식인데 이를 세금회피 목적이 강하다 보고 견제하는 장치가 있다.

---

1. 손자녀에게 상속하기 위해서는 피상속인의 자녀 모두가 상속을 포기하거나
2. 유언 등을 통해 손자에게 상속하는 경우를 제외하고 손자녀에게 임의로 상속을 하면 대습상속이 아닌 한 상속인에게는 상속세를 그리고 손자녀에게는 상속인으로부터 증여받은 것으로 간주하고 증여세를 부과한다.

세법에서는 일반적인 상속세 수준에서 30%를 할증해 과세하고 미성
년자인 경우 상속재산이 20억을 초과하면 40%를 할증과세한다.

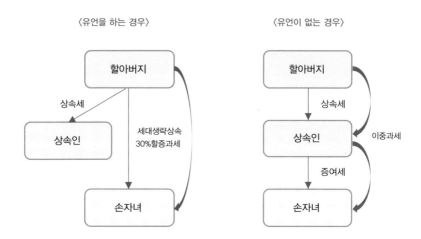

따라서 세대생략상속을 계획하고 있다면 상속인들 전원의 상속 포기
나 유언을 통해 손자녀에게 재산을 나누어 주겠다는 의사표시를 반드
시 해야 된다.

또한, 세대생략상속 시 상속공제금액이 축소되서 상속세가 나오는 경
우도 있는데 상속공제 종합한도를 계산할 때 상속인에게 유증을 한 경
우에 상속세 과세가액에서 해당 금액을 차감하여 계산하도록 규정하
고 있다.

만약 상속재산이 5억 원인 경우 상속인이 받는다면 내야 할 세금이 없
지만 5억 전체를 손주에게 세대생략상속을 하는 경우 상속공제를 적용
받지 못해 5억 원 전체가 과세표준으로 잡혀 상속세가 부과된다.

증여는 Smart하게 상속은 아름답게

그러므로 세대생략상속은 할아버지뿐만 아니라 부모의 재산 규모가 아주 많아 상속세 부담이 큰 경우 활용하는 것이 좋다. 이중상속으로 인한 상속세 총액과 재산 가치 증가분에 따른 상속세 변화 추이 그리고 세대생략으로 인한 할증 과세 및 상속공제 축소 등을 고려하여 유리한 쪽으로 선택하면 된다.

05

상속재산보다 부채가 많다면
상속포기를 고려하자

✦ 어릴 때 집을 나가 생사도 모르던 아버지의 빚이
  저에게 상속된다고 연락이 왔습니다. 어떻게 해야 할까요?

노인 빈곤층 증가에 따른 노후파산은 이미 사회적인 문제가 되고 있다. 정제협력개발기구OECD기 지난해 발표한 '2023년 연금보고서'를 보면 한국 노인빈곤율은 40.4%로 OECD 회원국 1위다. 피상속인의 사망으로 인해 상속이 개시되면 재산상의 모든 권리와 의무도 같이 상속된다. 이를 단순승인이라 하는데 피상속인의 권리와 의무를 무조건, 무제한으로 승계하는 것을 말한다. 현행법상 피상속인이 사망했을 때 부동산이나 현금자산과 같은 적극재산은 물론, 채무 등 소극재산도 상속 대상으로 규정하고 있다.

상속받을 것이 재산이 아닌 빚뿐이라면 참 난감한 일이지만 다행히도 피상속인의 빚을 배우자와 자녀들이 반드시 상속받아야 하는 것은 아니다. 상속포기제도는 상속재산보다 부채가 많은 경우 상속포기나 한정승인제도를 이용하여 상속인의 고유재산을 보호하는 데 그 목적이 있다.

단순승인은 상속재산이 부채보다 많다면 별문제가 없으나, 부채가 상속재산보다 많은 경우에도 상속인의 의사와 상관없이 법률상 모두 상속인이 물려받게 된다. 이때 상속인의 고유재산으로 부채를 갚아야 하는 문제가 발생한다. 민법에서는 상속인의 특별한 의사표시를 통해 '한정승인'이나 '상속포기'를 신청하는 '상속포기제도'를 두어 상속인을 보호하고 있다.

> 상속인은 상속을 거부할 권리가 있다. 노후파산 증가로 상속을 포기하는 사례도 늘고 있다. 법원에 상속을 전부 혹은 일부 포기하는 신청을 낸 건수는 2019년 4만 3,799건에서 지난해 5만 7,567건으로 늘었다.

상속 포기는 두 가지 방법이 있다. 상속인의 지위를 아예 포기하는 '상속 포기'와 상속을 받되 상속재산 한도 내에서 채무를 갚는 '한정승인'이 있다. 상속을 포기하면 다른 상속인에게 상속 권한이 넘어간다. 원칙적으로 피상속인이 사망했다는 사실을 안 날로부터 3개월 내 한정승인이나 상속 포기를 가정법원에 신청해야 한다. 일반적으로 피상속인의 사망 사실은 사망 당일 알게 될 가능성이 크기 때문에 사망일로부터 3개월 이내에 신청하는 것이 좋다.

3개월이 지나지 않더라도 상속인이 피상속인 재산을 일부 처분했거나 가족 간에 재산분할을 했다면 상속 포기나 한정승인을 신청할 수 없다. 따라서 피상속인에게 채무가 있는지 자세히 살피고 가족 간 상속을 결정하는 것이 좋다.

✦ 상속포기

상속포기란 상속인이 피상속인의 상속재산에 대한 모든 권리와 의무의 승계를 부인하고 상속의 효력을 소멸시키는 단독 의사표시이다.

상속을 포기하려면 상속의 개시가 있었음을 안 날로부터 3개월 이내에 가정법원에 상속포기 신고를 해야 한다.

상속인 자격을 포기하는 것으로 상속재산 전부의 포기만이 인정되며 일부 또는 조건부 포기는 허용되지 않는다. 공동상속인의 경우 개별적으로 단독 포기가 가능하며, 그 상속분은 다른 상속인의 상속분 비율로 다른 상속인에게 귀속된다.

상속포기의 취소는 원칙적으로 금지하고 있으나 예외적으로 상속인의 착오·사기·강박에 의한 상속의 승인과 포기를 한 경우 취소가 가능하다.

다만 그 시효를 정하고 있는데 추인할 수 있는 날로부터 3개월, 승인 또는 포기한 날로부터 1년 이내에 행사하여야 한다.

✦ 한정승인

일부 상속인이 상속을 포기할 경우 다른 상속인도 대비를 해야 한다. 상속 순위는 1순위 직계비속_{자녀}과 배우자, 2순위 직계존속_{손자녀}, 3순위 형제·자매 등이다. 1, 2순위 상속자가 상속을 포기하면 3순위인 형제·자매가 피상속인의 채무를 부담해야 할 수 있다.

증여는 Smart하게 상속은 아름답게

이런 상황을 피하기 위한 제도가 한정승인이다. 한정승인이란 상속재산의 한도 내에서 피상속인의 채무와 유증을 변제하는 조건부 승인이다. 상속채무가 상속받을 재산보다 많다면 상속으로 취득한 재산으로 채무를 부담하는 것을 조건으로 하므로 초과분에 대해서 상속인 본인의 고유재산으로 변제할 의무가 없다. 1순위 상속자가 여러 명일 경우 보통 상속인 한 명이 한정승인을 통해 피상속인의 채무를 상속 재산 내에서 상환하고, 나머지 1순위 상속인들은 상속 포기를 하는 경우가 많다. 이렇게 하면 2, 3순위 상속인에게 채무가 넘어가지 않는다.

상속인은 상속개시를 안 날로부터 3개월 이내에 상속재산의 목록을 작성하여 가정법원에 신청해야 한다.

만약 상속인이 고의나 부정적인 방법으로 상속재산을 은닉하거나 처분하여 그 자금을 사용하기 위해 재산 목록에 기입하지 않은 경우에는 단순승인으로 간주된다.

✦ 부모님이 생전에 지인분들로부터 빚이 많으셨던 걸 아는데, 저희가 잘 모르는 경우 어떻게 하나요?

생전에 피상속인의 채무 관계에 대해 알고 있었던 경우 한정승인제도를 활용하면 변제 의무를 지지 않게 되지만, 빚이 있다는 사실을 상속인들이 알지 못해서 3개월의 시점이 지난 이후 채권자가 나타나는 경우도 종종 있다.

이런 경우 중대한 과실 없이 상속개시가 있음을 안 날로부터 3개월 이내에 알지 못하고 단순승인을 한 경우 그 사실을 안 날로부터 3개월 이내에 '특별한정승인'을 신청할 수 있다.

이때 '중대한 과실'이란 상속인이 조금만 주의를 기울였다면 상속채무가 상속재산을 초과한다는 사실을 알 수 있음에도 이를 게을리함으로써 그러한 사실을 알지 못한 것을 말한다대법원 2010.6.10. 선고, 2010다7904판결.

✦ 한정승인을 받았는데 양도소득세가 나왔어요

채권자에 대한 변제를 위하여 상속재산의 전부나 일부를 매각할 필요가 있는 때에는 『민사집행법』에 따른 경매를 해야 한다. 채권자들이 경매를 신청하여 처분되는 경우 만약 이때 양도차익이 발생하게 된다면 상속인들에게는 양도소득세가 발생할 수 있다.

상속으로 취득한 상속재산이 경매된 경우 양도인은 상속인이기 때문에 경락대금과 양도소득이 상속인에게 귀속된다. 따라서 상속재산의 경매로 재산처분 시 양도소득이 발생했는지에 따라 양도인인 상속인에게 부과될 수 있다.

✦ 한정승인을 받았는데
상속부동산에 대한 취득세도 내야 하나요?

만약, 상속재산에 부동산이 있다면 상속의 한정승인 시 상속을 원인으로 등기를 하기 때문에 부동산 취득세를 내야 한다.

부동산 취득세는 재산의 이전이라는 사실 자체에 부과하는 유통세의 일종이기 때문에 부동산의 취득자가 실질적으로 완전한 내용의 소유권을 취득하는지와 관계없이 소유권 이전의 형식에 의한 경우에는 취득

증여는 Smart하게 상속은 아름답게

세를 부담해야 한다.

이렇듯 상속은 세법이나 용어가 어려워 전문적으로 접근하지 않으면 작은 실수 하나로 엄청난 피해를 볼 수 있는 만큼 자세히 알아보고 상황에 맞추어 대응하여야 한다.

✦ 상속포기를 하더라도 받을 수 있는 재산이 있다?

앞에서 언급했던 것처럼 상속인은 상속개시가 있음을 안 날로부터 3개월 이내에 단순승인이나 한정승인, 또는 상속포기 신청을 할 수 있다.

> 보통 상속포기를 하면 모든 재산 이전에 대한 권리를 포기한다고 생각하는데 보험회사에서 지급되는 사망보험금은 포함되지 않는다. 그 이유는 사망보험금은 사망자가 생전에 가지고 있던 재산이 아닌 보험계약상 보험수익자가 받는 고유재산이다.

피상속인이 피보험자인 보험계약의 사망보험금을 받을 권리를 상속하는 것이 아니라 사망이라는 보험사고 발생으로 인해 직접 보험회사로부터 보험금을 받을 권리를 취득한다고 본다. 또한, 사망보험금은 상속인의 고유재산이므로 수익자를 지정하는 경우 상속재산 협의 분할 대상도 포함되지 않는다.

그러나 사망보험금은 간주상속재산으로 상속을 포기한 경우라도 보험금을 수령하게 되면 상속세 납세의무는 발생한다. 이때 고인이 남긴 채무 중에서 지방세, 자동차세, 주민세 등의 국세에 대해서는 수령한 보험금 한도 내에서 납부의무도 같이 상속된다는 점을 유의하여야 한다.

만약 상속포기와 한정승인이 예상된다면 사전에 계약자와 수익자를 상속인으로 설정하고 피보험자를 피상속인으로 지정하는 보장성보험계약을 체결하면 피보험자가 사망하더라도 상속세에 합산되지 않고 국세납세의무도 상속받지 않으므로 다양한 절세설계가 가능하다.

이러한 장점으로 인해 채무가 많은 부모의 경우 유대인의 성인식 '바르 미츠바 Bar Mitzvah**'를 벤치마킹하여 갑작스럽게 사망하게 되면 남겨질 가족이 상속포기를 하여도 최소한의 생활을 영위할 수 있도록 보장성보험에 가입하고 있다.**

"율법의 아들 혹은 율법의 딸이라는 의미"

1. 12~13번째 생일 때 성경책 + 손목시계 + 축의금(5~6만 달러) 선물
2. 1900년대 초 미국에 이민 온 유대인들 대부분은 당시 가진 재산이 아무 것도 없었고 일자리마저 변변치 않았다. 그러나 그들은 좌절하지 않고 '가난이 자식들에게 대물림될까 봐' 필라델피아의 한 보험회사를 찾아가 자신이 죽으면 자식들에게 물려줄 돈이 나오는 상품을 만들어 달라고 요청했다. 그렇게 만들어진 것이 바로 종신보험의 시작이었다. 이후 유대인들은 보험료가 가장 저렴한 최초 가입시기가 되면 의무적으로 종신보험에 가입하고 장기간 복리 저축의 장점을 극대화해 몇 대에 걸쳐 상속하면서 가난이 아니라 후손들이 살아갈 수 있는 기반을 대물림해 주었다.

사망보험금 이외의 상해 · 질병 보험금이나, 해약환급금 등의 보험금 지급은 상속재산에 합산된다.

이 외에 산업재해보상금과 국민연금, 공무원연금 등에 대한 유족연금

증여는 Smart하게 상속은 아름답게

은 사망보험금과 마찬가지로 유가족의 고유재산으로 귀속이 되지만 사망보험금과는 달리 상속재산에 합산되지 않는다.

그 이유는 가족이 사망한 경우 남겨진 유족들은 가족을 잃었다는 충격과 슬픔만으로도 견디기 힘든 상황일 텐데, 유족연금에 대한 상속세까지 납부토록 한다는 것은 결국, 유족들에게 정신적이나, 경제적으로 이중의 고통을 가하는 결과를 초래할 수 있기 때문이다. 특히 가정의 생계를 책임지는 가장이 사망한 경우 대부분의 유족들은 경제적 어려움에 처할 것이라 예상할 수 있는 만큼, 사망으로 인한 산업재해보상금 및 유족연금 미지급금에 대해서는 상속세를 부과하지 않으며 상속포기를 하더라도 받을 수 있다.

06
부담스러운 상속세, 어떻게 준비해야 할까?

✦ 상속세가 예상한 것보다 많이 나왔어요. 부동산이 대부분이고 바로 처분할 수 없을 것 같습니다. 미리 준비된 현금도 없는데, 어떻게 납부하는 것이 유리할까요?

실무에서 상속이 개시되면 가장 많이 듣는 질문 중 하나이다.

상속이 개시되면 최우선적으로 현금과 사망보험금 등 금융재산의 규모가 얼마나 되는지 파악하고 어떻게 상속세를 납부할 것인지에 대한 전략을 짜야 한다. 상속인들은 상속세 신고 흐름상 상속개시 이후 3개월~4개월 정도 지나면 대략적인 상속세를 예상할 수 있다. 상속세의 결정과 통지는 상속세 신고기한으로부터 6개월 이내에 이루어지게 되며, 세무서에서 상속인들에게 납세고지서에 과세표준과 세액의 산출근거를 명시하여 통지해 주면 신고기간 내에 납부하면 된다.

✦ 상속세 재원마련은 현금 확보가 관건이다

고령인 부모님 명의의 사망보험금이 있는 종신보험에 가입되어 있는 경우는 거의 없어 대부분 예금이나 주식, 저축성 보험 등을 환매해서 현금을 확보해야 한다.

그러나 대부분 이마저도 상속세를 납부하기엔 턱없이 부족하거나 거의 없는 경우가 많다. 이런 경우 부동산을 처분하여 상속세 재원을 마련하고자 하지만 상속인 간의 협의가 어렵거나 급매로 인한 손실이 발생하는 등 이 단계에서 상속인들에게는 세금 납부가 현실적인 부담으로 다가오게 된다.

일반적으로 상속세는 다른 세금들과 달리 납부해야 할 금액이 거액인 경우가 많고 상속재산의 대부분이 유동성이 낮은 재산이므로 세법에서는 일정한 요건을 갖춘 경우 분납 또는 연부연납과 물납을 다음과 같이 허용하고 있다.

상속세 납부재원 미준비시 상속세 납부방법

사전준비 방법

자산매각

- 상속재산을 매각하여 납부
- 부동산은 급매 시 시가에 미달
- 비상장주식은 매각이 어려움
- 매각 가액으로 다시 상속세를 계산하여 추징할 위험 있음.

분납

- 납부할 금액이 1천만 원을 초과하는 경우 현금을 2회에 나누어 내는 방법
- 1회는 신고 때 나머지 1회는 신고기한 경과 후 2개월 내에 납부

종신보험활용

- 종신보험을 활용 시 상속이 언제 개시되든 바로 현금 유입
- 절차가 간편하고 평가의 문제가 발생하지 않음
- 상속포기를 하더라도 수령
- 국세청에서도 권장하는 방식

물납

- 부동산은 물납 시 대부분 기준 시가로 인정받아 납세자에게 상당한 손해
- 비상장주식의 특별한 경우를 제외하고 원칙적으로 물납을 허가하지 않음

대출

- 매각과 물납이 여의치 않은 경우 부동산 등을 담보로 대출
- 이자비용을 부담
- 비상장주식은 담보로 받아 주지 않는 경우가 많음
- 담보 부동산은 감정가액으로 재평가하여 상속세 추징 위험

연부 연납

- 납부할 금액이 2천만 원을 초과하는 경우 연단위로 나눠서 납부(최대 10년)
- 첫 1회는 11분의 1을 상속세 신고 기한내 납부하고 나머지 10회는 연간 1회로 납부(연 1.2% 가산)
- 다만 각 회분의 분할 납부 세액이 1천만 원을 초과하도록 기간을 설정하고 금액이 적은 경우 그 횟수가 축소될 수 있음

✦ 상속세는 분납이 된다 최대 2회

먼저 분납은 납부세액이 1,000만 원을 초과하고 총 2,000만 원 이하면 1차로 1,000만 원을 납부하고 나머지 금액을 2개월 이후에 납부할 수 있다.

상속세	1차납부(신고기한 이내)	2차납부(2개월 이후)
1,920만 원	1,000만 원	920만 원

만약 납부할 세금이 2,000만 원을 초과하는 경우에는 상속세액의 50% 이하 금액은 분납이 가능하다.

상속세	1차납부(신고기한 이내)	2차납부(2개월 이후)
1억 원	5,000만 원	5,000만 원

일반적으로 상속세는 자산이 현금화되어 있지 않는 상황에서 과세되기 때문에 납세의무자의 과중한 부담을 줄여주기 위해 더 길게 연 단위로 납입 기간을 연장해 주거나 연부연납 실물자산을 납부하는 물납도 할 수 있다.

✦ 부담되는 상속세, 할부 가능하다, 연부연납 최대 10년

보통 연부연납은 월세나 기타 수입을 활용해 세금을 분할 납부하는 것이 가능한 경우에 많이 선택한다. 이를 두고 필자는 납세노예라고 표현한다. 연부연납의 요건은 상속세액이 2,000만 원을 초과하는 경우 상속인들 전원이 상속세 신고기한 내 또는 납세고지서상 납부기한까지 신청

증여는 Smart하게 상속은 아름답게

하여야 하며 상속인 중 1인만 연부연납 신청하는 것은 불가하다.

상속세및증여세법 제71조 [연부연납]

① 납세지 관할세무서장은 상속세 납부세액이나 증여세 납부세액이 2천만원을 초과하는 경우에는 대통령령으로 정하는 방법에 따라 납세의무자의 신청을 받아 연부연납을 허가할 수 있다. 이 경우 납세의무자는 담보를 제공하여야 하며, 「국세징수법」 제18조 제1항 제1호부터 제4호까지의 규정에 따른 납세담보를 제공하여 연부연납 허가를 신청하는 경우에는 그 신청일에 연부연납을 허가받은 것으로 본다.(2021.12.21 후단개정)

② 제1항에 따른 연부연납의 기간은 다음 각 호의 구분에 따른 기간의 범위에서 해당 납세의무자가 신청한 기간으로 한다. 다만, 각 회분의 분할납부 세액이 1천만원을 초과하도록 연부연납기간을 정하여야 한다.(2010.01.01 개정)

1. 상속세의 경우: 다음 각 목의 상속재산별 구분에 따른 기간(2022.12.31 개정)

가. 제18조의2에 따라 가업상속공제를 받았거나 대통령령으로 정하는 요건에 따라 중소기업 또는 중견기업을 상속받은 경우의 대통령령으로 정하는 상속재산(「유아교육법」 제7조 제3호에 따른 사립유치원에 직접 사용하는 재산 등 대통령령으로 정하는 재산을 포함한다. 이하 이 조에서 같다): 연부연납 허가일부터 20년 또는 연부연납 허가 후 10년이 되는 날부터 10년(2022.12.31 개정) 부칙

나. 그 밖의 상속재산의 경우: 연부연납 허가일부터 10년(2022.12.31 개정)

2. 증여세의 경우: 연부연납 허가일부터 5년(2021.12.21 개정)

연부연납은 최대 10년의 기간 동안 분할납부를 신청할 수 있으나 2024년 3월 20일 이후연 3.5%의 가산세가 부과되며 매년 3월에 금리수준이 변동된다.

연부연납 가산금 이자율						
17.03.15 ~ 18.03.18	18.0319 ~ 19.03.19	19.03.20 ~ 20.03.12	20.03.13 ~ 21.03.15	21.03.16 ~ 23.03.19	23.03.20 ~ 24.03.20	24.03.21 ~ 현재
연 1.6%	연 1.8%	연 2.1%	연 1.8%	연 1.2%	연 2.9%	연 3.5%

연부연납 신청 시 상속세액 이상의 담보를 제공해야 하며 담보제공시 담보할 국세의 120%현금, 납세보증보험증권 또는 은행법에 따른 은행의 납세보증서의 경우에는 110% 이상의 가액에 상당하는 담보를 제공해야 한다.

납세담보에 해당되는 재산은 다음과 같다.

① 금전
② 국채증권, 지방채권, 특수채권 등 대통령령으로 정하는 유가증권
③ 납세보증보험증권
④ 은행법에 따른 은행, 신용보증기금등의 납세보증서
⑤ 토지
⑥ 보험에 든 등기 또는 등록된 건물, 공장재단, 광업재단, 선박, 항공기 또는 건설기계

실무에서는 부동산을 담보로 제공하는 것이 일반적이다. 다만 부동산에 선순위채권이 있다면 이 채무액을 제외한 평가액이 담보제공가액보다 커야 하며 임대차계약이 있는 경우 임대차계약서도 제출해야 한다.

연부연납을 신청하더라도 상속인에게 발생하는 허가에 필요한 비용은 없으나 상가건물의 경우 화재보험을 가입하여 가입증권을 제출해야 한다.

고지서는 매년 정해진 납기일에 맞추어 납세의무자에게 발송되며 연부연납의 기간은 변경하거나 미리 선납할 수 있다.

증여는 Smart하게 상속은 아름답게

✦ 현금이 없다면 물납이 있다!
그러나 절대 쉽지 않다.

물납이란 상속세 납부를 금전이 아닌 상속받은 재산으로 대신 납부하는 것을 말한다.

상속세 및 재산세만 물납이 가능하며 물납은 분납이나 연부연납보다 더 까다로운 조건을 적용한다. 상속받은 금융재산으로 상속세 납부가 가능한 경우 물납이 불가능하다.

즉, 물납은 돈이 없어서 하는 것이 일반적인데 국세청에서는 관리가 되고 팔리기 쉬운 재산만 물납으로 받겠다는 얘기다.

물납의 허용조건은 다음과 같다.

① 상속재산 중 부동산과 유가증권 가액이 상속재산의 2분의 1을 초과할 것
② 상속세 납부세액이 2,000만 원을 초과할 것
③ 상속세 납부세액이 상속재산가액 중 현금, 예금 등 금융재산의 가액을 초과할 것
④ 상속세 과세표준 신고기한이나 결정통지에 의한 납세고지서상 납부기한까지 물납신청할 것
⑤ 관리 처분이 부적당한 재산이 아닌 재산으로 신청할 것
⑥ 관할세무서장이 납세자의 물납허가필요

물납 시 충당 가능한 부동산과 유가증권은 다음과 같다.

① 국내에 소재하는 부동산

② 국채 · 공채 · 주권

③ 내국법인에서 발행한 채권 · 증권

④ 신탁업자가 발행하는 수익증권

⑤ 집합투자증권

⑥ 종합금융회사에서 발행한 수익증권

※ 유가증권 중 상장주식은 거래소에서 매각해 현금을 확보할 수 있기 때문에 물납 대상에서 제외되지만 법령에 의해 처분이 제한되는 경우에는 가능하다.
※ 비상장주식은 상속의 경우로서 다른 상속재산이 없거나 선순위물납대상 재산으로 상속세 물납에 충당하더라도 부족한 경우 가능하다.

물납 시 충당하는 재산은 상속인이 정하는 것이 아니라 세무서장이 인정하는 정당한 사유가 없는 한 다음 순서에 따라 신청하고, 허가를 받아야 한다.

① 국채와 공채

② 물납허가통지서 발송일 전일 현재 '자본시장법'에 따라 처분이 제한된 상장주식

③ 국내에 소재하는 부동산

④ 비상장주식(물납 충당이 가능한 자산에 한함)

⑤ 상속개시일 현재 상속인이 거주하는 주택 및 그 부수토지

상속 · 증여세법에서는 물납의 경우 물납신청을 받은 재산을 평가할 때 공시지가 10억 원을 초과하는 경우 일반적으로 알고 있는 시가나 공시지가에 의하지 않고 2곳 이상의 감정평가에 의해 평가해야 한다.

증여는 Smart하게 상속은 아름답게

해당 물납재산에 지상권·지역권·전세권·저당권 등 재산권이 설정되어 있어 공매를 하기 어렵거나 토지의 일부에 묘지가 있는 경우에는 물납 불허가 대상으로 규정한 관리·처분이 부적당한 물납재산으로 판단하여 물납재산의 변경을 요청할 수 있다.

이처럼 처분이 어려운 재산은 물납의 승인이 어려운 만큼 물납을 하고자 하는 경우 먼저 관할 세무서에 문의해 보고 신청하는 것이 좋다.

✦ 분납이나 연부연납 그리고 물납이 여의찮은 경우에는 어떻게 해야 할까?

상속재산을 처분하여 상속세를 납부하는 자산매각방법과 대출을 일으켜 상속세를 납부하는 방법 등이 있다.

그간 상속재산을 매각하거나 대출을 받는 것은 분납, 연부연납 및 물납이 불가능할 때를 제외하면 권장하고 싶지 않은 전략이었다. 매각가액 및 감정가액의 변동으로 과표구간 자체가 높아져 세 부담이 더 커질 위험이 있기 때문이다. 또한 급매로 인한 경제적 손해가 발생할 수도 있고 대출이자의 부담도 생긴다.

단, 10년 내에 사전증여 받은 재산이 상속재산에 합산되더라도 최초 증여가액으로 합산되기 때문에 상속재산이 아닌 사전증여받은 재산을 담보로 대출을 받는 경우에는 상속세의 변동이 없다.

이처럼 상속세 납부 시에도 사전증여가 유리하게 적용된다.

분납, 연부 연납, 물납 불가 시 상속세 납부방법

자산매각

- 상속재산을 매각하여 납부

- 부동산은 급매 시 시가에 미달

- 비상장주식은 매각이 어려움

- 매각 가액으로 다시 상속세를 계산하여 추징할 위험 있음.

대출

- 매각과 물납이 여의치 않은 경우 부동산 등을 담보로 대출

- 이자비용을 부담

- 비상장주식은 담보로 받아 주지 않는 경우가 많음

- 담보 부동산은 감정가액으로 재평가하여 상속세 추징 위험

'이처럼 상속세 납부 시에는 미처 예상하지 못한 시기에 거액의 세금을 납부해야 되는 경우가 대부분이다.'

미리 상속세를 준비해 두었다면 다행이지만 그렇지 못하는 경우 대부분의 상속인들은 상속재산 내에서 해법을 찾으려 한다.

상속재산 내에 월세소득이 있다면 연부연납을 선택하고 월세소득이 없다면 대부분 부동산 자산 매각을 선택한다.

위의 여러 가지 납부방법들을 비교하여 본인에게 맞는 방식으로 준비한다고 하더라도 상속세 납부 부담을 최소화할 수 있는 또 다른 방법은 없을까?

증여는 Smart하게 상속은 아름답게

✦ 자산가들은 보장성보험으로 절세한다

대부분 상속세를 준비하는 자산가들은 배우자나 자녀에게 현금이나 임대소득 등이 발생하는 부동산을 증여하고 그 재원을 활용하여 본인의 사망보험금이 발생하는 보장성보험에 가입한다.

피상속인을 피보험자로, 계약자와 수익자를 배우자나 자녀로 하는 보장성보험에 가입하는 경우 이 사망보험금은 상속재산에 합산되지 않기 때문에 상속세 납세 대책으로 많이 활용되고 있다.

단, 보장성보험은 아무리 돈이 많고 사회적 명망이 있다 한들 나이가 많거나 건강하지 않으면 가입이 제한되거나 거절될 수 있으니 최대한 빨리 준비하는 것이 바람직하다.

만약 계약자 기준으로 소득이 있다면 반드시 그 소득을 활용하여 가입하여야 하고 소득이 증빙이 안 되는 경우 계약자와 피보험자가 상이하다 하더라도 증여로 간주한다.

이처럼 미리 준비되어 있지 않는 상속이 개시되는 경우 결국 분납에 대한 이자부담과 자산 매각으로 인한 손실 등이 발생할 수밖에 없다.

그러므로 상속이 개시되기 전에 미리 준비하고 계획하는 과정에서 가장 중요한 절세 포인트는 사전증여뿐임을 잊지 말아야 하며 언젠가는 반드시 발생할 수밖에 없는 상속에 대한 세금재원을 반드시 마련해 두어야 한다. 늦었다고 생각할 때가 가장 빠르다.

07
상속신고가 끝났어도 끝난 것이 아니다

✦ 상속세 납부까지 완료했는데, 세무서에서 세무조사통지
서를 보냈어요. 신고 및 납부까지 완료하면 끝나는 게 아
니었나요?

상속세는 종합소득세나 부가가치세와 달리 신고·납부하였다고 하더
라도 그 세액이 확정되는 것이 아니다. 상속인이 직접 신고하든 세무대
리인이 신고를 하든지 상속재산을 어떻게 평가하느냐에 따라 세금이 달
라질 수 있기 때문에 신고·납부한 내역과 세무서에서 확인된 내용을
심의하여 최종세액을 결정한다.

따라서 상속세 신고를 하면 일단 세무조사를 통해 검증이 진행된다고
생각을 해야 한다.

기한 내 상속세를 신고·납부까지 완료하면 그 시점으로부터 6개월
이내에 시작되지만 경우에 따라 1년이 지난 시점에 시작되는 경우도 있
다.

일반적으로 조사 기간은 30일에서 90일 정도 소요된다.

만약 상속재산가액이 50억을 초과하거나 조사결과에 따라 50억 원이
넘을 것 같은 경우 '지방국세청 조사국'에서 진행되며 그 이하 금액은
'일반세무서 재산세과'에서 조사한다.

증여는 Smart하게 상속은 아름답게

✦ 국세청은 사망 전부터 고인의 재산현황과 거래내역을 미리 알고 있었다!

상증법 제85조[납세자별 재산과세자료의 수집·관리]를 보면 국세청장은 재산규모, 소득수준 등을 고려하여 대통령령이 정하는 자에 대해서는 상속세 또는 증여세의 부과·징수업무를 효율적으로 수행하기 위해 세법에 따른 납세자 등이 제출하는 과세자료나 과세 또는 징수의 목적으로 수집한 부동산·금융재산 등의 재산자료를 그 목적에 사용할 수 있도록 납세자별로 매년 전산조직에 의하여 관리하도록 되어 있다.

개인별 재산과세자료의 수집 및 관리대상은 다음과 같다.

---

① 부동산 과다보유자로서 재산세를 일정 금액 이상 납부한 자 및 그 배우자

② 부동산 임대에 대한 소득세를 일정 금액 이상 납부한 자 및 그 배우자

③ 종합소득세(부동산임대에 대한 소득세를 제외한)를 일정 금액 이상 납부한 자 및 그 배우자

④ 납부자본금 또는 자산규모가 일정 금액 이상인 법인의 최대주주 및 그 배우자

⑤ 고액의 배우자 상속공제를 받거나 증여에 의해 일정 금액 이상의 재산을 취득한 자

⑥ 일정 금액 이상의 재산을 처분하거나 재산이 수용된 자로 일정 연령 이상인 자

⑦ 일정 금액 이상의 상속재산을 받은 자

⑧ 기타 상속세 또는 증여세의 부과·징수업무를 수행하기 위하여 필요하다고 인정되는 자로서 기획재정부령이 정하는 자

이처럼 국세청에서는 생전에 수집된 과세자료를 바탕으로 기본적인 상속세 세원관리를 하고 있음을 알 수 있다.

그러므로 상속세 세무조사가 시작되면 '자료증빙'이 얼마나 중요한 것인지 인지하여야 한다.

상속세의 조사과정에서는 국세청의 모든 인적·물적 인프라가 동원되는데 가장 기본적으로 확인하는 내용은 고인의 금융거래 내역 중 상속개시일로부터 10년 이내에 증여세 신고 없이 자녀와 배우자에게 흘러 들어간 내역과 부동산 취득 및 처분, 그리고 거액의 현금 인출금액 등이 대상이다.

> '국세청은 상속세의 결정 및 경정을 하기 위해서 조사를 하는 경우 TIS를 통해 사망일 전 일정 기간의 금융소득 및 부동산 보유현황을 파악하고 상속인과 증여 및 수증자의 금융재산에 대한 과세자료를 일괄조회한다.'

특히 20억을 초과하는 상속재산은 금융재산 일괄 조회를 반드시 실시하며 20억 미만이어도 의심스러운 경우라면 조회할 수 있으니 반드시 검토되어야 한다.

이 과정에서 추가적인 보완자료가 필요하면 각종 증빙서류를 요청하게 되고 상속인들은 직접 또는 세무대리인을 통해 적극적으로 해명을 하는 등의 쟁점 합의를 통해 최종적으로 세무조사를 종결한다.

이 기간 동안 별 무리 없이 세무서의 결정세액이 정해졌다 하더라도 추가적인 과세가 끝난 것은 아니다.

30억 이상의 상속재산인 경우 상속개시 이후 5년 동안 상속인의 재

증여는 Smart하게 상속은 아름답게

산 변동 파악을 하는 등 꾸준히 모니터링을 하여 상속재산의 탈루 여부를 점검한다.

상속개시 당시와 비교하여 상속인의 재산이 급격하게 증가한 경우 자금출처 증빙 요구를 할 수 있으며 이때 증빙을 하지 못하는 경우 상속재산의 탈루 및 은닉재산의 처분 등으로 판단되어 추가 과세할 수 있다.

만약 억울한 세금이 부과되면 어떻게 해야 할까?

세무조사가 종결된 이후 납세자는 30일 이내에 '과세처분이 있기 전에 미리 이를 다투어 위법 또는 부당한 과세처분을 미연에 방지하기 위한 사전적 권리구제제도'인 과세전적부심사청구절차를 신청할 수 있다.

심사 청구의 인용 또는 기각 결정에 따라 상속세 고지서를 수령한 후 90일 이내에 사후적 권리구제제도인 이의신청 또는 심사청구, 심판청구와 조세소송 등의 불복절차신청을 진행하면 된다.

✦ 받은 기록은 있지만 받은 적이 없다는 상속인들

'상속세 세무조사는 준비되어 있지 않은 상속인들에게 절망과 고통만을 남긴다.'

상속인들이 아무리 최선을 다해 준비한다 하더라도 국세청의 정보력을 따라잡을 수는 없다.

피상속인이 생전에 행한 모든 재산의 취득 및 처분, 금융거래 내역, 차명재산, 사업상의 문제 등 일체의 행위를 알지 못하는 상속인들에게 국세청은 누적된 전산자료와 데이터를 활용하여 충분한 증거를 수집하고 소명을 요구하기 때문이다.

사실상 피상속인의 사망 이후 상속인들이 이를 입증해 내기는 거의 불가능하다.

실무적으로도 세무조사 시기에 상속인들이 몰랐던 금융재산이나 부동산 취득·처분금액의 사용 출처 증빙이 불가하여 적잖은 상속세와 증여세 그리고 가산세가 나오는 경우가 많다.

이렇듯 사전에 미리 준비하고 공유하지 않은 상황에서 상속이 개시되면 남겨질 상속인들이 겪어야 할 고충은 매우 클 수밖에 없다.

'지금이라도 나 스스로 점검하고 확인하는 것, 그것보다 완벽한 상속세 절세전략은 존재하지 않는다.'

모든 상속재산에 대한 정보를 상세하게 아는 사람,

모든 재산의 취득 및 처분 그리고 금융거래내역과 관련증빙자료를 준비하고 대처할 수 있도록 미리 계획할 수 있는 사람은 상속인도 세무대리인도 아닌 바로 '피상속인, 즉 주는 사람 본인'임을 명심해야 한다.

나보다 내 재산에 대해 잘 아는 건 국세청밖에 없다는걸 잊지 말자.

증여는 Smart하게 상속은 아름답게

08
상속세는 가족이 대납하더라도 증여가 아니다

✦ 증여는 세금을 대신 내줘도 증여재산에 합산되는데 상속세는 증여세 없이 대납이 가능하다?

세금을 대신 내주면 그 증여세액 대납액도 합산되는 증여세와 달리 상속세는 그렇지 않다. 그 이유는 바로 '연대납세의무'에 있다.

상속인 또는 수유자사인증여의 수증자 포함는 상속세 및 증여세법에 따라 부과된 상속세에 대하여 상속재산 중 각자가 받았거나 받을 재산자산총액−부채총액−상속세액을 한도로 귀속비율에 의하여 상속세를 납부할 의무가 있다. 이때 연대납세의무 대상이 되는 상속세에는 가산세, 가산금, 체납처분비를 포함한다.

따라서 이 경우 받을 재산의 한도로 연대납세 납부의무가 있으니 그 범위 내에서 다른 상속인이 납부해야 할 상속세를 대납하더라도 증여가 아니다.

다만 자신이 받았거나 받을 재산의 한도를 초과하여 다른 상속인 등이 부담해야 할 상속세를 내준다면 그 초과분은 다른 상속인에게 증여한 것으로 보아 증여세를 부과할 수 있다.

그렇기 때문에 상속세 납부 시 상속받은 재산의 범위를 초과하지 않고 자녀의 상속세를 대납해 주면 2차 상속세까지 절세할 수 있게 된다.

세금을 대납해 줘도 유일하게 증여로 보지 않는 연대납세제도를 적극 활용하자.

✦ 연대납세의무제도를 악용하는 경우도 있지 않을까?

공동상속의 경우 공동상속인 중 일부가 상속세를 납부하지 않은 경우에는 어떻게 될까?

앞서 설명했듯이 과세관청은 공동상속인 전원에게 연대납세의무의 책임지도록 하고 연대납세의무 범위 내에서 다른 상속인들에게 징수할 수 있다.

만약 상속인 중 누군가가 그럴 가능성이 많다고 판단될 경우에는 미리 전문가와 상의하여 계산된 예상 상속세에 해당되는 상당액을 제외하고 나머지 상속재산을 분배하는 것이 좋다.

그러나 그것조차 여의찮다면 나머지 상속인들이 먼저 대납을 하고 민사소송으로 해당 금액의 반환을 청구할 수 있다.

증여는 Smart하게 상속은 아름답게

09
2차 상속 준비는
반드시 이루어져야 한다

'준비 안 된 1차 상속이 예고된 참사라면 아무도 고려하지 않은 2차 상속은 아주 큰 재앙으로 다가온다.'

　최소 20억 이상의 상속계획을 수립할 때는 반드시 배우자공제가 적용되지 않는 2차 상속까지 설계해야 한다.

　그러나 실무적으로는 이혼을 예상하는 경우나 증여세의 발생, 자금출처 증빙의 어려움을 이유로 자산가 대비 그 배우자의 재산이 비교적 적은 경우가 많다.

　이러한 부부간의 재산 규모 불균형은 상속이 개시되면 상속공제에도 악영향을 끼친다.

　남편이 사망했을 때 남긴 재산은 2차 상속이 개시되면 배우자의 명의로 된 재산과 합쳐져 자녀에게 상속이 이루어진다.

　이때, 기본 5억부터 최대 30억까지 적용되는 배우자공제를 받지 못하여 일괄공제 5억을 제외한 거의 모든 재산이 상속재산가액으로 계산되므로 거액의 상속세가 발생할 수 있다.

✦ 배우자공제를 활용하여 자녀의 상속세를 대신 납부하자

만약 부부가 고령인 경우 단기간에 2차 상속이 예상된다면 배우자공제를 활용하여 2차 상속세를 절세하는 방법도 상속설계 시 반드시 고려되어야 한다.

먼저 부의 사망으로 상속이 개시되면 배우자공제에 해당하는 법정지분만큼의 현금성 자산을 배우자인 모가 상속받아 자녀가 납부해야 하는 상속세를 대납해준다면 2차 상속세도 절감하는 효과가 발생한다.

상속재산가액별로 배우자공제를 적용 및 미적용하였을 때 상속세 차이는 다음과 같다.

상속자산/배우자/자녀수 별 예상 상속세

- 장례비, 공과금, 채무 등 공제 미반영/금융재산 상속공제 2억 반영
- 배우자의 법정상속지분 반영/신고세액공제 3% 적용

상속재산가액	배우자 자녀 1명		자녀 1명 (배우자 없음)		배우자 자녀 2명		자녀 2명 (배우자 없음)	
	상속세율	납부세액	상속세율	납부세액	상속세율	납부세액	상속세율	납부세액
10억	0%	0	20%	48,500,000	0%	0	20%	48,500,000
20억	10%	9,700,000	40%	349,200,000	20%	76,214,285	40%	349,200,000
30억	20%	87,300,000	40%	737,200,000	40%	238,342,859	40%	737,200,000
40억	30%	203,700,000	50%	1,154,300,000	40%	460,057,143	50%	1,154,300,000
50억	40%	349,200,000	50%	1,639,300,000	40%	681,771,428	50%	1,639,300,000
80억	50%	1,639,300,000	50%	3,094,300,000	50%	1,639,300,000	50%	3,094,300,000

증여는 Smart하게 상속은 아름답게

표에서 알 수 있듯이 배우자공제가 적용되지 않는 2차 상속 시에는 1차 상속 때보다 더 많은 상속세가 발생한다.

① 배우자와 자녀가 1명인 경우 50억을 상속받으면 상속세는 3억 4,920만 원이 발생하지만

② 배우자가 없는 경우 50억을 상속받을 때는 16억 3,930만 원의 상속세가 발생된다.

③ 배우자와 자녀가 1명인 경우 50억을 상속받는 것과 배우자가 없는 경우 자녀가 20억을 상속받는 것과 세금이 같다.

50억보다 적은 20억을 상속받는데 배우자가 있고 없음에 따라 상속세는 똑같은, 정말 어이없는 일이 벌어지는 것이다.

✦ 만약 재산이 없는 배우자의 상속이 먼저 개시되고 2차로 자산가의 상속이 개시된다면 어떻게 될까?

사전에 준비되지 않는 2차 상속의 피상속인이 자산가인 경우 매우 치명적이다. 실무적으로도 이런 경우 예상치 못했던 거액의 세금이 발생한다. 그만큼 배우자공제가 상속공제에서 차지하는 비중이 크다는 걸 다시 한번 상기시켜 준다.

재산이 없는 배우자의 상속재산이 만약 10억 이내인 경우 10억까지는 자녀에게 상속하는 것이 유리하다.

재산이 많은 사람이 배우자의 사망으로 10억 이내로 상속받은 경우 납부할 상속세가 없다고 하더라도 본인의 재산과 합산되면 차후에 2차 상속 발생 시 고율의 상속세가 부과되기 때문이다.

그러나 1차와 2차 피상속인이 부부 중 누가 먼저 될지는 미리 예측하기 어렵다.

부부가 소유하고 있는 재산의 규모와 보유형태, 그리고 평소 건강상태와 연령 등을 고려하여 부부 중 누가 먼저 2차 피상속인에 해당되더라도 대비할 수 있도록 계획을 수립하여야 생각지 못한 거액의 상속세를 절세할 수 있다.

증여는 Smart하게 상속은 아름답게

10
단기재상속에 대한 2차 상속세액 공제

✦ 2년 전 아버님이 돌아가시고, 지금 어머님께서도 병원에 입원 치료 중이신데 만약 2차 상속이 일어나면 어떻게 되는 건가요?

통계청에서 작성한 자료에 의하면 2023년 연령별 남자의 기대수명은 80.6년, 여자는 86.4년으로 전년 대비 남녀 모두 증가했다. 특히 기대수명의 남녀 격차는 5.8년으로 1985년8.6년을 정점으로 감소하고 있는 추세이다.

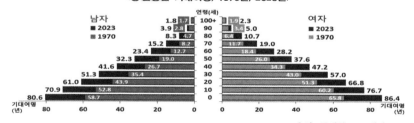

<성·연령별 기대여명, 1970년, 2023년>

출처: 통계청 2023 생명표

이는 급속도로 발전하는 의학기술과 대중화된 건강검진, 그리고 개선된 생활습관의 영향으로 현대인의 기대수명이 늘어나고 남녀 간의 격차가 줄어들고 있다는 걸 보여준다. 이를 반영하듯 상담을 하다 보면 '피상속인의 배우자가 고령이고 유병자인 경우 2차 상속'에 대한 것들이 많다.

단기에 2차 상속이 발생하는 경우 세법에서는 단기재상속에 대한 세액공제를 적용하고 있다. '단기재상속이란 상속개시 후 10년 이내에 상속인이나 수유자의 사망으로 다시 상속이 개시되는 경우 재상속분에 대한 전의 상속세 상당액을 상속세 산출세액에서 공제해 주는 것'을 말한다.

부모님이나 배우자의 사망으로 인해 발생되는 상속재산에 대해 상속세를 납부하였는데 단기간 내에 재상속이 이루어질 경우 동일한 재산에 또다시 상속세를 중복부과하는 결과가 초래될 수 있기 때문이다. 이를 고려하여 납부한 상속세를 재상속 기간에 따라 일부 또는 전 금액을 차감해 주는 세액공제규정을 적용하여 세부담의 공평성을 기하고 있다.

(1) 공제율

재상속기간	공제율	재상속기간	공제율
1년 이내	100%	2년 이내	90%
3년 이내	80%	4년 이내	70%
5년 이내	60%	6년 이내	50%
7년 이내	40%	8년 이내	30%
9년 이내	20%	10년 이내	10%

다음 산식에 의해 계산된 금액을 위의 공제율에 곱하여 산출한다.

$$(2) \text{ 전의 상속세 산출 세액} \times \frac{\text{재상속분의 재산가액} \times \dfrac{\text{전의 상속분 과세가액}}{\text{전의 상속재산가액}}}{\text{전의 상속분의 과세가액}}$$

단기재상속공제액 = (1) × (2)

위의 계산식대로 산출하여 공제를 해주는데 만약 재상속된 것이 전의 상속세 과세액 상당액을 초과하더라도 환급해 주지 않는다. 단기재산상속에 대한 세액공제는 전체 상속재산에 적용하는 것이 아니라 재상속된 각각의 상속재산별로 구분하여 계산된다.

예를 들어 아버지의 상속재산을 받은 어머니가 10년 이내에 돌아가실 경우 어머니의 고유재산에는 상속세가 정상적으로 부과되고 아버지로부터 어머니가 받은 상속분이 재상속되는 것에 대해서만 기간에 따라 적용된다.

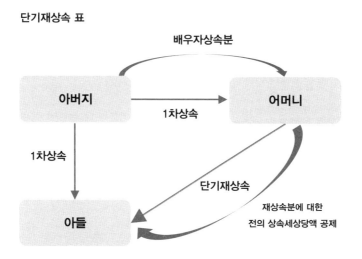

단기재상속 표

Chapter 3

상속세 때문에 상속을 포기할 뻔한 이야기

상속 준비에서 나중은 없다.

오늘 내가 미룬 일은 결국 책임지지 못할 결과로 돌아오고

그 대가는 반드시 내가 사랑하는 가족의 고통과 피눈물로 지불하게 된다.

01
모든 조건이 최악인 시기에
상속이 개시되다

최근 절대 잊지 못할 인생 최대의 어려운 상속을 맡아 진행한 적이 있다.

최악의 시기에 상상을 초월하는 상속세가 발생되었지만 6개월 안에 모든 결정을 내려야만 했던 한 가문의 이야기다. 다시는 본인들과 같은 피해자가 발생하지 않길 바라는 마음에 본서에 사례를 담는 것을 허락해 주신 상속인들에게 다시 한번 감사의 말씀을 전하며 그 경험을 토대로 서술한다.

평소 주변에서 수많은 사람에게 존경과 신망을 받아오시던 피상속인은 임차인들이 힘들면 안 된다며 주변시세보다 낮은 월세를 받으시고 월세를 못 내도 못 본 척 그렇게 항상 주변 사람들을 배려하시던 분이셨다. 사랑하는 가족에게는 늘 든든한 울타리가 되어주셨고 그렇게 한평생을 화목한 가정의 가장으로서 묵묵히 살아오셨다.

평소 주변 지인들로부터 상속세에 대한 준비가 필요하단 조언을 자주 전해 들은 피상속인은 여러 상담을 통해 다음 세대로의 재산 이전과 이에 따른 상속세 재원을 미리 마련하려 했다.

그러나 대부분의 어르신들이 그러하셨듯이 복잡한 상속 및 증여세 재원마련 방법과 관련 세금에 대한 부담감 등 여러 가지 현실적인 난관들로 인해 쉽게 결정을 하지 못했다.

결국 피상속인은 2023년 가을 어느 날 사랑하는 가족과 지인들 곁을 떠나셨고 미처 준비되지 못한 상속은 그렇게 시작되었다.

✦ 모든 것이 혼란스럽던 시기에
준비되지 않은 상속이 개시되다

2023년 가을은 전쟁과 고물가로 인해 경제가 과열되었다며 미국 연방준비제도에서 금리를 급격하게 올리는 소위 빅스텝0.5%p 인상과 자이언트 스텝0.75%p 인상을 단행하면서 세계 경기 및 부동산 시장이 급격히 냉각되던 시기였다.

급격한 금리 상승으로 인해 한국은행과 정부도 가계 및 부동산 대출에 대한 각종 규제를 발표하면서 코로나에도 버텨온 수많은 자영업자들과 수많은 부동산 관련 회사들이 무너져 갔다.

우리 모두가 알던 최악의 시기… 국세청과의 처절한 전쟁은 그렇게 시작되었고 필자를 비롯한 전문가그룹 그리고 상속인들은 고인을 애도할 겨를도 없이 상속세 납부를 위한 절차에 돌입했다.

✦ 은행은 날이 맑을 때 우산을 빌려주고
날이 궂어지면 빌려준 우산을 반드시 회수한다

사업을 하거나 은행과 자주 거래하는 사람이라면 한 번쯤은 들어봤을 이야기지만 상속인들에겐 현실로 다가왔다.

사실, 상속인들은 저 말이 처음에는 실감이 나질 않았다고 한다. 그러

증여는 Smart하게 상속은 아름답게

나 온몸으로 체감하기까지는 그리 오랜 시간이 걸리지 않았다.

당시 피상속인은 강북 소재 5층짜리 건물은행 탁감금액 250억 원과 경기도 내 과수원공시지가 55억 원을 보유하고 있었다. 주변시세보다 매우 저렴했던 월세2,500만 원는 대부분 생활비와 대출금이자 그리고 세금납부에 사용되어 보유 현금은 거의 없었으며 대출금과 임대보증금을 포함 부채 40억 원가 있었다.

언뜻 보면 자산 대비 부채는 얼마 되지 않아 양호한 것처럼 보이지만 상속의 관점에서는 최악의 재무구조라 할 수 있었다.

상속이 개시되자마자 제일 먼저 주거래은행에서 만기가 얼마 남지 않은 대출의 연장을 위해 부동산상속등기를 요구해 왔고 약정한 시일 이내에 등기가 완료되지 않을 경우 대출금 상환을 해야 한다고 압박을 해 왔다. 복잡한 상속 절차를 경험해 보지 못한 상속인들은 주거래은행의 요구대로 부동산 상속등기를 하기 위해 은행을 방문하여 절차를 진행하던 중 필자가 그 사실을 알게 되어 그 즉시 모든 절차를 중지했다. 그날 은행 대출 담당자와 얼마나 싸웠는지 지금도 그날의 기억이 생생하다.

대부분의 상속인들은 갑작스러운 상황 속에서 경황도 없고 상속에 대해 잘 모를 수밖에 없다. 특히 대출금 관련 문제가 생기는 것을 원치 않기 때문에 은행에서 안내하는 대로 따를 수밖에 없다.

그러나 단순하게 은행의 요구대로 상속등기를 하면 전혀 생각지 못하는 많은 문제가 발생하게 된다.

필자는 은행 대출 담당자와 은행 측 세무대리인에게 아래와 같은 내용을 얘기하며 시간을 줄 것을 부탁했다.

첫째, 은행과 세무대리인이 평가하는 부동산 시세는 국세청에

서 인정하는 자료가 아니기 때문에 반드시 감정평가 후 상속등기를 해야 한다.

둘째, 부동산 상속등기는 원칙적으로 상속인들의 재산분할협의가 되어야 진행될 수 있으며, 2차 상속에 대한 고려가 되지 않은 채 고령의 배우자에게 상속지분만큼 배분될 경우 최악의 상황이 발생할 수 있다. 이는 물리적으로 상속세 납부대책과 더불어 상당한 협의와 시간이 필요한 작업이다.

셋째 이 모든 것이 선행되어야 부동산 상속등기가 진행될 수 있다. 만약 은행의 요구대로 지금 부동산 상속등기를 진행해야 한다면 이로 인해 발생되는 추가 상속세는 누가 책임질 것인가?

그러나 상속에 대한 개념과 이해가 부족한 은행 관계자들에게 아무리 설명해도 대출금 회수가 주목적인 담당자들을 설득하는 것은 불가능했다. 오히려 상속세만큼 본인들이 대출해 주겠다던 약속도 마치 언제 얘기했냐는 식으로 매몰차게 돌아섰다.

이에 은행만을 믿고 있었던 상속인들은 엄청난 좌절을 하게 되었다.

✦ 징벌적 상속세, 상속인들을 빚의 구렁텅이로 내몰다

그러나 상속인들에게는 좌절할 시간조차 없었다.

제일 먼저 은행 측에 기간 만기가 임박한 대출금의 규모와 최종납부기한을 확인한 후 상속인들끼리 자금을 모으기로 협의했다.

일반적으로 자산가의 자녀들이라 해서 모두가 자산가일 것이라 생각하면 큰 오산이다.

대한민국 대부분의 부富는 60세 이상의 노인 세대에 편중되어 있고 이마저도 부동산이다. 현대역사상 가장 많은 부를 축적한 세대인 1차 베이비붐세대, 특히 강북에 건물을 소유한 경우 대부분 오랜 시간 한 곳에서 거주하고 있었던 분들이다. 급격한 토지 가격 상승으로 인해 자산의 규모가 늘어난 것뿐이지 실상 현장에서 보면 건물의 노후화가 상당하며 공실률도 매우 높다. 노후화가 되면 당연히 공실률이 높아지고 이는 월세의 하락으로 이어지는 악순환의 연속이다. 바로 이것이 강북 건물주들의 실제 모습이다.

일단 시간이 필요했다.

상속인들의 개인 오피스텔을 처분하고 지인들에게 빌린 자금으로 대출금을 상환하며 최대한의 시간을 벌어야 했다.

그러나 첫 번째 대출금을 상환한 것이지 계속 이어지는 상환금들은 도저히 마련할 수 없는 상황이었다.

이에 신속한 상속세 계산 절차 및 자산매각플랜 마련에 더욱 박차를 가했다.

이 시기는 불과 상속개시일로부터 겨우 30일 정도 경과한 때이다.

02
2019년부터 바뀐 감정평가, 징벌적 상속세의 트리거가 되다

여러 우여곡절 끝에 감정평가를 마치고 상속세를 계산해 본 결과 상속인들은 또다시 큰 충격에 빠질 수밖에 없었다.

대략 부채 40억 원을 차감하면 대략 270억 원 정도일 것으로 생각한 상속재산 가액은 감정평가 결과 부채 40억 원을 차감한 384억 원으로 평가되어 납부해야 할 상속세만 164억 원이 집계되었다.

순간 전문가들과 상속인들은 절망에 빠져들 수밖에 없었다. 이때 당시 통장에 있는 돈은 0, 아니 오히려 마이너스인 상태였다. 절망은 한꺼번에 온다고 했던가⋯ 이뿐만이 아니었다.

주변 지인들이 상속인들을 괴롭히기 시작한 것이다.

> "공시지가로 신고하면 되지 왜 감정평가를 받아?"
> "내가 아는 상속 전문 변호사 또는 세무서 출신 세무사를 만나봐, 상속세를 줄일 수 있어."
> "세무서에 찾아가서 무작정 빌면 세금을 깎아준대."

사람들은 이처럼 어쭙잖은 조언을 아끼지 않는다.

안타까운 마음에 도움을 주고 싶은 마음은 충분히 이해하지만 진심이

증여는 Smart하게 상속은 아름답게

담기지 않은 걱정 및 위로는 오히려 상속인들의 마음을 어지럽히고 혼란스럽게 만들 뿐이다.

특히 상속인들에게 절대 하지 말아야 할 금기어는 바로 이것이다.

"많이 받았으니까 세금 내는 건 당연한 거지."

많이 받았으니 세금 내는 거야 당연한 것이고 필자도 부정하지 않는다.

그러나 외형만 보고 판단해서 쉽게 내뱉을 말이 아니란 건 이 글을 끝까지 읽어본 사람은 깨닫게 될 것이다.

당시의 상황을 회상하는 상속인의 얼굴에서 보이던 착잡함과 깊은 분노 그리고 슬픔이 아직도 눈에 선하다.

✦ 또 다른 재앙, 시간이 흐를수록 증가하는 간접비용

일반적으로 상속세만 생각하지 상속절차 간 발생하는 간접비용을 간과하는 경우가 많다.

사례별로 다르지만 보통 상속재산가액에 따라 변동된다.

해당 상속인들은 대출금을 갚고도 추가로 취등록세, 감정평가 비용, 세무 및 각종 비용 등 간접비용만 이미 12억 원이 발생했다. 이 자금은 앞서 말한 대로 각 상속인의 개인 자산을 처분한 금액과 대여금으로는 절대적으로 부족한 상황이었다.

자칫 잘못하면 상속인들의 개인 자산과 노후에도 치명적인 손실이 발생하는 결과로 이어질 수 있었다.

대출금 이자를 상환하는 것만으로도 부족한 월세로는 도저히 상속세와 간접비용을 감내할 수 없었던 상속인들은 여러 지역의 은행들을 다니며 대출을 문의했고 처음에는 대부분 150억까지는 가능하다는 긍정적인 답변을 받았다. 그러나 그들의 호기로운 답변과는 달리 매번 심사 단계 또는 직전에서 거절되었고 연속된 좌절에 상속인들은 하염없이 무너져 내렸다. 한 줄기 희망을 기대하고 있던 필자 포함 전문가들과 함께…….

그래도 방법을 찾아야 했다.

포기할 수 없었다. 방법은 찾으면 찾아진다는 말을 믿어보기로 했다. 아니 믿는 것 말고는 답이 없었다.

결국 상속인들은 상속포기와 건물급매, 그리고 물납을 검토하기로 결정한다. 이 시기는 불과 상속개시일로부터 40일이 채 안 되었을 때이다.

증여는 Smart하게 상속은 아름답게

03
상속세? 연부연납하면 되잖아

연부연납은 대부분의 상속인들이 선택하는 납부 수단이다.

그러나 국세청은 세금에 있어서 늘 최선이고 진심이다.

납세자들의 편의를 위해 만들었고 기한도 5년에서 10년으로 대폭 늘려 줬다는 연부연납은 절대 공짜가 아니다. 연 3.5%의 가산금리를 적용한다. 물론 시중금리보다 저렴하다는 친절한 설명과 함께 말이다.

연부연납은 우리가 카드 할부로 고가의 물품을 살 때처럼 세금도 분할해서 내는 것이 심리적으로 안도하게 하지만 상속인들을 10년간 납세노예로 만들어 버리는 아주 지독한 세금 할부정책이다. 그럼에도 불구하고 대부분의 사람들은 10년으로 늘어나서 다행이라 한다. 심지어는 연부연납하면 모든 게 해결된다고 믿는 사람들도 있다. 절대 믿지 마라. 세금부과에 있어서 국세청은 절대로 친절하지 않다.

✦ 아무도 신경 안 쓰는 징벌적인 가산이자

대부분의 상속인들이 상속세나 증여세를 낼 때 가산이자에 대한 관심이 적다. 앞서 언급했듯이 분할납부의 심리적 안도감이 주는 망각의 힘이라 할 수 있다.

그래서인지 수많은 세무대리인들도 이 가산이자에 대해 별다른 고민을 하지 않는다. 어차피 상속인들이 수긍하고 내야 할 가산이자일 뿐이니까…….

수집된 자료를 바탕으로 계산된 상속세 164억 기준 연부연납 가산세
는 총 28억 7,960만 원이다.

본세가 아닌 가산이자만 28.8억…….

구분	최초납부세액 2024.04.01	1차 2025.03.31.	2차 2026.03.31.	3차 2027.03.31.	4차 2028.03.31.	5차 2029.03.31.
연부연납 세액	1,495,897,817	1,495,897,817	1,495,897,817	1,495,897,817	1,495,897,817	1,495,897,817
가산율		3.5%	3.5%	3.5%	3.5%	3.5%
연부연납 가산금		523,564,236	471,207,812	418,851,389	366,494,965	314,138,542
총 납부 세액	1,495,897,817	2,019,462,053	1,967,105,629	1,914,749,206	1,862,392,782	1,810,036,358
구분		6차 2030.03.31.	7차 2031.03.31.	8차 2032.03.31.	9차 2033.03.31.	10차 2034.03.31.
연부연납 세액	1,495,897,817	1,495,897,817	1,495,897,817	1,495,897,817	1,495,897,817	1,495,897,817
가산율		3.5%	3.5%	3.5%	3.5%	3.5%
연부연납 가산금		261,782,118	209,425,694	157,069,271	104,712,847	52,356,424
총 납부 세액	1,495,897,817	1,757,679,935	1,705,323,511	1,652,967,088	1,600,610,664	1,548,254,241

총 납부세액		16,454,875,986
최초 납부세액	2024-04-01	1,495,897,817
연부연납대상금액	2025년~2034년	14,958,978,169
연부연납가산금	3.50%	2,879,603,298
최종 부담세액		19,334,479,284

증여는 Smart하게 상속은 아름답게

본세 164억 원도 마련하지 못하는 상황에서 가산세 28.8억 원은 상속인들에게는 어떠한 느낌으로 다가왔을까?

그리고 지금 이 글을 보고 있는 당신에게는 어떤 느낌으로 다가갈까? 이자만 28.8억 원이다. 일반인들은 평생을 만져보지도 못할 금액을 고스란히 가산이자로 납부해야 되는 것이다.

물론 상속인들이 연부연납을 신청할 경우 매년 조금씩 줄어들겠지만 10년간 평균적으로 매년 원금과 이자 18억 원을 납부해야 한다. 앞서 언급했던 월세는 세전 연 3억 원이었다. 이마저도 각종 세금과 비용을 제외하면 연 2억 원만 겨우 남았다. 연부연납으로는 도저히 가산이자조차 납부할 수 없었다.

✦ 일단 대출받아서 납부하고 매각하면 되지

해당 건물은 지하철역에서 불과 10m 정도 떨어진 대로변에 위치하고 평수도 500평에 달해 실제 주변시세로는 400억 원 이상 거래되어야 하는 건물이었다. 일반적으로 시세 400억 원 이상 되는 가치를 지닌 건물에 부채 40억 원이 있다고 추가 대출이 안 된다면 누가 믿을까?

은행에서 평가한 250억 원보다 더 큰 310억 원의 감정평가서를 제출해 봐도 모든 은행에서 대출 불가 통보를 해왔다.

우리가 상속세 164억 원을 모두 대출해 달라는 것이 아니었다.

상속인들이 최소로 필요했던 대출금액은 55억 원이었다.

그러나 최종적으로 대출 자체가 불가능했다.

상속이 개시가 되었다는 소문과 거액의 상속세로 인해 매각될 가능성이 있는 건물에 대출을 해줄 은행은 없었다.

결정적으로 주변시세 대비 낮은 임대료와 공실이 대출한도 산정에 큰 악영향을 끼쳤다. 그렇다고 매각을 고려할 경우를 대비해 함부로 임대를 놓을 수 있는 상황도 아니었고 임대료를 올릴 수도 없었다. 그리고 결정적으로 시간이 얼마 남지 않았다.

그리고 금리도 발목을 잡았다. 만약 대출을 해준다 하더라도 금리가 급상승하던 때였다.

상속세와 부족한 간접비용 포함 170억을 대출받는다고 가정할 경우 연이자 5% 가정 시 이자만 8억 5,000만 원이란 계산이 나왔다. 이 또한 불가능한 금액이었다. 이자를 납부할 수도 없거니와 설령 납부한다 하더라도 만약에 향후 5년간 매매가 안 될 경우 상속인들이 떠안아야 손실액은 42억 5,000만 원의 이자상당액이었다.

이조차 금리가 안 오른나는 전제하에 계산된 금액이었다. 결국 금리는 지속적으로 상승했고 좀처럼 인하되지 않고 있는 지금 생각해 보면 그 손실액은 눈덩이처럼 불어났을 것이다.

✦ 그렇다면 일부 대출하고 건물을 최대한 빨리 매각하자

일단 연부연납을 신청하고 2~3년 이내에 매각을 고려하는 계획하에 3년 치 연부연납할 자금만 대출받자는 아이디어도 나왔다.

그러나 최초 상속세 납부기한에 1번 그리고 2년간 납부할 자금 총 55억 원을 대출받는다 해도 연이자 5% 가정 시 2억 7,500만 원이었다. 월세에서 남는 금액 2억 원이 있다 하더라도 매년 7,500만 원이 부족했다. 그리고 3년간 총 대출이자는 2억 2천만 원 그리고 연부연납이자는 2차분까지 10억이었다.

증여는 Smart하게 상속은 아름답게

3년간 상속인들이 부담하게 될 손실액은 12.2억 원의 이자상당액이었다. 이 또한 건물이 매각된다는 전제조건하에 가능한 일이었다.

또한, 은행에서 대출을 받기 위해서는 상속인들의 연대보증이 필요했다. 상속인들과 배우자 모두의 급여와 주거지를 담보로 하면 대출해 준다고 연락이 왔다. 310억 이상의 건물에 55억 대출받는 조건이었다. 그 조건을 수락할 수 없었다.

만약, 건물의 매각이 지연된다면 이는 곧바로 상속인들에게 엄청난 피해가 발생한다. 상속세를 납부하기 위해 상속인들이 신용불량자가 되는 것은 막아야 했다. 이를 알면서도 상속인들은 이렇게라도 할 수 있다면 하겠다고 얘기하던 그 모습들을 필자는 절대 잊을 수 없을 것 같다. 결국 또 다른 해법을 찾아야 했다. 대출을 제외한 모든 방법을 총동원하기로 했다.

✦ 상속이 개시되거나 예정인 부동산에는 하이에나들이 기웃거린다

상속이 개시된 건물은 급매로 나온다 하더라도 쉽게 거래되지 않는다. 기다리면 자연스럽게 가격이 하락하기 때문이다. 이는 당연한 시장경제원리이지만 상속인들에게는 잔인하게 다가온다.

사는 사람은 절대 급하지 않다. 하루라도 빨리 팔려야 세금을 내는 상속인들만 급할 뿐이다. 이러한 사실은 인근 부동산 관계자들에게 급속도로 퍼질 것이고 결국 상속인들은 그들의 먹잇감이 될 것이 뻔했다.

심지어는 은행조차 그렇다. 상속세 납부 때문에 고통받는 모습을 보며 겉으로는 본인들의 건물에 관심 있는 VIP 고객들을 연결해 준다고 하지만 결국 그들도 상속인들의 편이 아니었다.

피상속인도 한평생 해당 주거래은행과 거래를 하였고 가족들도 대부분 해당 은행과 거래한 VIP 고객이었지만 이미 상속인들은 대출을 문의하던 그 순간부터 평생을 대접받던 VIP 지위를 상실한 상태가 되어 있었다. 대출거부 및 대출상환압박이 바로 그 증거였다.

증여는 Smart하게 상속은 아름답게

04
부동산 매각과 물납, 그리고 상속포기

일단 상속인들은 감정평가액 이상으로 330억 원에 매물은 내놓되 제 값을 못 받더라도 최대한 빨리 매각을 하는 것으로 결정했다. 이때 나온 최악의 매매예상가는 200억~250억이었다. 매매가가 떨어지면 상속세도 같이 줄어들기 때문에 엄청난 손해를 감수하더라도 어쩔 수 없는 선택이었다. 만에 하나 매각만 된다면 상속인들이 신용불량자가 되는 것만은 막을 수 있었다.

그리고 일단 과수원도 지켜낼 수 있었다. 당시 상속인들에게는 이것이 최선이었다.

동시에 물납에 관한 여러 가지 제반사항에 대해 사전 검토한 내용을 바탕으로 실무적인 절차를 진행하였다.

일단 감정평가액 110억 원의 과수원은 물납하고 나머지 상속세 54억 원은 연부연납을 활용해 시간을 벌어보기로 했다.

✦ 건물이 아닌 과수원을 물납하는 이유

원칙적으로 상속세를 초과하는 물납은 허용이 되지 않지만 실제로는 가능하다.

상속세및증여세법 시행령 제73조【물납청구의 범위】

① 법 제73조의 규정에 의하여 물납을 청구할 수 있는 납부세액은 당해 상속재산 또는 증여재산인 부동산 및 유가증권(법 제44조 내지 제45조의2에서 규정된 증여추정 또는 증여의제에 의하여 증여의 대상이 되는 당해 부동산 및 유가증권을 포함한다. 이하 이 조·제74조 및 제75조에서 같다)의 가액에 대한 상속세납부세액 또는 증여세납부세액을 초과할 수 없다. (2004. 12. 31. 개정)

② 상속재산 또는 증여재산인 부동산 및 유가증권 중 제1항의 납부세액을 납부하는데 적합한 가액의 물건이 없을 때에는 세무서장은 제1항의 규정에 불구하고 당해 납부세액을 초과하는 납부세액에 대하여도 물납을 허가할 수 있다.

솔직히 국세청 입장에서도 과수원보다는 건물을 원할 것이다. 그러나 상속세 164억 때문에 감정평가 310억 원 긴물을 그대로 물납할 수는 없지 않은가.

대다수의 사람들은 차액만큼을 환급해 준다고 생각한다. 절대 아니다. 부족한 세금은 철저히 징수하지만 물납 시 초과되는 금액은 환급해 주지 않는다.

그럴 경우 남은 차액에 대해서는 어떻게 처리되는 것일까?

그야말로 그냥 포기하는 것이다.

재삼 46014-2326.1997.9.30

상속세액을 초과하는 토지로서 물납을 신청하는 경우 당해 상속세를 초과하는 재산가액을 포기하는 내용의 문서를 작성하여 상속인 전원이 기명날인하고 인감증명을 첨부하여 물납허가된 사례가 있어 알려드리오니 붙임 포기각서 사본을 참고하시기 바람

그렇다면 만약 상속세를 초과한 물납은 이후 추가된 상속세와 상계처리는 가능할까?

차액에 대한 권리를 포기해야 하고 이는 차후에 추가적으로 발생하는 상속세와도 상계처리가 안 된다. 이게 바로 우리나라의 물납 관련 상증법이다. 그렇기 때문에 상속인들은 건물이 아닌 과수원을 물납대상으로 선정하고 대응하기로 한 것이었다.

재산(상속)46014-667 (2000.06.01)
상속세및증여세법 제73조의 규정에 의하여 상속세를 물납할 때 관할세무서장에게 물납할 상속세액을 초과하는 물납재산가액에 대하여 포기하는 의사를 표시하여 물납이 허가된 경우 이미 포기한 그 물납재산가액으로 추가 고지되는 상속세에 충당할 수 없는 것임

✦ 물납, 상상하지 못한 또 다른 지옥의 시작이었다

실무적으로 필자에게 물납은 상속세 납부 시 상속포기 바로 직전 단계라고 생각한다.

물납이란 상속세 납부를 금전이 아닌 상속받은 재산으로 대신 납부하는 것을 말한다.

상속세 및 재산세만 물납이 가능하며 물납은 분납이나 연부연납보다 더 까다로운 조건을 적용한다. 상속받은 금융재산으로 상속세 납부가 가능한 경우 물납이 불가능하다.

1. 물납의 허용조건은 다음과 같다.

① 상속재산 중 부동산과 유가증권 가액이 상속재산의 2분의 1을 초과할 것
② 상속세 납부세액이 2천만 원을 초과할 것
③ 상속세 납부세액이 상속재산가액 중 현금, 예금 등 금융재산의 가액을 초과할 것
④ 상속세 과세표준 신고기한이나 결정통지에 의한 납세고지서상 납부기한까지 물납신청할 것
⑤ 관리 처분이 부적당한 재산이 아닌 재산으로 신청할 것
⑥ 관할세무서장이 납세자의 물납허가 필요

2. 물납 시 충당 가능한 부동산과 유가증권은 다음과 같다.

① 국내에 소재하는 부동산
② 국채 · 공채 · 주권
③ 내국법인에서 발행한 채권 · 증권
④ 신탁업자가 발행하는 수익증권
⑤ 집합투자증권
⑥ 종합금융회사에서 발행한 수익증권

※ 유가증권 중 상장주식은 거래소에서 매각해 현금을 확보할 수 있기 때문에 물납 대상에서 제외되지만 법령에 의해 처분이 제한되는 경우에는 가능하다.
※ 비상장주식은 상속의 경우로서 다른 상속재산이 없거나 선순위물납대상 재산으로 상속세 물납에 충당하더라도 부족한 경우 가능하다.

① 국채와 공채
② 물납허가통지서 발송일 전일 현재 '자본시장법'에 따라 처분이 제한된 상장주식
③ 국내에 소재하는 부동산
④ 비상장주식(물납 충당이 가능한 자산에 한함)
⑤ 상속개시일 현재 상속인이 거주하는 주택 및 그 부수토지

여기서 중요한 사실은 물납 시 충당하는 재산은 상속인이 정하는 것이 아니라 세무서장이 인정하는 정당한 사유가 없는 한 다음 순서에 따라 신청하고, 허가를 받아야 한다는 것이다.

실무적으로 상속인들이 국세청에 물납신청을 하면 국세청 담당자는 이를 캠코한국자산관리공사로 업무협조요청을 하게 된다. 해당 재산에 대한 평가를 실질적으로 캠코가 하는 것이다.

상속인들의 물납 절차 진행 중 국세청과 캠코 담당자에게 청천벽력 같은 연락을 받았다.

✦ 쉽지만 않았던 과수원 물납 Plan

건물 매각전까지 상속인들이 부담해야 할 리스크는 최대한 줄일 수 있겠다는 판단에 상속세 164억 원 중 110억 원은 과수원 물납으로 납부하고 나머지는 연부연납으로 처리하기로 했다.

계획한 대로만 성사되면 일단은 상속인들의 건물매각에 대한 부담이 줄어들 것이란 생각이었다.

그러나 여기에도 예상치 못했던 변수는 존재했다. 정말 산 넘어 산이었다.

앞의 물납조건표를 보면 관리처분이 불가한 경우 물납의 허가가 나지 않는다고 명시되어 있다.

수년 전 해당 과수원에는 지하로 지하철노선이 들어서면서 지상권이 설정되어 있던 것이다. 그것도 한가운데 일직선으로 되어 있었다. 아마도 피상속인은 지하 깊숙이 지하철노선이 뚫리는 것이고 국가 공공시설물이라 괜찮을 거란 판단에 허락하셨던 것 같다.

이때 피상속인이 받은 보상금은 고작 600만 원이었다고 한다.

그러나 이 역시 같은 대한민국의 국가 기관인 국세청에서는 지상권으로 인한 관리처분불가 물건으로 판단해 해당 토지에 대한 물납을 반려할 의사를 보인 것이다.

결국 국가를 위해 배려한 피상속인의 마음을 국가는 권리행사로 대응했다.

상속이 개시된 지 채 두 달밖에 안 된 시점이었지만 이미 상속인들은 당할 대로 당하고 더 이상 물러설 곳조차 없는 상태였다. 어떻게든 방법을 찾아야 했다.

이에 상속인들은 한 필지로 되어 있는 과수원을 세 필지로 구분등기하는 플랜을 세우게 된다. 가운데 지상권이 설정된 곳만 빼고 나머지 두 필지를 물납하는 플랜이었다. 다만 필지가 나뉘고 물납 가능 토지도 줄어들기 때문에 추가적인 상속세 납부 방안을 찾아야 했다. 이에 건물도 구분등기 후 층별로 물납하는 방안이 대두되었다.

상속세및증여세법 시행령 제71조【관리 · 처분이 부적당한 재산의 물납】

① 세무서장은 법 제73조 제1항의 규정에 의하여 물납신청을 받은 재산이 다음 각호의 1에 해당하는 사유로 관리 · 처분상 부적당하다고 인정하는 경우에는 그 재산에 대한 물납허가를 하지 아니하거나 관리 · 처분이 가능한 다른 물납대상 재산으로의 변경을 명할 수 있다. (1999. 12. 31. 개정)

1. 지상권 · 지역권 · 전세권 · 저당권 등 재산권이 설정된 경우 (1999. 12. 31. 개정)

2. 물납신청한 토지와 그 지상건물의 소유자가 다른 경우 (1999. 12. 31. 개정)

3. 토지의 일부에 묘지가 있는 경우 (1999. 12. 31. 개정)

4. 제1호 내지 제3호와 유사한 사유로서 관리 · 처분이 부적당하다고 재정경제부령이 정하는 경우 (2002. 12. 30. 개정

그러나 생각처럼 쉽게 풀릴 것 같았으면 오산이다. 매일같이 한 가지의 문제를 해결하면 두세 가지의 문제가 새로 발생했다.

구분등기를 하여 물납을 진행해야 하는 경우 최초 감정평가 시의 물건 형태가 달라지기 때문에 감정평가를 다시 받아야 했다.

이는 곧 또다시 비용이 추가된다는 뜻이었다.

상식적으로 상속세를 낼 돈이 없어서 물납을 하는 것인데 상속인의 비용지출이 계속 늘어나는 것, 그것이 이해가 되는가?

그래도 감수해야 했다. 다만, 건물의 매각이라는 기적이 발생되기 전까지는 최대한 절차는 준비해 두되 비용의 지출은 지연하기로 결정하고 움직였다.

✦ 임차인들을 명도해야 물납을 받아준다는 국세청과 캠코

매일 국세청, 캠코와의 전쟁은 계속되고 있었다. 하루에도 플랜이 여러 번 바뀌는 건 예사였다.

이번엔 건물에 대한 건으로 연락이 왔다.

해당 물납재산에 지상권 · 지역권 · 전세권 · 저당권 등 재산권이 설정되어 있어 공매를 하기 어렵거나 토지의 일부에 묘지가 있는 경우에는 관리 · 처분이 부적당한 물납재산으로 판단하여 물납재산의 변경을 요청할 수 있다는 규정이 상속인들의 발목을 잡았다.

해당 건물 물납을 하기 위해서는 기존부채_{저당권} 전액을 상환하고 임차인에 대한 명도_{전세권}를 진행한 이후 물납 신청을 하라는 얘기였다. 도대체 무슨 자금으로 임차인들을 명도하란 말인가.

법대로, 규정대로 할 뿐이라는 국세청 공무원의 무미건조한 음성이 상속세의 징벌적 그리고 재앙적이라는 의미를 되새겨 줄 뿐 상속인들이 항의할 수 있는 곳은 세상 어디에도 없었다.

물론 예상을 했던 바이다. 명도를 할 비용도 시간도 없었던 상속인들에게 그나마 희망이 있었기 때문이다.

해당 건물 지하 포함 전체 6층 중 상속인들이 사용하고 있던 3개 층이 대안이었다.

건물을 구분등기하고 일부 층을 물납하면 남은 상속재산의 가치가 형편없이 떨어질 것은 이미 알고 있었지만 그 방법뿐이었다. 상속인들은 즉시 실무적인 절차에 돌입했다.

증여는 Smart하게 상속은 아름답게

> 상속세가 없어서 물납을 진행하는 상속인들에게 대출금 전액 상
> 환 및 명도 비용과 명도 소송 등을 감내하면서까지 기한 내 물납
> 을 하라는 국세청, 상속인들에게 죽으라는 것과 무엇이 다른가?

어느 정도 실무적인 절차가 진행되고 있을 때 결정적으로 치명적인 문제가 발생했다.

과수원에 있는 1,000여 그루의 배나무 또한 명도할 것을 요구한 것이다.

이유는 배나무를 관리할 근거와 인력이 없다는 이유였다.

법적으로 토지에는 그 용도가 정해져 있고 그 목적에 맞게 사용되어야 한다. 다른 용도로 사용하는 경우 과태료 부과 및 원상복구 등의 행정처분이 발생한다. 그렇다면 과수원은 과실수가 심어져 있어야 한다.

그러나 낙찰받은 사람이 명도를 요구할 경우 캠코에서 해당 업무를 처리할 근거도 없고 관리되지 않는 배나무가 폐사하면 그 처리 비용도 들기 때문에 물납 시 배나무를 명도 즉, 다 뽑아내라는 것이다. 이건 지금까지 발생한 문제들과는 차원이 다른 얘기다. 엄청난 비용이 들어간다. 최대한 할 수 있는 인맥과 정보력을 동원하여 관련 근거를 찾고 찾아봤으나 그 어디에도 명확한 근거는 없었다.

납세자는 과수원에서 나무를 뽑아내야 되고, 낙찰자는 다시 나무를 심어야 하는 말도 안 되는 상황이 발생된 것이다.

결국 코너에 몰린 상속인들은 상속포기에 대한 고민을 본격적으로 하게 된다.

✦ 결국 164억 원 상속세 때문에
390억 원의 재산을 포기해야 하는 상속인들

"많이 받았으면 당연히 세금 내야지."

이제는 왜 이 말을 함부로 하면 안 되는지 이해가 되었으면 한다.

상속세 납부방법 중 결국 대출도, 연부연납도 불가능한 상황에서 물납도 이젠 불가능했다.

여기서 상속인들이 선택할 수 있는 방법은 매각과 상속포기였다.

상속을 포기하고 멈출 것이냐, 최대한 매각이 될 때까지 버틸 것인가라는 기로에서 선 상속인들에게는 이제 시간이 얼마 남지 않았다. 상속포기를 하기 위해서는 상속개시일을 안 날로부터 3개월 내에 법원에 신청해야 한다. 상속인들에게 주어진 시간은 고작 10일 정도였다.

미리 대비는 했었지만 지난 두 달 반 동안 정신없이 달려온 상속인들에게 상속포기는 마지막 수단이었을 뿐 현실로 다가오게 될 것이라 생각은 못 했을 것이다. 필자 및 전문가들도 애써 외면한 최후의 수단이었기 때문이다. 결국 상속인들과 전문가들의 결론은 최초 플랜대로의 무조건적인 매각이었다.

문제는 그동안 매매문의가 거의 없었다는 것이었다. 몇 번의 매수의향이 들어왔지만 대부분 사기거나 잔금을 몇 년에 걸쳐서 지급하겠다는 등의 말도 안 되는 얘기들뿐이었다.

그렇게 마지막 희망을 품고 기다리던 어느 날….

상속인들에게 기적이 찾아왔다.

진짜 매수희망자가 나타난 것이다.

증여는 Smart하게 상속은 아름답게

05
기적이 상속인들을 살렸다

여러 가지 검증을 거쳐 매수희망자가 확실하다는 것을 확인하고 드디어 상속개시일로부터 60여 일 만에 매각을 하게 되었다. 건물의 매각가격은 최초 매도 희망가와 비슷한 310억이었다.

먼저 계약금 50억 원을 받고 나머지 잔금은 2월 15일에 받는 조건이었다.

상속세 납부일은 2024년 3월 31일, 잔금을 받더라도 충분히 여유가 있는 기간이었다.

구분등기와 감정재평가, 그리고 상속포기와 상속세 납부계획을 준비하던 모든 전문가들은 마치 자신의 문제가 해결된 것처럼 진심으로 기뻐하며 축하의 인사를 전했다.

지난 60여 일간 한숨도 못 쉬고 힘겨운 시간들을 보내온 상속인들의 얼굴에 환한 웃음꽃이 피는 걸 그때 처음 봤다. 돌이켜보면 하루하루가 전쟁이었고 지옥이었던 것 같다.

그래도 일단 매각이 되었으니 우선 처리해야 할 일들을 분류하고 계획을 전면 수정해야 했다.

상속인이 운영하던 사업장을 잔금일 이전에 폐업하는 절차를 진행하고 5층에 거주하시던 어머님의 거처를 마련해야 했다.

상속인들은 우선 계약금으로 은행에 찾아가 대출금을 전액 상환했다.

맞다. 바로 대출거부 및 상환압박을 하던 그 은행이었다. 대출상환하러 온 상속인들을 놀란 눈으로 쳐다보던 그들의 얼굴을 잊을 수가 없으시다고 했다.

이후 어머님의 거처를 인근 아파트로 마련하고 비로소 상속세 납부 및 이후 세무조사 대응 준비에 집중할 수 있게 되었다.

건물매각대금과 토지는 상속인들 간 법정상속지분별로 배분하였고 2차 상속세를 고려한 어머님의 배려와 가족 간의 협의로 배우자 상속지분 전체로 상속세대납을 결정하였다.

이제 잔금만 입금되면 끝난다.

그렇게 행복한 연말과 연초를 보내던 상속인들은 어느 날 충격적인 소식을 전달받게 된다.

✦ 끝날 때까지 끝난 것이 아니었다

잔금지급일이 예정되어 있던 2024년 2월 초 매수인들의 이상한 행적이 포착되기 시작했다.

잔금이 지급되지도 않았는데 신원을 알 수 없는 사람들이 건물을 방문하기 시작했고 심지어 무단 침입까지 발생했다. 나중에 알고 보니 은행에서 실사 나온 사람들과 매수자 측 사람들이었다. 갑자기 불안감이 엄습해 왔다. 혹시 잔금마련에 문제가 생긴 것은 아닐까 하는 걱정은 잔금일을 2일 남긴 2월 13일 현실이 되었고 이는 여러 가지 문제가 생겼음을 예고했다.

결국 이틀 후인 2월 15일 매수자 측에서는 약속된 기일 내 잔금지급이 어렵다는 통보가 왔고 이날만을 기다려 온 상속인들은 패닉이 올 수

증여는 Smart하게 상속은 아름답게

밖에 없었다. 상속세 납부기한 45일 전이다.

혹자는 계약금 몰수하고 끝내면 되는 것 아니냐고 할 수 있지만 상속인들이 진짜 필요한 것은 상속세 납부재원이었다. 상속세 납부시한까지 얼마 남지 않았고 이미 계약금은 대출금 상환 및 필요경비로 대부분 소진된 상태였다. 결국 매각을 진행하는 것만이 유일한 선택지였다.

일단 해당 건물이 상속으로 인한 매각인 것을 매수자 측에서 이미 알고 있기 때문에 상속인들의 급한 상황을 역이용하지 않도록 준비하고 대응하는 것이 최우선 과제였다.

오랜 시간 토론 끝에 상속인들은 매수자 측에 조건부 기한 연장을 제안했다.

잔금일을 3월 말까지 연장해 주는 대신 잔금 중 100억 원을 선입금하는 조건이었다.

또한 이와는 별도로 지연이자에 대한 보상을 요구했다.

만약, 상속인들의 요구에 응하지 않으면 계약금 전액을 몰수처리하겠다는 방침을 강하게 주장했다.

여기서 또 기적이 일어났다.

사실 저 100억 원은 미리 협의된 사항이 아니었다. 정해진 기한 내에 상속세 납부를 해야 하는데 잔금이 들어오지 않으면 큰일이었다. 일단 조금이라도 받아서 연부연납으로 진행하고 계약이 파기되면 다른 매수자를 찾아볼 요량이었다.

일단 상속인들이 입을 피해보상에 대해 주장하며 필요한 금액을 나름대로는 최대한 많이 제시했는데 며칠에 나뉘어 지연이자와 함께 입금이 된 것이다. 이럴 줄 알았다면 더 많이 얘기할걸 하는 후회가 들었다.

그만큼 매수자 측에서도 50억 원의 계약금을 포기하기란 쉬운 결정이 아니었을 것이다.

상속인들은 100억이 입금된 통장내역을 확인하고 나서야 조금이나마 안도를 했고 나머지 잔금 160억 원이 입금된다면 3월 말 상속세 납부는 정상적으로 처리될 수 있었다.

그러나 잔금이 그날에 확실히 들어올 것이란 보장도 없었고 이미 매수자 측에 대한 신뢰가 무너진 상속인들은 기존 납부플랜과는 별도로 100억을 선납하고 나머지 64억에 대한 연부연납을 하는 투트랙 전략을 준비했다.

결국, 3월 말 상속세 납부마감시한까지 나머지 잔금은 입금되지 않았으며 상속인들은 미리 준비된 대로 일부 상속세를 납부하고 그다음 전략을 준비해야 했다.

예상한 대로 그 이후에도 잔금 입금 기한 연장 요청이 계속 들어왔다.

기적적으로 일부의 상속세 납부를 한 상속인들은 계속 기다렸다. 어차피 시간은 벌어둔 것이었고 이제부터는 상속인들이 급할 것이 없기 때문이었다.

최종적으로 2024년 6월 21일 마지막 잔금과 그간의 지연이자, 그리고 상속인들이 억울하게 부담했어야 할 연부연납의 일할가산이자, 정신적 피해보상금까지 입금받고 그렇게 건물에 대한 매각은 마무리되었다.

이제 남은 것은 국세청과의 진절머리 나는 전쟁을 끝내는 것이었다.

상속인들은 그 즉시 연부연납 신청했던 남은 상속세를 납부하기 위한 절차에 돌입했다.

증여는 Smart하게 상속은 아름답게

✦ 국세청의 과세근거를 반드시 확인하라

뭔가가 잘못되었다.

연부연납을 종료하고 일시로 상환하겠다고 신고했는데 이후 국세청에서 부과된 세금이 우리가 계산한 세금보다 큰 것이다. 즉시 조사관에게 이유를 물어보니 납부불성실 가산세 0.022%가 부과되었다고 한다.

상속세 납부기한일 다음 날인 4월 1일부터 6월 21일까지 붙은 가산세는 무려 총 1억 1,646만 원이었다.

상속세를 안 낸 것도 아니고 성실하게 신고도 다 했으며 연부연납하기로 한 상속세를 미리 내겠다고 하는데 납부불성실 가산세가 붙는다?

재산-13(2013.01.10)

[제목]	연부연납허가를 받기 전에 일시 납부하는 경우 연부연납가산금 적용여부
[요약]	연부연납을 신청한 자가 허가통지를 받기 전에 연부연납세액의 전부 또는 일부를 일시에 납부하고자 하는 경우, 관할 세무서장은 연부연납세액의 전부 또는 일부를 일시에 납부하도록 허가할 수 있는 것이며, 이 경우 연부연납가산금을 징수함

국세청 조사관이 제시한 근거에는 연부연납 허가통지를 받기 전에 상환을 하면 가산금을 부과한다고 되어 있다. 하마터면 깜빡 속을 뻔했다.

상속인들은 이미 연부연납 허가통지를 받은 이후 조기 상환을 요청했으니 국세청의 근거는 여기에 해당되지 않는다. 그렇다면 상속세 납부기한일 다음 날인 4월 1일부터 6월 21일까지 붙은 가산세 총 1억 1,646만 원은 잘못 부과된 것이 맞다.

세금 납부하기 전에 찾아냈으니 망정이지 이러한 오류가 존재하는지도 모르고 국세청이 과세하는 대로 믿고 억울한 세금을 내는 사람들도 상당히 많을 것이다.

국세청에서 부과되는 세금에도 실수는 분명 존재한다. 확인하고 검증하는 것만이 억울한 세금을 막을 수 있다.

필자와 전문가들은 지난 9개월간 하도 당한 것이 많아 작은 것 하나라도 안 놓치는 매의 눈을 소유하게 됐다.

대내외적으로 모두가 힘들어하던 2023년 가을에 발생한 상속, 2025년 1월 말 상속세무조사종결로 장장 16개월의 대장정이 이렇게 막을 내렸다. 상속인들은 기적적으로 상속세 납부 전쟁에서 살아남았고 상속세 세무조사도 무난히 통과했다.

✦ 에필로그

일반적으로 전문가들조차 이 정도 규모의 상속을 경험한다는 것은 흔하지 않다.

지난 16개월 동안 정말 처절하고 피눈물 나도록 힘들었지만 이처럼 가족의 의미를 다시 깨닫게 해준 아름다운 상속을 다시 만날 수 있을까?

필자는 이번 상속을 통해서 고인의 지나온 삶을 다시 한번 돌이켜보고 그분께서 남기신 유산 중 진짜 유산은 물질이 아닌 가족이었음을 깨달았다.

그 힘든 역경 속에서 상속인 그 어느 누구도 피상속인을 원망하지 않고 오히려 그리워하고 슬퍼하는 모습을 보면서 전문가들은 힘을 더 낼 수 있었고 서로 비용을 절감하고 더 나은 방안을 제시하기 위해 때로는

증여는 Smart하게 상속은 아름답게

언성을 높이며 싸우다가도, 아이디어가 나올 때마다 각자의 분야에 접목시키면서 그렇게 버텨낼 수 있었다.

그러나 기적적으로 건물이 매각되었기에 상속인들의 결론은 해피엔딩이 될 수 있었을 뿐 만약 매각이 되지 않았다면 상속인들의 지옥 같은 시간은 끝나지 않았을 것이다. 이처럼 상속인들에게 주어진 6개월의 시간은 절대로 길지 않다. 이 기간 동안 국세청은 정말 잔인하게 느껴질 만큼 법과 원칙대로 한다. 이는 실제로 겪어보지 못한 사람들은 모른다. 준비되지 않은 상속으로 인해 내가 사랑하는 가족들이 겪게 될 고통은 우리가 상상하는 것 이상으로 반드시 다가온다. 상속을 미리 준비함에 있어 절대 과함이란 없다. 반드시 대비해야만 한다. 당신에게도 기적이 찾아올지는 아무도 모르기 때문이다.

필자가 상속인들을 도울 수 있도록 선한 영향력을 가르쳐 주신 은인과 부모에 대한 효, 그리고 가족 간에 화합을 보여주신 상속인 여러분께 진심을 담아 경의와 존경, 그리고 감사의 말씀을 전하는 바이다.

이 글을 쓰고 있는 지금, 물납을 하려던 과수원에서 수확했다고 보내주신 배를 먹고 있다. 지켜내서 다행이다. 정말 달다. 지금의 기분처럼…….

Chapter 4

상속전쟁, 당신만이 막을 수 있다

인생은 곱셈과 같다.

찬스가 오더라도 내가 제로이면 아무런 의미가 없다.

-나카무라 미츠루-

매일 뽑아둔 현금, 오히려 세금이 늘어난다

◆ 금리가 인상되면 환수율은 UP, 인하되면 DOWN

한국은행이 발표한 '2023년 중 5만 원권 환수율 동향'에 따르면 지난해 5만 원권 환수율_{환수/발행}은 2018년_{67.4%, 역대 최고치} 이후 가장 높은 수준인 67.1%를 기록했다.

최근 5만 원권 환수율 현황은 2018년 67.4%로 역대 최고치를 기록한 이후 '19년 60.1% → '20년 24.2% → '21년 17.4% → '22년 56.5%로 감소 추세에 있었으나 '23년 67.1%로 급증했다.

환수율이란 한국은행에서 발행한 화폐 총액 대비 회수되는 비율을 말한다.

한국은행에 따르면 코로나19 확산 영향으로 2020~2021년 중 4~6조 원 수준으로 감소하였던 5만 원권 환수금액이 2023년에는 14.1조 원으로 크게 증가했다. 올해 상반기 5만 원권 발행액은 약 12조 원, 환수액은 5조 8,000억 원으로 집계됐다.

발행액 대비 환수액의 비율인 환수율은 49.1%로, 지난해 상반기보다 28.7%p 내렸다.

유통한 5만 원권 가운데 한국은행으로 돌아온 것은 절반도 되지 않았다는 뜻이다.

신기할 정도로 환수율과 금리의 변동률이 맞아떨어지는 이유가 뭘까?

여러 경제적 요인과 화폐의 수명으로 인한 교체 등 다양한 이유가 있겠지만 글로벌 정세의 불확실성과 미국 연준의 금리정책으로 시중금리가 급격하게 인상되자 투자수익을 고려한 금고 속 현금들이 대거 은행으로 몰렸다가 최근에 다시 금리가 인하됨에 따라 금고로 회수되고 있기 때문으로 풀이된다.

✦ 요즘 현금 찾기 너무 귀찮고 힘들다는 부모님들

지금도 상속세를 줄이기 위해 어르신들이 매일 은행의 ATM기를 찾아다니며 소액으로 인출하는 수고를 하고 있다. 현금화하여 금고에 넣어 두거나 금을 사서 보유하고 있으면 상속세를 내지 않아도 된다거나 매달 조금씩 현금으로 자녀에게 주면 증여세 없이 줄 수 있다고 믿기 때문이다.

최근 들어 보이스피싱을 예방하기 위해 현금을 찾을 때마다 고객신분확인 및 사용목적 등을 일일이 확인하게 되면서 점점 줄고 있는 추세지만 여전히 상속세무조사간 가장 많은 문제가 발생하는 항목이 바로 이 부분이다.

> 솔직히 받는 자녀들 입장에서도 이것이 문제가 될 거란 걸 어느 정도 잘 알지만 굳이 주는데 안 된다고 말릴 이유가 없기에 이러한 문제를 방치하게 된다.

증여는 Smart하게 상속은 아름답게

피상속인이 상속개시일 전 1년 이내에 2억 원, 2년 이내에 5억 원 이상의 재산을 처분하거나 채무를 부담하거나, 인출한 경우 이를 상속한 것으로 보고 상속재산에 합산하는데, 이를 추정상속재산이라 한다.

특히 금융자산은 부동산과 달리 유동성이 좋기 때문에 언제든지 마음만 먹으면 편법적인 상속이나 증여의 수단으로 악용될 가능성이 큰 재산이다.

구분	상속재산가액에 포함되는 재산
증여재산	• 상속개시일 전 10년 이내에 상속인에게 증여한 재산 • 상속개시일 전 5년 이내에 상속인 이외의 자에게 증여한 재산
간주 · 추정 재산	• 피상속인의 사망으로 인해 지급받는 보험금 및 신탁재산, 퇴직금, 퇴직수당, 기타 이와 유사한 것 • 상속개시일 전 처분한 재산가액이나 채무 부담액이 1년 이내에 2억 원 이상/ 2년 이내에 5억 이상인 경우로서 용도가 객관적으로 불분명한 재산

만약 피상속인이 사망 시점 11개월 전 현금으로 1억 7천만 원을 인출하고, 6개월 전 시가 5억 원의 부동산을 처분했다고 가정하자.

이 경우 현금 1억 7천만 원은 1년 이내 2억 원 미만인 금액이기 때문에 별도의 소명은 없어도 되지만 5억 원의 부동산 매매대금은 1년 이내에 2억 원을 초과하는 금액이므로 상속인의 사용처 소명 대상이 된다.

피상속인이 생전에 처분한 매매대금 5억이 통장에 남아 있다면 아무 문제가 없겠지만 아래와 같이 사용처가 불분명한 경우에는 문제가 될 수 있다.

* 현금으로 인출하여 친척 등 주변 지인들에게 나누어 주는 경우
* 5억 원을 피상속인이 사용한 것은 확인되지만 객관적인 증빙자료가 없는 경우
* 타인에게 지급한 거래내역은 확인되나 지급받은 상대방이 그 사실을 부인하는 경우 등
* 현금으로 인출하였으나 누구에게 줬는지 전혀 입증이 안 되는 경우

보통 이러한 자금거래를 할 때 부모님이 자녀들과 미리 상의하거나 객관적 자료를 준비해 놓지 않기 때문에 이런 경우 상속인들은 억울한 세금을 추가로 부담하는 경우가 많다.

그리고 앞에서 언급한 인출금액 1억 7천만 원의 경우 만약 계좌이체 등으로 상속인에게 입금되었다면 이때는 상속재산에 포함된다.

또한, 현금으로 피상속인의 계좌에서 인출되었다고 하더라도 상속인의 통장으로 재입금되는 경우에도 소명 대상에 포함된다는 점을 주의해야 한다.

가장 흔한 사례로는 소득이 있는 자녀가 부모로부터 매월 정기적으로 생활비를 계좌로 지원받는 경우가 많다. 이 경우 갑자기 상속개시가 되었을 때 그동안 받은 생활비 총액이 무신고증여로 판단되어 증여세 및 상속세, 그리고 가산세까지 부과될 수 있다.

채무의 경우도 마찬가지이다.

이 경우 보통 일반 가정보다는 사업을 하는 피상속인의 상속개시시 많이 발생한다. 차입한 대금의 사용처가 불분명하다면 해당 금액 또한, 상속인들의 상속재산에 포함될 위험이 있으니 주의가 필요하다.

증여는 Smart하게 상속은 아름답게

✦ 국세청이 진짜 모를 것이라 생각하면 큰 오산이다

사람은 생전에 금융거래를 하면서 대부분은 증빙을 하고 비용처리를 하기 위해 계좌이체 등을 통한 거래를 하게 되어 있다.

만약 현금이 필요하다 하더라도 어느 정도 이상의 현금을 가지고 다니지 않는다. 특히 요즘 같은 세상에서 현금은 무자료거래 등의 목적으로 대부분 사용되고 있다. 현금을 인출하기만 하고 입금하지 않는 사람들은 자녀들에게 현금으로 증여했을 확률이 일반적인 사람들보다 많을 수밖에 없다. 그렇기 때문에 상속추정재산이라는 별도의 규정을 두는 것이다.

정말 어쩔 수 없이 현금으로 지급해야 하는 경우 반드시 증빙자료를 갖추어 상속인들이 억울하게 상속세를 추징당하는 일이 없도록 해야 한다.

02
자녀가 없는 부부, 고인의 부모님과 상속전쟁을 치르는 이유

✦ 저희는 상속해 줄 자녀가 없어서
상속이나 증여는 관심 없어요

정상적인 부부생활을 영위하면서 건강상의 이유로 또는 건강하더라도 의도적으로 자녀를 두지 않는 맞벌이 부부가 늘어나면서 저출산이 사회적 문제가 된 지 오래다. 이런 부부의 경우 대부분 상속이나 증여는 본인들과 전혀 상관없는 이야기로 치부하는 경향이 강하다.

실제 상속이나 증여에 대해 얘기하면 대부분의 반응은 한결같다.

"다 쓰고 갈 거예요."

세금 때문에 다 쓰고 가겠다는 어느 어르신의 말씀을 젊은 부부들에게도 듣고 나면 맥이 풀린다. 어이가 없어서가 아니라 오늘도 이 얘기를 듣는구나 싶어서 말이다.

그러나 자녀가 없는 경우 더욱 철저하게 계획하고 준비해야 하는 이유가 있지 않을까?

증여는 Smart하게 상속은 아름답게

자녀의 존재 여부는 상속세 및 증여세법에서도 엄청난 파급력을 미치기 때문에 만약 자녀가 없는 부부라면 반드시 상속을 대비해야 한다. 법정상속인은 가족의 관계에 따라 순위가 정해지는데 배우자와 자녀의 경우 공동 1순위 상속인이므로 각자의 지분에 따라 상속재산분배 후 신고 및 납세 완료까지 마치면 사실상 종료된다고 볼 수 있다.

그러나 만약 자녀가 없는 부부 중 한 명이 먼저 사망하면 이야기가 복잡해진다.

✦ 당연히 배우자가 단독상속 받는 거 아니에요?

당연히 답은 "아니오!"이다.

민법에서 정하는 법정상속 순위에 대해 반드시 이해하고 넘어가야 할 필요가 있다.

그 이유는 민법상 직계비속인 자녀가 없을 경우 배우자 단독상속이 아닌 직계존속이 공동상속인이 되기 때문이다.

상속순위	관계	상속인 해당 및 상속재산 분배율
1순위	직계비속, 배우자	배우자 1.5, 자녀당 1
2순위	직계존속, 배우자	자녀가 없는 경우 배우자 1.5, 고인의 부 1, 모 1
3순위	배우자	직계존비속이 없는 경우 배우자가 단독상속
4순위	형제자매	1, 2, 3순위가 없는 경우 상속인이 된다.
5순위	4촌 이내 방계 혈족	1, 2, 3, 4순위가 없는 경우 상속인이 된다.

✦ 남편이 사망했는데,
　시부모님과 상속재산을 분배해야 한다고요?

대부분 자녀가 없는 부부의 경우 상대방의 부모님과 공동상속인이 된다는 걸 아예 모르는 경우가 많아 실제 분쟁으로 이어지는 경우가 상당히 많다.

지금까지 자녀가 없는 100쌍의 부부를 만났다고 가정하면 거의 99쌍이, 아니 100쌍의 부부가 모르고 있다고 해도 과언이 아닐 정도이니 이렇게 중요한 내용이 알려지지 않은 이유가 궁금할 지경이다.

만약, 남편 또는 아내의 상속이 개시되면 피상속인의 명의로 된 재산 중 법정지분만큼을 고인의 부모님에게 상속해야 한다. 그러나 평소 상대방 부모님과 사이가 안 좋았다거나 경제적 곤란을 겪고 계시는 상황에서 상속이 개시되면 어떻게 될까? 생각만 해도 가슴 한 켠이 답답해져 온다.

만약, 남편이 먼저 사망하는 경우 상속재산이 부부가 함께 살고 있는 아파트 한 채가 전부라고 가정하자. 상속금액과 상관없이 이 아파트는 법정상속 지분만큼 시부모님과 공동상속받게 된다.

만약 시부모님이 두 분 다 돌아가신 이후라면 배우자가 100% 상속받게 되지만 두 분 다 생존해 계시는 경우 각각 법정상속 지분만큼의 상속재산을 받게 된다. 부부가 아끼고 모아서 어렵게 마련한 집에 시부모님의 명의가 들어오게 되는 것이다.

그것이 싫다면 시부모님의 상속분만큼 현금이나 기타 재산으로 보상해 주어야 한다.

과연, 그것이 가능할까?

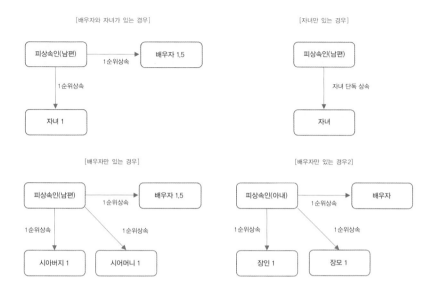

実제 평생 연락을 끊고 얼굴도 모르고 살았던 배우자의 부모님이 상속이 개시된 이후 상속재산을 받아 간 사례도 있다.

이처럼 대비되지 않은 상속이 개시될 경우 홀로 남은 배우자의 경제적 파탄과 노후 문제까지도 발생시킬 수 있는 중대한 문제라는 것을 인식하여야 한다.

이쯤에서 다시 한번 물어보고 싶은 것이 있다.

① 평소 배우자의 부모님과의 관계는 좋은가?

② 평소 배우자의 부모님은 경제적으로 여유로우신가?

③ 배우자의 부모님이 상속을 포기하실 의사가 있는가?

④ 배우자가 없더라도 관계를 유지하며 살아갈 것인가?

이 질문에 쉽게 대답하지 못한다면 반드시 다음과 같이 대비해야 한다. 그렇지 않는다면 내가 사랑하는 사람과 내가 사랑하는 부모님과의 비극적 싸움이 시작될지도 모른다. 무덤 속에서는 말릴 수도 없다.

✦ 자녀가 없는 부부일수록 유언장은 반드시 작성하자

앞서 언급했던 것처럼 상속인이 상속재산을 포기하지 않는 한 주지 않을 방법은 없다.

그러나 자식 된 도리로 홀로 남겨질 부모님의 노후를 위해 드리고 싶은 마음이 있을 수 있다. 그렇다면 유언장에 배우자와 나의 부모님이 상속받는 재산을 정확히 구분하여 명시하는 것이 더 현명한 방법이 될 것이다.

반대로 유언을 활용하여 유류분만큼 고인의 부모님에게 상속해 주는 재산을 줄이고 남은 배우자에게 재산을 더 많이 남겨줄 수 있다. 유류분은 법정상속분에서 최소한 상속 받을 권리를 보장해 주는 제도로 유언이 있다면 부모의 경우 법정상속분의 1/3만큼만 분할하면 된다.

어차피 부모님이 돌아가시고 나면 배우자가 100% 단독상속인이 되기 때문에 미리 구분되어 있다 하더라도 문제되지 않는다.

그러므로 지혜로운 솔로몬의 판결처럼 반드시 유언장을 작성하여 나의 배우자와 부모님이 재산분쟁을 하는 것만큼은 반드시 막아야 할 것이다.

증여는 Smart하게 상속은 아름답게

03
내 자녀의 사망 이후 연이 끊긴 며느리와 사위, 내 남편의 상속재산을 받으러 온 이유

◆ 내 자녀가 사망한 이후 연락도 끊겼는데
  상속까지 해줘야 한다고요?

바로 앞에서 자녀가 없는 부부의 상속인에 대해 다루어 보았다.

자녀가 없는 부부의 경우 부모님이 공동상속인이 된다고 했지만 반대로 남겨진 며느리와 사위에게도 적용되는 민법규정이 있다. 바로 대습상속인이다.

대습상속인이란 1순위 상속인이 피상속인의 상속개시 전에 사망하거나 결격자가 된 경우에 사망하거나 결격된 사람의 순위에 갈음하여 그 사람의 1순위 상속인이 되는 '피대습인의 직계비속 또는 배우자'를 말한다민법제1001조.

그러므로 자녀가 먼저 사망하는 경우 원래부터 자녀가 상속받을 권리가 그 배우자와 자녀에게 대습상속이 되는 것이다.

쉽게 말해 자녀가 없는 부부가 상대방의 부모님에게 배우자의 재산을 상속해 주어야 하는 것과 동일하게 대습상속인이 된 며느리와 사위에게도 반드시 상속해 줘야 한다는 뜻이다.

이처럼 법이라는 게 알면 알수록 어렵기도 하지만 재미있기도 하다.

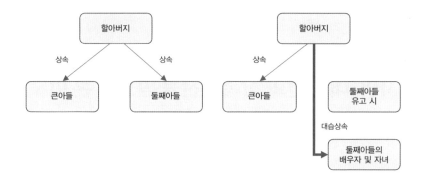

실제로 이러한 규정이 존재하는지도 모르는 부모님들이 많다. 자녀의 사망 이후 며느리나 사위는 남이라 생각하고 연락이 단절된 상태로 지내다가 상속이 개시된 이후 남은 상속인들은 상당히 난감하고 불편한 상황을 맞이하곤 한다.

결국, 상속재산분할분쟁으로 이어지기도 하는 등 문제의 소지가 큰 대습상속의 경우 어떻게 대비하여야 할까?

✦ 재산분할에 대한 유언장 작성은 필수

자녀의 사망 이후 연락이 끊기고 왕래도 없던 상황에서 남은 자녀들과 똑같이 재산을 상속해 줘야 한다면 정말 분하고 억울하게 느껴질 것이다.

그나마 손주가 있다면 위안이나마 되겠지만 손주조차 없는 며느리나 사위에게 상속된다는 것을 용납할 부모가 세상 어디에 있을까?

그러나 민법에서는 상속해 줘야 한다고 규정되어 있는 만큼 유언장을 작성하여 사전에 상속될 재산의 유류분만큼으로 제한하는 것이 바람직하다.

만약 유언이 없는 상황에서 상속이 개시되면 공동상속인들 간의 협의로 분할해야 하기 때문이다.

상속재산의 분할은 원칙적으로 공동상속인의 전원 참여와 전원 동의로 결정되는 만큼 연락이 끊긴 며느리나 사위가 상속인의 지위를 유지하고 있다면 향후 법정 다툼으로 이어질 수 있다.

그러므로 유언장 작성을 차일피일 미루지 말고 확실하게 남겨두어 만약의 상황을 대비하여야 한다.

✦ 며느리와 사위가 재혼하는 경우에는 대습상속권이 사라진다

재혼한 며느리와 사위에게 나의 재산을 상속해야 한다면 이처럼 억울한 일이 어디 있을까?

우리나라 민법 제1003조 제2항에 따르면 "제1001조의 경우에 상속개시 전에 사망 또는 결격된 자의 배우자는 동조의 규정에 의한 상속인과 동 순위로 공동상속인이 되고 그 상속인이 없는 경우 단독상속인이 된다."라고 규정하고 있다.

그러나 민법 제7775조 제1항에는 "인척 관계는 혼인의 취소 또는 이혼으로 종료한다."라고 명시되어 있고, 제2항에는 "부부의 일방이 사망한 경우 생존 배우자가 재혼한 경우에도 제1항과 같다"라고 규정하는 만큼 며느리와 사위의 재혼 시에는 대습상속인으로서의 권리가 사라지게 된다.

이러한 규정 때문에 대자산가인 부모님은 재혼을 권유하고 며느리나 사위는 평생 모시며 혼자 살아가겠다고 하는 말이 필자에게는 전혀 빈말처럼 들리지 않는다.

단, 며느리나 사위가 재혼한다고 하더라도 손주는 인척 관계가 소멸되는 것이 아니므로 대습상속인으로서 지위가 유지된다.

✦ 고故 구하라법을 활용하라

다행히도 대습상속인인 며느리나 사위가 내 자녀의 상속이 개시된 이후 찾아오지도, 연락도 없다면 이 또한 부양의 의무를 다하지 않은 것으로 보고 상속재산을 주지 않을 수 있도록 법이 개정되었다.

우선, 피상속인사망한 본인은 ① 직계존속이 피상속인에 대한 부양의무를 중대하게 위반한 경우 ② 피상속인 또는 그 배우자나 피상속인의 직계비속에게 중대한 범죄행위를 한 경우 ③ 피상속인 또는 그 배우자나 피상속인의 직계비속에게 그 밖에 심히 부당한 대우를 한 경우에는 공정증서에 의한 유언으로 상속권 상실의 의사를 표시할 수 있다. 만약 유언이 없다 하더라도 공동상속인이 가정법원에 상속권 상실을 청구할 수 있다.

증여는 Smart하게 상속은 아름답게

04
가족관계등록부에 나도 모르는 이름이?
또 다른 상속인, 혼외자

최근 유명 감독과 사실혼 관계인 여배우 사이의 혼외자식 논란이 불거지면서 혼외자 상속에 대한 관심이 쏠리고 있다.

드라마나 영화를 보면 출생의 비밀을 모르고 살아가던 비련의 주인공이 결국에는 자신의 비밀을 알게 되고 가졌어야 할 권리를 찾아가는 과정을 보면서 주인공의 해피엔딩을 응원했었던 기억이 누구나 한 번쯤은 있었을 것이다. 그 주인공을 지독하게도 괴롭히던 사람은 대부분 제3자가 아닌 이복형제들이었다.

그러나 필자는 그 악역들의 마음이 이해가 간다. 어느 날 갑자기 존재 자체를 모르던 형제가 내 앞에 나타난다면 어느 누가 환영한다고 악수를 청할 수 있을까? 어쩌면 악역이 아닌 피해자들의 분노와 화풀이였을지도 모른다.

실제 자산가들의 자녀들 사이에서는 부모님의 장례식장에서 모르는 사람이 너무나도 애절하고 슬프게 흐느끼고 있다면 설마 하는 마음에 등골이 오싹해진다는 웃지 못할 이야기가 전해지기도 한다.

그렇다면 혼외자의 경우 상속에 대한 권리는 어떻게 될까?

현행법상 상속재산은 원칙적으로 혼인 중 출생자와 혼외자 차별 없이 균등하게 분배하도록 정하고 있다.

이외에도 민법상 태아, 양자, 성은 다르지만 어머니가 동일한 형제, 이혼 중인 배우자, 혼외자, 양부모, 양자를 보낸 친부모, 외국 국적의 상속인도 상속인이다^{북한에 있는 상속인도 상속인이 될 수 있다}.

사실혼 배우자는 상속권이 없지만, 혼외자는 '직계비속'인 만큼 정당하게 상속재산을 주지 않으려는 경우 혼외자 역시 유류분청구를 할 수 있다. 다만 상속은 가족관계등록부를 기준으로 이루어지기 때문에 혼외자의 경우 생부 또는 생모의 자녀로 인정받는 별도의 절차를 거쳐야 한다. 이를 법에서는 '인지'라고 칭하는데 태아에 대해서도 할 수 있으며 이는 유언으로도 가능하다.

만약 유언으로 태아에 대해 재산분할이 명시되어 있는 경우에는 별도의 절차 없이 재산을 상속받을 수 있다.

✦ 가족관계등록부상 기재되어 있는 경우

거의 없을 것 같지만 상속이 개시되어 가족관계등록부 전체를 발급받아 보는 경우 모르는 이름이 올라와 있는 경우도 실제 있다. 여러 가지 사정상 조카를 등록해 놓는다거나 가족들 몰래 혼외자를 등록하는 경우가 종종 발견되기도 한다.

이 경우에는 다른 상속인들과 동등한 상속권이 부여된다.

증여는 Smart하게 상속은 아름답게

✦ 가족관계등록부상 기재가 되지 않은 경우

대부분의 혼외자는 부모님이 살아계실 때 알려지기보다는 상속이 개시된 이후에 존재의 여부가 공개되는 만큼 생전에 친부가 인지하지 않았거나 미혼모인 친모가 본인 앞으로 출생신고를 했기 때문에 법률상 상속인이 아닌 경우가 발생한다.

이럴 때는 강제인지의 방법을 사용하는데, 법원에 인지청구의 소를 제기하고 유전자 검사 등을 실시하여 강제로 친부 또는 친모와의 법률상 친자관계를 만들게 하는 것이다. 하지만 친부모의 사망 이후 인지가 되었다 하더라도 상당히 복잡한 과정을 거쳐야 하는데 대표적으로 유류분반환청구와 상속회복청구를 진행해야 비로소 상속재산을 받을 수 있다.

다만 인지청구의 소도 소멸시효가 존재하는데 친부 또는 친모가 살아있다면 기간에 제한은 없으나 이미 사망을 한 경우라면 그 사실을 알게 된 날로부터 2년 안에 진행해야 한다.

만약, 혼외자가 먼저 사망한 경우라면 그 혼외자의 직계비속이 고인이 된 당사자 대신 신청할 수도 있다.

✦ 가족들 몰래 혼외자에게 생명보험으로 재산을 물려주는 편법

실제 자산관리업계에는 가족들이 모르게 혼외자 또는 사실혼 배우자에게 재산을 이전해 줄 방법을 문의하는 경우가 많다. 이런 경우 전반적인 자산 승계 계획도 전담해서 컨설팅해 주고 있는데 대표적인 방법으로는 보험을 활용하여 우회 상속을 해주는 것이다.

실제로 보험은 수령인을 지정할 경우 상속세는 발생하지만, 사망보험금은 수익자 고유의 재산으로 보기 때문에 유류분에는 합산되지 않아 암암리에 상속방식으로 이용하는 것이다.

가입내용 또한, 당사자들이 아닌 제3자가 사실상 알 방법도 없기 때문에 법적으로 문제가 없다면 이런 구조의 컨설팅에 주목하는 것은 혼외자나 사실혼 배우자를 숨기고 싶어 하는 현실에서 어쩌면 당연한 일인지도 모르겠다.

그러나 대부분의 혼외자 경우 혼자 해결해야 할 법적 문제가 상당하고, 친자로 인정받기까지의 과정이 매우 험난하다.

그러므로 임의인지든 강제인지든 친자확인을 통해 상속재산을 받기 위해서는 반드시 법률전문가에게 도움을 요청하여 해결하는 것이 현명한 방안이다.

증여는 Smart하게 상속은 아름답게

05

부모님의 재혼,
혼인신고만은 절대 안 된다는 자녀의 진심

　요즘 우리 주변에서 재혼가정을 보는 것은 그리 어려운 일이 아니다. 과거와는 달리 이혼 또는 사별에 대한 사회적 인식이 많이 달라졌고 재혼 자체가 이제는 더 이상 흠이 아닌 또 다른 새 출발을 의미하기 때문이다. 이렇듯 재혼가정이 점차 늘어남에 따라 재혼가정의 상속에 대한 문의도 늘어나는 추세다.

　재혼가정의 상속 문제는 이해관계가 상당히 얽힌 복잡한 주제인데 주로 재혼한 배우자의 자녀에게 내 재산을 상속해 주느냐 마느냐 하는 것을 고민한다.

　원칙적으로 부모가 사망하게 되면 자녀는 사망한 부모의 직계비속이기 때문에 상속인이 된다. 그러나 재혼을 하더라도 배우자의 자녀를 입양하지 않는 경우에는 친자관계가 성립되지 않으므로 상속인이 될 수 없다. 다만 재혼한 배우자의 경우 혼인신고를 하면 정식으로 배우자가 됨에 따라 배우자 법정지분만큼의 상속이 가능하다.

　그러나 여기부터 또 다른 문제가 불거지게 되는데, 재혼한 배우자가 사망하는 경우 자산가의 친자녀는 재혼 배우자의 상속인이 아니라는 점이다. 즉, 자산가가 먼저 사망하여 배우자 지분만큼 상속을 받아가게 되면 자산가의 친자녀는 해당 지분에 대한 상속받을 권리가 없고 전혼자녀가 단독으로 상속받게 된다. 이러니 친자녀들이 눈에 불을 켜고 혼인 신고만은 안 된다며 극구 말리는 것이다.

✦ 상속을 해주고 싶다면 입양을 고려하라

만약 재혼하고 전혼 자녀를 친양자나 일반양자로 입양한다면 재혼 부부와 전혼 자녀 사이에 친자관계가 성립되므로 상속이 가능해진다.

다만, 친양자와 달리 일반입양은 원래의 친자관계가 그대로 유지되어 전 배우자의 상속인 지위도 함께 갖게 된다. 전 배우자의 채무 또한, 상속될 수 있으니 주의하여야 한다. 결론적으로 전혼 자녀에게도 상속을 해주고 싶다면 입양을 하고 만약 상속을 해주기 싫으면 입양하지 않으면 된다.

이러한 고민이 단순하게 결정할 사항이라면 얼마나 좋을까? 재혼한 배우자의 눈치도 보이고 내 친자식의 미래도 걱정되다 보니 이러한 문제가 또 다른 가정 내 불화로 번지는 경우도 종종 발생한다.

또는 장성한 친자녀들이 재혼하려는 부모에게 동거는 하되 혼인신고를 하지 말라는 조건을 달기도 한다.

참으로 난감한 문제가 아닐 수 없다.

그러나 복잡하고 어려운 부분이라 하여 나중에 생각하고자 하면 안 된다. 친자식 간의 재산분쟁도 머리 아픈데 전혼자식까지 합세하는 것만은 막아야 한다. 결국, 친자식과 전혼자식 간의 상속 분쟁으로 인해 가족의 해체까지 갈 수 있는 만큼 전문가와 상담 후 적절한 대처를 하는 것이 좋다.

증여는 Smart하게 상속은 아름답게

06
사실혼 배우자, 병수발하지 말고
차라리 이혼하세요

민법상 배우자는 혼인신고를 한 법률상의 배우자를 말한다.

사실혼 관계는 필요에 의해서 이루어지는 경우가 많은데 생각보다 우리 주변에서 흔하게 발생한다.

사회가 변하고 혼인에 대한 인식이 달라지면서 신혼부부가 결혼과 동시에 혼인신고를 하지 않고 몇 개월 또는 몇 년이 지난 시점에 신고한다든지, 재혼가정의 경우 친자녀의 반대나 여러 가지 원인으로 인해 사실혼의 관계로 부부관계를 맺는 사례가 늘어나고 있다.

그렇다면 이러한 사실혼 관계에서 갑자기 배우자가 사망하는 경우 상속이 가능할까? 답은 "아니오."이다.

사실혼 관계는 법적상속인이 아니기 때문에 상속을 받을 수 없다.

혼인신고를 하지 않은 이유야 어쨌든 실제로 결혼 후 갑작스러운 남편의 사망으로 인해 상속을 받지 못하고 살던 집에서 쫓겨난 젊은 아내의 사례, 30년 넘게 배우자의 병수발과 생활을 책임져 왔음에도 불구하고 법률적 배우자가 아니라는 이유만으로 보호받지 못하는 일들이 우리 주변에 정말 많이 있다.

그런 경우 차라리 사실혼 관계의 배우자가 아프다면 간병하지 말고 가정법원에 사실혼이 파탄되었으니 재산분할을 청구하라고 조언하기도 한다.

사실혼은 법률혼과 달리 해소 절차가 매우 간단하다. 법률혼은 협의 이혼 신고나 재판상 이혼 등 복잡한 절차가 필요하지만, 사실혼은 한쪽이 "헤어지자"고 하면 그걸로 끝이다. 물론 그 책임이 상대방에게 있다면 위자료를 청구할 수 있고, 재산분할도 가능하다.

법률혼과 달리 사실혼은 일방적으로 혼인의 종료를 선언할 수도 있고 재산분할청구권도 인정해 주고 있다.

아픈 사람을 끝까지 간병한 사실혼 배우자에게는 상속권이 없으니, 차라리 소송을 통해 살아있을 때 재산분할청구 소송을 하라고 알려줘야 하는 말도 안 되는 일이 벌어지고 있는 이유는 법이 그렇기 때문이다. 대법원조차 이러한 결정이 위법이 아니라고 하니 어쩔 수 없지 않은가

헌법재판소 2014.8.28. 자 2013헌바 119 결정.

법적 보호와 제한이라는 두 얼굴을 가진 사실혼. 선택은 자유지만, 그 단점은 반드시 알고 시작해야 한다. 특히 재산 문제에서는 더욱 신중해야 한다.

사실혼 부부라 하더라도 재산을 형성할 때는 계약서나 증거를 남기거나 상속인이 아니지만, 증여나 유증과 같은 방법을 통해 상속과 비슷한 효과를 만들어 낼 수 있다. 또한 근로기준법, 공무원연금법, 군인연금법, 국민연금법, 국세기본법상의 배우자 범위에는 사실혼 배우자를 포함하고 있는 여러 가지 제도를 활용해 보호받을 수 있다. 다만 전액이 아닌 일부의 지분만 지급이 가능하다는 것은 유의하여야 한다. 이외에

증여는 Smart하게 상속은 아름답게

동일한 거주지에서 함께 살아왔다면 주택임차권을 인정받을 수 있다.

✦ 중혼적 사실혼은 보호대상이 아니다

최근 뉴스에서 보도된 유명감독과 유명여배우의 불륜과 임신, 그리고 어느 대기업 회장과 내연녀에 대한 기사는 대부분 많이 접해봤을 것이다.

이들의 사례가 대표적인 '중혼적 사실혼'이다.

이미 배우자가 있는 상태에서의 사실혼, 이른바 '중혼적 사실혼'은 법적 보호를 전혀 받지 못한다. 재산분할은커녕 위자료 청구도 불가능하다. 이는 혼인이 해소되지 않은 상태에서 또 다른 혼인적 관계를 맺는 것을 법이 보호할 수 없다는 취지다. 만약 '중혼적 사실혼' 관계를 유지하던 중 이혼을 하는 경우에만 정상적인 사실혼 관계가 성립된다.

다만 이들 사이에서 출생한 혼외자의 경우 다른 상속인들과 동일한 상속권을 갖는다.

만약 사실혼 배우자가 사망하고 달리 상속인이 없다면, 특별연고자에 대한 분여 제도_{민법 제1057조 제2항}를 통해 일부 재산을 받을 수 있다. 다만 이는 원칙적으로 국고에 귀속되는 재산을 법원의 결정으로 예외적으로 받는 것에 불과하다.

그러나 사실혼 관계라는 것 자체를 법원으로부터 인정받아야 가능한 사항들이기 때문에 혼자 고민하지 말고 법률전문가의 조언을 구하는 것이 바람직하다.

07
법률적 배우자도 상속 대신 이혼하면 세금 없이, 더 많이 받는다

✦ 우리나라는 법적인 의무를 다한 사람에게
충분한 보상을 해주고 있지 않다

민법 제974조에는 직계혈족 간, 배우자 간, 생계를 같이하는 기타 친족 간 부양의 의무가 명시돼 있다.

그러나 이에 대한 충분한 보상은 그 어디에도 찾아볼 수 없다.

우리나라의 상속세의 문제는 상속인이 배우자이든, 자녀이든, 전혀 관계없는 제3자이든지 공제금액에는 차이가 있으나 세율이 똑같다는 데에 있다.

이는 한평생을 함께 살아온 배우자에게 적용되는 배우자 공제보다 이혼으로 인한 재산분할이 더 유리한 기현상을 만들었다.

부부의 자산은 공동의 자산이라 생각해 부부간에 증여하는 것의 필요성을 대부분 느끼지 못하지만, 자녀는 양육의 대상이자 부모가 평생 보호해야 하는 위치에 있다고 생각하기 때문에 부부간 '수평적 증여'보다 자녀 세대로의 부(富)의 대물림되는 '수직적 상속과 증여'에 더 관심이 많다.

이는 부부간의 불화와 재산관리의 편의성, 그리고 부모로부터 재산을 공동으로 증여받지 못하는 정서적 불편한 진실 등은 부부간 자산의 격차를 더욱 벌어지도록 한다.

✦ 이혼하면 배우자 공제보다 더 많이 받는 이상한 세법

예를 들어, 남편을 평생 뒷바라지하고 간병한 배우자가 피상속인의 재산 100억 원을 상속받는 경우, 배우자 상속공제액 최대 30억 원을 차감하면 최소 28억 원 정도의 상속세를 부담한다. 그 재산이 부동산이라면 취득세도 부담해야 한다.

반면, 이혼을 한 배우자는 법원 판결에 따라 다르겠지만 혼인 생활 중 축적한 재산은 부부 공동의 노력으로 만든 재산이므로 기여도에 따라 상대방 재산의 절반을 재산분할, 위자료 명목으로 가져가도 상속세, 증여세 등을 일체 부담하지 않는다.

만약, 100억 중 50억 원을 증여받았을 경우 배우자 공제 6억 원을 제외한 나머지 44억에 대한 증여세 17.4억 원을 내야 하지만 이혼으로 인한 재산분할로 받아오는 경우 세금 없이 50억 원을 무상으로 받아오게 된다. 평생을 간병하고 뒷바라지를 해온 배우자는 이혼을 선택하는 것이 오히려 세금을 절약할 수 있게 되는 것이다. 뿐만 아니라 5년 이상 혼인을 유지하고 이혼한 배우자에게는 상대방이 받았던 국민연금 중 분할연금으로 최대 절반가량을 받을 수 있게도 해준다.

이혼 시 재산분할

[대법원 2009. 6. 9., 자, 2008스111, 결정]

【판시사항】

[1] 제3자 명의의 재산이 재산분할의 대상이 되는 경우

[2] 부부 중 일방이 상속받았거나 이미 처분한 상속재산을 기초로 형성하였거나 증여받은 재산이 재산분할의 대상이 되기 위한 요건

[3] 재산분할액 산정의 기초가 되는 재산가액의 평가 방법

【판결요지】

[1] 제3자 명의의 재산이더라도 그것이 부부 중 일방에 의하여 명의신탁된 재산 또는 부부의 일방이 실질적으로 지배하고 있는 재산으로서 부부 쌍방의 협력에 의하여 형성된 것이거나 부부 쌍방의 협력에 의하여 형성된 유형, 무형의 자원에 기한 것이라면 재산분할의 대상이 된다.

[2] 부부 중 일방이 상속받은 재산이거나 이미 처분한 상속재산을 기초로 형성된 부동산이더라도 이를 취득하고 유지함에 있어 상대방의 가사노동 등이 직 · 간접으로 기여한 것이라면 재산분할의 대상이 되는 것이고, 이는 부부 중 일방이 제3자로부터 증여받은 재산도 마찬가지이다.

[3] 민법 제839조의2에 규정된 재산분할제도는 혼인 중에 취득한 실질적인 공동재산을 청산 분배하는 것을 주된 목적으로 하는 것이므로, 부부가 이혼을 할 때 쌍방의 협력으로 이룩한 재산이 있는 한, 법원으로서는 당사자의 청구에 의하여 그 재산의 형성에 기여한 정도 등 당사자 쌍방의 일체의 사정을 참작하여 분할의 액수와 방법을 정하여야 하는 것이고, 재산분할액 산정의 기초가 되는 재산의 가액은 객관성과 합리성이 있는 자료에 의하여 평가하여야 한다.

증여는 Smart하게 상속은 아름답게

평생을 함께 동고동락하는 배우자로 사는 것보다 이혼을 하는 것이 재산분할에서 더 유리한 대한민국, 물론 100%는 아니지만 상속세 때문에 위장 황혼이혼이 증가하고 있는 작금의 상황이 과연 정당한 것인지 우리 모두 깊게 고민해 볼 필요가 있다.

현 상속세법은 아무리 상속재산 분할 비율이 자녀보다 0.5 가산이 된다 하더라도 상속인이 많으면 많아질수록 배우자의 상속지분도 줄어들게 된다. 그러므로 배우자의 기여도를 인정한 상속분의 비율을 상향하는 등의 현실적인 제도 개선이 필요하다고 생각된다.

08
미리 증여받은 아버지 '유산', 재혼한 새엄마와 나눠야 한다?

대부분의 재혼가정에서는 나의 친자녀가 현재 배우자의 사망 시에도 당연히 상속받을 수 있는 것으로 알고 있는 경우가 많다.

일반적인 가정에서는 부모님 중 한 분의 상속이 개시되는 경우 해당 배우자와 자녀가 재산을 상속받게 되지만 반면 재혼가정에서는 자신이 낳지 않은 상대방 배우자의 자녀와는 상속권이 이어지지 않는다.

재혼가정 상속관계

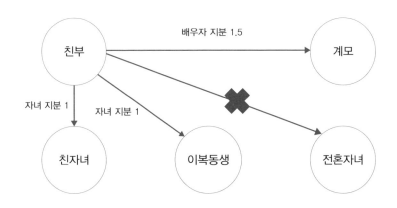

증여는 Smart하게 상속은 아름답게

피가 섞이지 않았다면 상속을 받을 수 없다는 것이 현재의 상속세법이다. 1990년에 민법이 개정되면서 계모 및 계부와 자관계를 단순한 인척관계로 보고 있다.

따라서 친자녀로서는 자신의 재산이 계모 또는 계부에게 넘어갈 일이 없지만, 배우자 지분만큼 상속된 재산은 재상속받을 수 없기 때문에 상속분쟁으로 이어지는 경우가 많다.

재혼가정 상속관계(2차 상속 시)

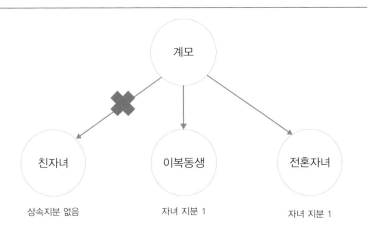

만약 친부모님과 계모 및 계부 사이에서 출생한 자녀가 있다면 그 새로운 자녀는 상속권 및 유류분권이 생긴다. 따라서 재혼가정에서는 재혼한 당사자계모 또는 계부만이 유류분권을 가진다고 생각할 수 있지만, 공동상속인 간 유류분 청구의 경우, 특별수익의 기산점 제한이 없다는 문제가 될 수 있다. 즉, 뒤늦게 혼인했더라도 다른 상속인의 특별수익에 대해 기한의 제한 없이 유류분 청구의 기초재산으로 편입시킬 수 있는 등의 쟁점이 존재한다.

✦ 재혼 전 증여받은 재산도 유류분대상이다

향후 상속분쟁이 생기는 것을 원치 않는 부모들은 재혼하기 전 본인의 자녀에게 증여를 하는 경우가 많은데 이는 잘못된 상식이다. 재혼은 초혼과 마찬가지로 법률상 배우자가 되면 상속권을 갖게 되어 있다. 쉽게 말해 배우자의 상속권리가 발생되고 재혼 전 상대방 자녀에게 증여된 재산은 '특별수익'으로 봐 유류분에 해당된다는 것이다. 실제 계모 또는 계부가 재혼 전 상대방 배우자와 그의 자녀 간 이뤄진 재산증여에 대해 유류분반환을 청구하는 사례까지 등장했다.

재혼 전 자녀에게 사전 증여한 재산에 대한 유류분을 요구한 사건이다 2019헌바369.

계모 측에서는 재혼 전 상대방 배우자와 그의 자녀 간 이뤄진 재산증여에 대해 유류분을 주장했고 상대방 자녀들은 재혼 전 이뤄진 증여를 유류분 기초재산에 포함시키는 건 헌법에 위배된다고 맞섰다.

헌법재판소는 '민법에 따라 적법한 혼인신고가 됐다면 법률상 배우자의 지위가 되고 혼인 시기 및 횟수 여부 따위로 배우자의 지위와 권리 등이 달리 취급되지 않는다'며 계모의 손을 들었다.

재혼 전 증여받은 자녀들을 비롯하여 이 글을 보고 있는 독자들조차 해당 판결이 매우 부당하다고 느낄 것이다. 사실 이러한 문제들은 유류분 관련된 민법의 치밀하지 못한 조문으로 인해 수많은 해석을 할 수 있는 것에서부터 기인한다.

법원은 재혼 전 이뤄진 재산증여더라도 재혼을 하여 혼인신고를 한

순간부터 상대방 배우자_{계모}는 배우자가 주장할 수 있는 상속에 관한 권리가 생기기 때문에 재혼과 증여의 시기가 중요하지 않다고 판단한 것이다.

법적 배우자는 사실혼 배우자와는 달리 법률적 지위와 권리를 모두 갖기 때문에 상속지분 및 유류분에 대한 청구권을 행사할 수 있다.

그러므로 만약 재혼을 했거나 고려하고 있다면 사후 나의 배우자와 친자녀 간의 상속분쟁을 방지하기 위한 고민을 하고 유언장을 작성하는 등의 대책을 수립하는 것이 바람직하다.

유류분청구소송은 남이 아닌 사랑하는 나의 가족들끼리 벌이는 상속전쟁이다.

09

독신주의자의 결심
"내 재산은 내가 주고 싶은 사람에게"

통계청이 지난 9월 26일 발표한 '2024 고령자통계'에 따르면 지난해 고령층 가구 중 37.8%가 혼자 살고 있다. 이는 전체 고령자 가구 10가구 중 4가구에 해당하는 비율로, 2015년 이후 꾸준히 상승하고 있다. 이들 중 18.7%는 몸이 아파 집안일을 부탁하거나, 우울해서 이야기할 상대가 필요할 때 등의 도움이 필요한 상황에 도움받을 수 있는 사람이 없다. 가족이나 친인척, 그 외 다른 사람과 교류가 없는 비중도 19.5%에 달한다.

　먼저 1인 가구라 하면 보통 독신자를 먼저 떠올리지만, 항상 그런 것은 아니다. 학업, 취업 등으로 타지에서 생활하거나, 사별, 인간관계의 필요성을 못 느끼는 등 원인은 연령별로 너무나도 다양하기 때문이다.

　또한, 사회의 인프라와 복지가 발달함에 따라 충분히 혼자서도 생활이 가능한 환경이 조성된 것도 영향을 미쳤다. 이처럼 과거와는 달리 우리 사회의 구조가 변화됨에 따라 1인 가구뿐만 아니라 보다 더 다양한 가구 구성을 우리 주변에서도 흔히 볼 수 있게 되었다.

✦ 상속·증여를 이해 못 하는 1인 가구의 문제

　과연 1인 가구의 비중이 늘어나는 것과 상속·증여는 무슨 상관관계가 있다는 것일까?

　　　　　　　　　　　　　　　증여는 Smart하게 상속은 아름답게

1인 가구의 경우 자녀가 없는 부부의 경우처럼 상속과 증여 자체에 대한 관심이 전혀 없거나 해당하지 않는다고 생각하는 경향이 강해 본인의 노후를 대비하는 연금과 목돈마련에만 치중하는 자산관리 전략에 집중한다. 그러나 1인 가구라 하더라도 엄연히 상속인이 존재하고 있다.

1인 가구의 상속인은 배우자와 자녀가 없기 때문에 부모님이 1순위, 형제자매가 2순위, 조카가 3순위의 상속인이 된다.

물론 개인마다 생각이 다르겠지만 부모나 형제자매, 그리고 조카에게 상속해 줄 생각도 해본 적도 없고 해줄 마음이 없을 수도 있다. 그러나 이는 "나 죽고 나면 알아서 하겠지"라는 상속·증여에 대한 잘못된 편견과 실제 본인의 노후에 대한 최악의 경우를 계획하지 않았기 때문일 수 있다.

✦ 갑작스러운 치매나 거동이 불편한 경우를 고려하라

1인 가구의 증가로 인해 사회적 문제로 등장한 것이 바로 빈곤과 고독사이다. 이미 노후대비 실패로 인해 빈곤에 빠진 1인 가구의 경우는 오래전부터 우리 공동체 모두가 함께 풀어내야 할 숙제로 자리를 잡은 지 오래고, 고독사 또한 마찬가지다.

그러나 이러한 문제가 정말 돈이 없는 노년에만 발생할 문제일까?

만약 이 글을 읽고 있는 당신이 지금 당장 거동이 불편한 치명적인 질병 또는 재해에 노출되었다고 가정하자. 각종 공과금과 금융재산관리, 그리고 병원치료 등의 제약이 따를 뿐만 아니라 집 안을 청소하고 마트에서 장을 보고 음식을 조리하는 등 가장 기본적인 의식주에 대한 문제가 발생한다.

통장에 아무리 많은 재산이 있거나 매달 연금이 지급되고 있다 하더라도 이를 사용하고 관리할 수 있는 능력을 상실한다면 그림의 떡일 뿐이다. 그러므로 1인 가정인 경우 이러한 상황에서 도움을 줄 수 있는 사람을 미리 선정하고 준비해야 한다.

✦ 성년후견개시 결정

성년후견인은 질병, 장애, 노령 등 그 밖의 사유로 인한 정신적 제약으로 사무처리할 능력이 지속적으로 결여된 성인을 대신해 법정대리인 역할을 하는 사람이나 법인을 뜻한다. 피후견인이 가정법원의 결정으로 선임된 후견인을 통해 일상생활 및 재산관리에 관한 보호와 지원을 받는 제도이다.

단, 성년후견인으로 지정되었다 하더라도 몇몇 법률행위는 가정법원의 허가를 받아야만 대리권을 행사할 수 있도록 규정하고 있다.

① 피후견인의 명의로 금전을 빌리는 행위

② 의무만을 부담하는 행위

③ 부동산의 처분 또는 담보를 제공하는 행위

④ 상속의 포기 및 상속재산 분할에 관한 협의

⑤ 소송행위 및 이를 위한 변호사 선임 행위

등을 하기 위해서는 법원의 허가를 받아야 한다.

이는 성년후견이 개시된 이후에도 피후견인의 권리와 재산을 보호하기 위한 안전장치로 성년후견인의 법정대리권에 일부 제한을 둔 것이다.

특히 부동산의 임대 행위의 경우, 임대보증금의 수령 및 보관 등의 상

증여는 Smart하게 상속은 아름답게

황을 법원에 보고하도록 하여 피후견인이 피해를 당하지 않도록 관리하고 있다.

피후견인의 재산을 관리하고 남은 생의 모든 과정을 대리할 막중한 책임이 부여되는 만큼, 친분 여부만으로 결정될 사안이 아니므로, 현행 네 종류의 성년후견, 특정후견, 한정후견, 임의후견 방법 중 어떤 것이 유리한지 변호사, 법무사, 친인척 등과의 충분한 검토를 통해 협의하여 이에 합당한 후보자를 물색하는 과정을 반드시 사전에 준비해야 한다.

✦ 유언장 작성

성년후견인은 피후견인의 남은 삶에 미치는 영향이 절대적인 만큼 미리 지정하고, 필요하다면 이에 대한 보상을 유언장으로 남겨두는 것을 권유한다.

민법이 개정됨에 따라 형제간의 유류분이 사라진 것은 어쩌면 1인 가구의 선택폭을 넓혀줄 수 있는 계기가 되지 않을까 하는 생각이 든다. 그러나 만약 유언장이 없는 상황에서 성년후견인을 지정하는 것 자체가 가족 간의 이해충돌로 인해 복잡해질 수 있고 또는 지정되지 않은 상속인들의 법적소송 등으로 인해 상속재산의 분할 등에 문제가 발생할 수 있다. 그러므로 유언장을 작성하여 공로에 대한 합당한 보상과 반대로 그 책임을 다하지 못하는 경우도 대비해 두는 것이 좋다.

다만 치매 등으로 유언장의 효력이 인정되지 않을 것에 대비하여 유언장의 초안은 지금부터 작성하고 살아가면서 변경해 나가는 방식을 권유한다.

10
상속인이 없는 1인 가구, 결국 국가가 상속받는다

✦ 준비되지 않은 1인 고령가구, 마지막 가는 길까지 고단한 죽음이다

1인 고령가구 증가와 함께 '고독사'가 사회문제로 자리 잡은 지도 꽤 오래되었다.

그러나 대부분 홀로 외롭게 살아온 1인 고령가구들은 어렵게 일군 재산이 사후에 본인 의사와 무관하게 법에 따라 국고에 귀속된다는 것을 잘 알지 못한다.

이처럼 고독사는 그저 한 개인이 겪는 세상과의 단절에 그치지 않은 채 남겨진 유산마저 평소 가까운 지인이나 본인이 기부하고 싶은 곳이 아닌 국가가 상속받는 아이러니 한 일이 발생하게 한다.

실제 고령화와 이혼이나 미혼, 그리고 자녀가 없는 등 여러 가지 이유로 혼자 사는 노인들이 늘어나는 가운데, 상속받을 이가 아무도 없어 국고로 들어간 돈이 지난 10년간 무려 121억 원에 달한다.

통계청 자료를 보면 홀로 살다가 생을 마감한 노인들이 남긴 임대차 보증금이나 예·적금 통장 등의 재산은 일정한 절차를 거쳐 국고에 귀속되는데 지난 2014년 한 해만 해도 국고에 귀속된 무연고 사망자의 상

증여는 Smart하게 상속은 아름답게

속재산은 1,200만 원으로 소액이었지만 2021년부터는 20억~30억 원 수준까지 늘어났다.

이는 단순히 우리의 의식 속에 자리 잡은 1인 고령가구가 사회적 빈곤자만 해당된다는 편견을 깨는 통계치이다.

우리나라보다 혼자 사는 노인들이 많은 일본의 경우 법률상 상속할 권리가 있는 가족이 없어 국고에 귀속되는 고인의 재산이 매년 사상 최고치를 경신 중이다.

일본은 65세 이상 노인 10명 중 3명이 홀로 살고 있는 '독거노인 대국'이다. 이미 지난 2020년 1인 고령가구가 672만 가구를 넘어섰다. 오는 2040년에는 896만 가구에 달할 전망이다.

지난 2013년 336억 엔에서 2022년 국고에 귀속된 무연고자 재산은 768억 엔_{약 6,983억 원}으로 두 배 이상 늘어 역대 최고치를 기록했다.

실제 1인 고령가구의 경우 대부분 고령화로 인한 치매나 거동이 불편해 깜박 잊어버리고 살다가 사망하는 경우가 많아 10년 이상 은행에 맡겨 놓고 아무도 찾아가지 않는 '휴면 예금'과 '주식' 그리고 '장롱 속 현금'도 증가하는 추세다.

이처럼 상속인이 없는 경우, 즉 법정 상속인이 존재하지 않거나 모두가 상속을 포기한 경우, 그 재산은 국가로 귀속된다. 이는 무주상속재산_{無主相續財産}이라고 불리며, 이런 경우 다음과 같은 절차를 따른다.

1. **재산의 국가 귀속: 상속인이 없는 경우, 법적으로 정해진 절차에 따라 재산이 국가에 귀속된다. 이는 상속법에 의해 명시되어 있다.**

2. 채권자의 권리 보호: 재산이 국가에 귀속되기 전에, 고인의 채무가 우선적으로 변제된다. 채권자는 채권 신고를 통해 권리를 주장할 수 있다.
3. 재산관리: 귀속된 재산은 국가가 관리하며, 공공의 이익을 위해 사용될 수 있다. 예를 들어, 사회복지 기금으로 사용되거나 공공시설 건립 등에 활용될 수 있다.

이러한 절차는 상속법과 민법에 따라 진행되며, 국고로 귀속된 1인 고령가구의 상속재산은 국가가 상속재산을 관리하고, 이를 통해 공공의 이익을 위해 사용된다.

✦ 최근 기부나 제3자에 대한 상속 관련 문의도 증가하고 있다

차라리 국가가 상속받게 하느니 평소 본인을 돌봐주던 지인이나 그 외의 여러 단체에 기부하는 것이 더 낫다는 인식의 변화로 이와 관련된 문의가 증가하고 있다. 그러나 자신을 간병한 친구나 지인 등에게 상속을 해주고 싶어도 유언장이 없다면 불가능하다. 민법상 상속재산은 어딘가 존재할지 모르는 상속인에게라도 즉시 승계가 원칙이기 때문이다.

고인의 사후 재산이 국가에 귀속되는 것을 원치 않고 보다 의미 있는 곳에 사용되길 원한다면 법적 효력 갖춘 유언장을 미리 작성해야 한다.

유언장을 쓰는 건 생각보다 간단하지 않을 수 있다. 특히 고령이나 정상적 의사전달을 하지 못하는 상황에서는 더더욱 그렇다. 법률적 지식도 없고 도와줄 사람도 없는 이들이 민법에서 정한 형식 요건을 모두 빠

증여는 Smart하게 상속은 아름답게

트리지 않고 갖춰서 유언장을 작성하기란 여간해선 쉽지 않다. 그러나 유언장은 반드시 자필_{손글씨}로 작성해야 하고, 날짜, 성명, 주소_{동호수, 번지수까지} 등도 모두 자세히 적혀있어야 하고 도장 혹은 자필 서명이 되어있어야 한다.

만약 준비된 유언장도, 물려줄 사람도 없다면 홀로 떠난 이들의 재산을 정리하는 작업도 매우 까다롭다. 배우자나 자녀 등 법적 상속인이 있다면 별도의 조치를 취하지 않아도 법에 따라 상속 절차가 즉시 진행되지만 상속인이 없는 경우 유족 수색, 상속재산관리인 선임, 채권 및 수증 변제, 상속인 재수색, 국가 귀속 등 복잡한 단계를 거쳐야 하는데 통상적으로 3년에서 7년 정도 소요되는 과정이므로 대리인이 대행하기란 쉽지 않아 통상 지자체가 처리하고 있다. 최근에서야 이러한 과정을 단축시키고 간소화를 할 수 있도록 추진 중이다.

그러므로 사전에 전문가와 협의하여 미리 유언장을 작성하는 등의 개인적 노력과 더불어 사각지대에 놓여있는 저소득 1인 고령가구 등을 돕는 법적·제도적 장치가 마련되어야 한다.

맺음말

필자가 매일 출근하는 도로 양쪽으로 수많은 건물들이 있습니다.

저 화려하고 웅장한 건물들의 겉모습 뒤에 감춰진 모습은 필자에게는 다르게만 보입니다.

제 눈에는 징벌적 상속세 때문에 보이지 않는 곳에서 흐르는 수많은 상속인들의 피눈물과 끝내 건물의 소유자가 바뀌어 나가는 잔인한 전쟁터로 보입니다.

이처럼 아무런 준비 없이 부를 다음 세대에게 이전한다는 것은 정말 쉽지 않습니다.

지금 이 순간에도 우리의 편견과 착각으로 인해 국가가 상속을 받고 있습니다.

"세상에는 두 부류의 사람이 있다. 한 부류는 자신의 길을 개척하며, 다른 부류는 그 길을 가는 사람에 대해 말하며 산다."라는 니체의 명언이 있습니다.

세상을 바라보는 방식이 그 사람의 운명을 결정하듯이 성공하는 사람들은 "다시 해보자"라고 하고 성공하지 못한 사람들은 "해봐야 별수 없다"라고 합니다.

결국 성공하는 사람들은 끝까지 포기하지 않고 도전한 이들입니다.

평생을 고생하며 일궈온 소중한 재산을 세금이란 이름으로 국가에 헌납하지 않으셨으면 좋겠습니다.

증여는 Smart하게 상속은 아름답게

산을 움직이고자 하는 사람이 제일 먼저 작은 돌부터 들어내는 것처럼 목표를 세웠다면 이제 움직여야 합니다. 당신이 들어야 할 작은 돌은 무엇인가요?

기회는 쉽게 찾아오지 않습니다. 그리고 말에는 힘이 있습니다. 그러니 실패의 가능성을 입에 담지 마세요. 아무리 위대한 명작도 점하나, 글자 하나에서 시작되는 것입니다. 완벽주의는 버리고 일단 시작해 보세요. 시작해야 시작됩니다.

끝으로 이 책을 집필하는 데 있어 끝까지 격려해 주고 응원해 준 가족과 동료 및 지인 등 모든 분들께 감사드립니다.

증여는 Smart하게
상속은 아름답게

초판 1쇄   2025년 03월 27일

지은이   허선민
발행인   김재홍
교정/교열   김혜린
디자인   박효은
마케팅   이연실

발행처   도서출판지식공감
등록번호   제2019-000164호
주소   서울특별시 영등포구 경인로82길 3-4 센터플러스 1117호 (문래동1가)
전화   02-3141-2700
팩스   02-322-3089
홈페이지   www.bookdaum.com
이메일   jisikwon@naver.com

가격   25,000원
ISBN   979-11-5622-930-8 03320

ⓒ **허선민** 2025, Printed in South Korea.

– 이 책은 저작권법에 따라 보호받는 저작물이므로 무단전재와 무단복제를 금지하며, 이 책 내용의
전부 또는 일부를 이용하려면 반드시 저작권자와 도서출판지식공감의 서면 동의를 받아야 합니다.

– 파본이나 잘못된 책은 구입처에서 교환해 드립니다.

●● 법률 및 세무 감수

전문가 그룹 소개

박정수 변호사

- **이메일 주소:** jspark@yoonyang.com
- **학력:** 서울대학교 법학과 및 동 대학원 졸업
- **경력:** (현) 법무법인(유한) 화우 파트너 변호사

  (현) 대한상사중재원 중재인

  한국토지주택공사 법률고문

  서울대학교 법학전문대학원 겸임교수

  국세청 조세법률고문

  서울남부지방법원, 의정부지방법원, 부산지방법원, 창원지방법원 부장판사 대법원 재판연구관(조세조)

  서울고등법원, 서울행정법원, 서울북부지방법원, 인천지방법원, 대전지방법원 판사
- **주요업무분야 :** 조세쟁송, 조세자문(상속증여 등), 세무조사, 일반송무 등

박영웅 변호사

- **이메일 주소:** parkyw@yoonyang.com
- **학력:** 2022 Duke University School of Law (LL.M.), 고려대학교 경영학과 및 법과대학원
- **경력:** (현) 법무법인(유한) 화우 파트너 변호사

  (현) 조세미래포럼 이사

  (현) 고려대학교 조세법센터 연구원

  국제조세협회 YIN 한국지부 부회장

  삼일회계법인 공인회계사
- **주요업무분야 :** 조세쟁송, 조세자문(상속 증여 등), 세무조사, 국제조세 등

황수철 변호사

- 이메일 주소: hscheol1905@gmail.com
- 학력: 고려대학교 법학과, 고려대학교 법학전문대학원
- 경력: 대한변호사협회 감사
  서울지방변호사회 부회장
  (현)제이씨앤파트너스법률사무소 대표
- 주요업무분야: 상속(상속재산분할심판, 유류분, 유언대용신탁 등),
  이혼, 가사

정가람 세무사

- 이메일 주소: tax@taxonet.co.kr
- 학력: 국립세무대학 졸업(기동문회장)
- 경력: (현)공감세무회계대표
  (현)법무법인 지평 자문세무사
  (현)서울세무사회 상임감리위원
  국세청 국선세무대리인
  삼성세무서 납세자권익존중위원
  법무법인 율촌 파트너
  삼일회계법인 조세팀장
  서울지방국세청 법무1과
  강남세무서법인조사과
  삼성세무서 소득세과
  대방세무서 직세과
  북광주세무서 부가세과
- 주요업무분야 : 상속, 증여, 양도, 세무조사대응 및 조세쟁송

구상수 회계사

- **이메일 주소:** ssku@jipyong.com
- **학력:** 성균관대학교 법학전문대학원 법학박사(조세법)
- **경력:** (현)법무법인(유) 지평 공인회계사
  (현)한국거래소 중소기업회계지원센터 자문위원
  (현)금융조세포럼 연구이사
  (현)한국조세정책학회 연구위원장
- **주요 저서 및 논문 :** 2022 신탁실무 세무 가이드(공저), 한국공인
  회계사회
  2019 돈의 흐름이 보이는 회계 이야기, 길벗
  2016 사업신탁의 과세방안에 관한 연구, 성균관대
  학교 법학전문대학원 법학박사 학위논문
  2015 상속전쟁(공저), 길벗
- **주요업무분야 :** 가업승계 및 상속, 증여, 양도, 세무조사대응 및
  조세쟁송, 국제거래 등

김수령 세무사

- **이메일 주소:** tax@taxonet.co.kr
- **학력:** 덕성여자대학교 졸업
- **경력:** (현)세무회계 정원 대표세무사
  (현)법무법인 지평 자문세무사
  (전)공감세무회계 근무
  (전)세무법인 일우 근무
- **주요업무분야:** 상속, 증여, 양도, 세무조사대응 및 조세쟁송

이혜진 세무사

- **이메일 주소:** tax@taxonet.co.kr
- **경력:** (현) 공감세무회계 근무
  노원구청 세무상담위원(양도, 상속, 증여)
  (전) 수협중앙회 기획조정실 세무팀 근무
  더블유 세무법인(본점) 근무
- **주요업무분야:** 상속, 증여, 양도 신고 및 조사대응, 법인 세무조정
  및 조세불복

**서성용 대표
감정평가사**

- **이메일 주소:** nadia554@naver.com
- **학력:** 중앙대학교 경영학과
- **경력:** 현) 효성감정평가법인 대표이사 (2019~현재)
  전) 중앙감정평가법인 (2016~2018)
  전) 용산구청–강동구청 공유재산 심의회 위원
- **주요업무분야:** 상속, 증여, 양도 등 세금 관련 및 기업 무형자산
  감정 평가 등

법률 및 세무 감수 전문가 그룹은 상속 및 증여에 관련한 분야별 최고의 실무전문가들로 구성되어 있다.

세무뿐만 아니라 유언, 신탁, 재산분할, 상법, 공정거래법, 형사법 등 관련 법률문제까지 포함하는 종합컨설팅을 제공하며 합리적이고 성공적인 상속과 증여의 방향을 제시한다.